고득점 합격의 지름길

영어

머리말

간혹 주변에서 사회, 한국사, 도덕 등은 달달 외워 거의 만점을 맞는데, 영어는 무조건 모르겠다며 포기하는 분들을 보게 됩니다. 그런데 '영어'야 말로 일정한 공식이 있는 진정한 암기과목입니다.

물론 우리나라 말이 아니다 보니 단어에서부터 문장의 구성, 배열까지 모조리 외우는 것이 쉽지는 않습니다. 하지만 검정고시 영어 문제를 유심히 살펴보면 늘 공식처럼 나오는 문제유형을 발견할 수 있습니다.

고졸 영어는 최근 출제된 문제를 심층 분석한 다음, 시험에 자주 출제되는 유형을 4단원(문법, 독해, 생활영어, 단어 · 숙어)으로 나누어 누구나 쉽고 친숙하게 영어에 접근하고, 좋은 성적을 올릴 수 있도록 구성하였습니다.

❶ 문법 : 영어학습의 뼈대를 구성하는 문법적인 부분을 자세히 설명하였습니다. 특히, 공식처럼 제시된 예문에서 중요 내용은 글자와 밑줄 선을 별도의 색으로 구분하였고, 시험에 출제된 지문은 구분하여 그 중요도를 강조하였으며, 자주 출제되는 부분에는 **중요⁺** 표시를 하였습니다.

❷ 독해 : 독해는 내용만 다를 뿐 묻는 형식이 동일하여 자주 출제되는 유형별로 일괄 정리하였으며, 영문법을 모르더라도 내용을 쉽게 파악할 수 있도록 문장분석을 통한 새로운 독해 방법을 제시하였습니다.

❸ 생활영어 : 생활영어는 본 교재의 내용만 공식처럼 알아두어도 정답을 쉽게 찾을 수 있도록 정리하였습니다. 시험에 자주 등장하여 반드시 외워야 할 문장에 **중요⁺** 표시를 하였습니다.

❹ 단어 · 숙어 : 시험에 자주 출제되는 단어와 숙어는 눈에 잘 띄도록 별도의 색으로 구분하였으므로 단어를 외울 시간이 없다면 이 부분이라도 꼭 암기하시기를 바랍니다.

검정고시 기출문제의 철저한 분석을 토대로 구성된 고졸 영어는 여러분의 목표를 가장 쉽고, 가장 빠르게 이루도록 도와주는 길잡이가 될 것입니다.

- 편저자 일동

시험안내

1 시험 과목 및 합격 결정

시험 과목 (7과목)	필수	국어, 수학, 영어, 사회, 과학, 한국사(6과목)
	선택	도덕, 기술·가정, 체육, 음악, 미술 과목 중 1과목
배점 및 문항	문항 수	과목별 25문항(단, 수학 20문항)
	배점	문항당 4점(단, 수학 5점)
합격 결정	고시합격	각 과목을 100점 만점으로 하여 평균 60점(소수점 셋째 자리에서 절사) 이상을 취득한 자를 합격자로 결정(단, 평균이 60점 이상이라 하더라도 결시과목이 있을 경우에는 불합격 처리)
	과목합격	시험성적 60점 이상인 과목은 과목합격을 인정하고, 본인이 원할 경우 다음 차수의 시험부터 해당 과목의 시험을 면제하며, 그 면제되는 과목의 성적은 이를 고시성적에 합산함 ※ 과목합격자에게는 신청에 의하여 과목합격증명서 교부

2 응시 자격

① 중학교 졸업자 및 이와 같은 수준 이상의 학력이 있다고 인정된 사람

※ 3년제 고등기술학교 졸업(예정)자의 경우에도 중학교 졸업자 및 이와 동등 이상의 학력이 있다고 인정된 사람 이어야 함

② 고등학교에 준하는 각종 학교 졸업자 또는 졸업 예정자와 중학교 또는 동등 이상의 학력 이 있는 자를 대상으로 하는 3년제 직업훈련 과정의 수료자

③ 초·중등교육법 시행령 제97조, 제101조, 제102조에 해당하는 사람

④ 보호소년 등의 처우에 관한 법률 시행령 제69조제3호에 해당하는 사람

※본 공고문에서 졸업 예정자는 최종 학년에 재학 중인 사람을 말함

┤ 응시자격 제한 ├

1. 고등학교 또는 초·중등교육법 시행령 제98조제1항제2호의 학교를 졸업한 사람 또는 재학 중인 사람 (휴학 중인 사람 포함)
2. 공고일 이후 중학교 또는 초·중등교육법 시행령 제97조제1항제2호의 학교를 졸업한 사람
3. 고시에 관하여 부정행위를 한 사람으로서 처분일로부터 응시자격 제한 기간이 경과되지 않은 사람
4. 공고일 기준으로 이후에 1의 학교에 재학 중 제적된 사람(단, 장애인복지법 제32조의 규정에 의하여 등록된 장애인으로서 신체적·정신적 장애로 학업을 계속하는 것이 불가능하여 자퇴한 사람은 제외)

---

3 제출서류(현장접수)

① 응시원서(소정서식) 1부

② 동일한 사진 2매(탈모 상반신, 3.5cm×4.5cm, 3개월 이내 촬영)

③ 본인의 해당 최종학력증명서 1부

• 졸업(졸업예정)증명서(소정서식)

※ 상급학교 진학여부가 표시된 검정고시용에 한함
  졸업 후 배정받은 상급학교에 진학하지 않은 사람은 미진학사실확인서 추가 제출

• 중 · 고등학교 재학 중 중퇴자는 제적증명서

• 중학교 의무교육 대상자 중 정원 외 관리대상자는 정원 외 관리증명서

• 중학교 의무교육 대상자 중 면제자는 면제증명서(소정서식)

• 평생교육법 제40조에 따른 학력인정 대상자는 학력인정서

• 초 · 중등교육법 시행령 제96조제1항제2호 및 제97조제1항제3호에 따른 학력인정 대상
  자는 학력인정증명서(초졸 및 중졸검정고시 합격자는 합격증서사본 또는 합격증명서)

• 합격과목의 시험 면제를 원하는 사람은 과목합격증명서 또는 성적증명서

※ 과목합격자가 응시하는 경우, 학력이 직전 응시원서에 기재된 것과 같은 때에는 과목합격증명서의 제출로서
  본인의 해당 최종학력증명서를 갈음함

• 3년제 고등공민학교, 중 · 고등학교에 준하는 각종 학교와 직업훈련원의 졸업(수료,
  예정)자는 졸업(졸업예정, 수료)증명서

• 3년제 고등기술학교 및 졸업(예정)자는 직전학교 졸업증명서

④ **신분증** : 주민등록증, 외국인등록증, 운전면허증, 대한민국 여권, 청소년증 중 하나

시험에 관한 자세한 사항은 한국교육과정평가원 홈페이지(http://www.kice.re.kr)
또는 ARS(043-931-0603) 및 각 시 · 도 교육청 홈페이지에서 확인하시기 바랍니다.

구성 미리보기

Chapter

부정사 · 동명사 · 분사

...의 명사적·형용사적·부사적 용법을 반드시 이해한다. 동명사만을 목적어로 사용하는 동사, to부
...을 목적어로 사용하는 동사, 동명사와 to부정사를 모두 목적어로 사용하는 동사는 자주 출제되므로
...여 사용할 줄 알아야 한다. 현재분사와 과거분사의 용법을 이해하고, 형태(동사원형+ing)가 같은
...사와 현재분사를 구별하여야 한다. 분사구문 만드는 연습을 한다.

01 부정사

부정사는 다른 동사와는 달리 수, 시제, 인칭에 따라 형태가 변하지 않는 말을 가리키며, to
부정사와 원형부정사가 있다. 이 중에 to부정사는 「to + 동사원형」의 형태가 되어 문장의 주
어, 목적어, 보어가 되는 명사의 역할을 하거나 형용사, 부사처럼 쓰여 수식어의 역할을 하기
도 한다.

학습 point⁺

단원별로 학습해야 할 내용을 요
약해서 알려줌으로써 좀 더 쉽고
효율적으로 공부할 수 있도록 하
였어요.

중요

기출문제를 바탕으로 교과 내용
을 분석하여 자주 출제된 부분에
는 중요 표시를 하였어요.

영 어 고졸 검정고시

(4) 부정사의 관용 **중요⁺**

① too ~ to~ ... (= so ~ that + 주어 + cannot...) : 너무 ~해서 ...할 수 없다.
   ...기에는 너무 ~한

> The soup was too hot to eat. 그 수프는 너무 뜨거워서 먹을 수 없었다.
> = The soup was so hot that I couldn't eat it.

② 형용사(부사) + enough to ~ (= so + 형용사(부사) + that + 주어 + can~) : ~할 만큼

> He was rich enough to buy a new car. 그는 새 자동차를 살 정도로 충분히 부유했다.
> = He was so rich that he could buy a new car.

I don't like either of them. 나는 그들 중 어느 쪽도 좋아하지 않는다.   [전체 부정]
= I like neither of them.

...the stories was true. 그 이야기는 어느 쪽도 사실이 아니었다.

심화학습 ...정

...ays 등이 not과 함께 쓰이면 부분부정의 뜻이 된다.

...t wrong. 그들 모두가 잘못한 것은 아니다.

...n of them. 그들 둘 다를 아는 것은 아니다.

all, every ...ays experienced good things in Korea.
...좋은 것만 경험했던 것은 아니다.

---

(7) it의 특별용법

① 비인칭 주어 : 시간·날씨·요일·날짜·거리·명암 등을 표현할 때 사용하며, 이때 해
   석은 하지 않는다.

> It is half past two. 2시 30분이다.   [시간]

심화학습

기본적인 이론 내용을 좀 더 보
충하고, 다른 단원의 문법 부분
과 연관되어 통합적인 설명이 필
요한 곳을 별도로 정리하여 이해
의 깊이를 높일 수 있도록 하였
어요.

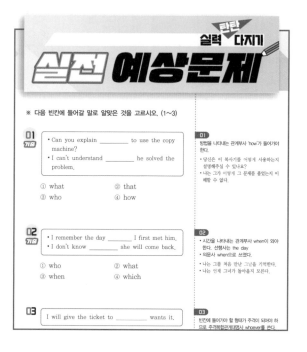

실전예상문제

실제 출제된 기출문제와 적중률이 높은 예상문제를 통해 실력을 점검해 보세요.

실력 탄탄 다지기
실전 예상문제

※ 다음 빈칸에 들어갈 말로 알맞은 것을 고르시오. (1~3)

01 기출
- Can you explain _____ to use the copy machine?
- I can't understand _____ he solved the problem.

① what ② that
③ who   ④ how

01
방법을 나타내는 관계부사 'how'가 들어가야 한다.
· 당신은 이 복사기를 어떻게 사용하는지 설명해주실 수 있나요?
· 나는 그가 어떻게 그 문제를 풀었는지 이해할 수 없다.

02 기출
- I remember the day _____ I first met him.
- I don't know _____ she will come back.

① who   ② what
③ when ④ which

02
· 시간을 나타내는 관계부사 when이 와야 한다. 선행사는 the day
· 의문사 when으로 쓰였다.
· 나는 그를 처음 만난 그날을 기억한다.
· 나는 언제 그녀가 돌아올지 모른다.

03
I will give the ticket to _____ wants it.

03
빈칸에 들어가야 할 형태가 주격이 되어야 하므로 주격복합관계대명사 whoever를 쓴다.

영어 고졸 검정고시

04
I'd like to go on a trip with _____.

① they   ② there
③ then   ④ them

04
전치사 with
복수 목적격

05 다음 밑줄 친 부분에 들어갈 말을 순서대로 나열한 것은?

I have two dogs : _____ is old and _____ is young.

① one – two   ② first – second
③ one – another ④ one – the other

05
one~, the other~ : (둘 중) 하나는 ~이고, 다른 하나는 ~이다
I have two dogs : one is old and the other is young. 나는 두 마리의 개가 있다. 하나는 늙고, 다른 하나는 어리다.

※ 두 문장의 의미가 같아지도록 빈칸에 알맞은 것을 찾으시오. (6~7)

06
He did his homework without any help.
= He did his homework by _____.

06
He did his homework without any help. 그는 아무 도움 없이 과제를 했다.
= He did his homework by himself.

정답 및 해설

'왜 정답이 아닌지' 상세하게 설명한 해설을 통해 이론 학습에서 놓친 부분을 한 번 더 살펴보세요.

차 례

PART

I

문 법

Chapter 01 문 장

 문법을 공부하는 데 가장 기초적인 부분으로, 문장의 주요소인 주어, 동사, 목적어, 보어의 쓰임과 수식 어, 문장의 종류, 기본 문형에 대해 이해하고 문장의 형식을 구별할 줄 알아야 한다.

01 문장의 필수요소와 수식어

1 문장의 구조

(1) 단어(Word)

하나 이상의 뜻이 있는 형태소가 모여 말의 가장 작은 단위를 구성한 것으로, 의미를 담은 가장 작은 언어이자 글쓰기에서 띄어쓰기가 이루어지는 단위이다.

(2) 구(Phrase) : 둘 이상의 단어가 모여 하나의 의미 단위를 이룬 것

① **명사구** : 명사의 역할(주어, 목적어, 보어)을 한다.

㉠ 주어

<u>To become a lawyer</u> is very difficult and painful.
　　　　주어구
변호사가 되는 것은 매우 어렵고 힘들다.

㉡ 목적어 : 타동사나 전치사 뒤에 위치한다.

Min-su didn't know <u>what to do</u> with his parents.
　　　　　　　　　　목적어구
민수는 그의 부모님과 무엇을 해야 할지를 몰랐다.

ⓒ 보어 : 주어나 목적어의 신분, 직업, 상태, 성질 등을 나타내는 역할을 한다.

My hobby is collecting wrist watches. 나의 취미는 손목시계를 수집하는 것이다. [2형식]
　주어　　　　　　　보어구
[주격보어 : hobby = collecting wrist watches]

We elected him chairman of our club. 우리는 그를 우리 동아리 회장으로 선출했다. [5형식]
　　　　목적어　　　　보어구
[목적격보어 : him = chairman of our club]

② 형용사구 : 형용사의 역할을 하는 보어나 수식어이다.

I have no idea to solve the trouble between my girlfriend and I.
　　　　　　　　　　명사를 수식
나는 여자 친구와의 문제를 해결하기 위한 방안을 모르겠다.

This old computer is of no use to me. 이 낡은 컴퓨터는 나에게 소용없다.
　　　　　　　　　= useless(주격보어)

③ 부사구 : 동사, 형용사, 문장 전체를 수식한다.

ⓐ 동사 수식

He did it with ease. 그는 그것을 쉽게 했다.

ⓑ 형용사 수식

I am glad to see you again. 너를 다시 만나 기쁘다.

ⓒ 문장 전체 수식

To be frank with you, I don't agree with you. 솔직히 말하자면, 나는 너에게 동의하지 않는다.
솔직히 말하자면

(3) 절(Clause)

「주어 + 동사」의 형태로 이루어진 구성으로 자체가 문장이 될 수도 있고, 문장의 일부분의 역할을 하기도 한다.

① 등위절 : 등위접속사(and, but, or, for, so 등)로 대등하게 연결된 두 절을 말한다.

He is a doctor and I am a nurse. 그는 의사이고 나는 간호사이다.

② 종속절 : 하나의 품사와 같은 구실을 하는데, 명사절·형용사절·부사절이 있다.

ⓐ 명사절 : 관계대명사 what, 접속사 that과 if(whether), 의문사 등에 의해 이끌어져 주어·목적어·보어로 쓰인다.

<u>What</u> she said is false. 그녀가 말했던 것은 거짓이다. [주어]

I don't know <u>if(whether)</u> it's true. [목적어]
나는 그것이 사실인지 아닌지를 모르겠다.

This is <u>what I want to get</u>. 이것이 내가 갖고 싶어하는 것이다. [보어]

ⓛ 형용사절 : 관계대명사와 관계부사에 의해 이끌어지는 절로서, 그 선행사를 수식하는 형용사 역할을 한다.

Sunday is the day <u>when</u> we go to church. 일요일은 우리가 교회에 가는 날이다.

ⓒ 부사절 : 접속사 that을 제외한 종속접속사(when, though, because, if 등)에 의해 이끌어지는 절로서 시간·장소·조건·이유·양보 등을 나타낸다.

<u>If</u> you want to go abroad, you have to learn English to communicate with others. 만약 해외에 가고 싶으면, 너는 다른 사람들과 대화하기 위해 영어를 배워야만 한다.[조건의 부사절]

<u>Though</u> he is poor, he lives happily. [양보의 부사절]
비록 그는 가난하더라도, 행복하게 산다.

2 문장의 필수요소

주어와 주어를 수식하는 수식어를 주부, 동사·목적어·보어와 이것들을 수식하는 수식어를 술부라 한다. 문장은 주부와 술부로 이루어지고 핵심이 되는 주어, 동사, 목적어, 보어를 문장의 4요소라 한다.

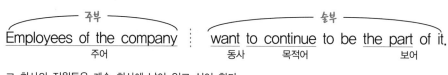

┌─── 주부 ───┐   ┌──────── 술부 ────────┐
<u>Employees of the company</u> ┊ <u>want to continue to be the part of it</u>.
        주어   동사   목적어   보어

그 회사의 직원들은 계속 회사에 남아 있고 싶어 한다.

(1) 주 어

문장에서 주체가 되는 말로 명사, 대명사, 동명사, 부정사, 명사절이 사용되며 '~은, 는, 이, 가'로 해석된다.

(2) 동 사

술부의 중심말로 주어의 상태나 동작을 설명하고 '~(이)다'로 해석된다. 부정이나 의문을 나타내는 경우에는 조동사까지 포함한다.

(3) 목적어

동사가 타동사일 때 '~을(를)'의 뜻인 목적어를 가지게 된다. 명사, 대명사, 부정사, 동명사, 명사구(절) 등이 사용된다.

(4) 보 어

주어의 성질이나 상태를 보충 설명해 주면 주격보어, 목적어의 성질이나 상태를 보충 설명해 주면 목적격보어라 한다. 명사, 형용사, 대명사, 동명사, 부정사, 분사 등이 보어로 사용된다.

기초학습 ─ 단어의 종류(8품사)

단어를 문법적 기능·형태·의미에 따라 분류하는 말을 품사라 한다. 영어에는 명사, 대명사, 동사, 형용사, 부사, 전치사, 감탄사, 접속사 등 8가지가 있다. 어떤 품사가 다른 품사로 바뀌는 일을 품사의 전성이라 하고, 영어에서는 이러한 현상이 많다.

예 • watch 동 ~을 보다, 명 시계
• play 동 놀다, 명 연극
• clean 동 청소하다, 형 깨끗한

---

3 수식어

문장의 주요소를 꾸며 주는 말로 소유격, 형용사(구), 부사(구) 등이 이에 속한다.

Ji-yeon helps her mother in the kitchen.　지연이는 부엌에서 그녀의 엄마를 돕는다.
　　　　　　 소유격　　　　　　 부사구

※ 밑줄 친 부분의 쓰임으로 바른 것을 고르시오. (1~3)

01

> This cellular phone is <u>what I really wanted to get</u>.

① 주어   ② 동사
③ 목적어   ④ 보어

01

2형식 문장에서 불완전동사인 be동사 다음의 보어로 쓰였다.

This cellular phone is what I really
<u>주어</u>   동사   보어
wanted to get.

이 휴대전화는 내가 정말 가지고 싶어 했던 것이다.

02

> I gave <u>him</u> all the money that I had.

① 주어   ② 동사
③ 목적어   ④ 보어

02

4형식 문장이다.

I gave him all the money that I had.
주어 동사 간접목적어 직접목적어

나는 내가 가지고 있던 돈을 모두 그에게 주었다.

03

> Yesterday Mary and Adam <u>worked</u> very hard on the farm.

① 주어   ② 동사
③ 목적어   ④ 보어

03

1형식 문장이다.
Yesterday Mary and Adam worked
주어   동사
very hard on the farm.

어제 메리와 아담은 농장에서 매우 열심히 일했다.

04 다음 중 어법에 맞지 <u>않는</u> 것은?

고난도

> I ① <u>could not</u> ② <u>be agree</u> with ③ <u>him</u> ④ <u>even</u> if I tried.

04

agree가 동사이므로 be동사의 보어가 될 수 없다.

I could not agree with him even if I tried. 나는 시도해 봤음에도 불구하고 그에게 동의할 수는 없었다.

ANSWER

01. ④   **02.** ③   **03.** ②   **04.** ②

05 다음 밑줄 친 부분을 우리말로 바르게 옮긴 것은?

> John was never given <u>a chance to participate in the game</u>.

① 게임을 연기할 기회
② 게임에 승리할 가능성
③ 게임에 참가할 기회
④ 사냥감을 잡을 가능성

05

a chance to participate in the game
기회 ← ⸺⸺ 게임에 참가할
(명사를 수식하는 형용사구)

존에게는 결코 게임에 참가할 기회가 주어
지지 않았다.

participate in ~에 참가하다

06 다음 문장 중 밑줄 친 부분이 명사절인 것은?

① I don't know <u>if he will come back</u>.
② <u>If he works harder</u>, he will succeed.
③ This is the note <u>which she gave to him</u>.
④ Can you tell me the time <u>when she will be home</u>?

06

② 부사절
③, ④ 형용사절

① 그가 올지 안 올지 나는 모르겠다.
② 만약 그가 열심히 일한다면, 그는 성공
할 것이다.
③ 이것은 그녀가 그에게 준 노트이다.
④ 그녀가 언제 집에 오는지 알려 줄래요?

ANSWER
05. ③ 06. ①

02 문장의 종류

1 평서문

평서문은 「주어 + 동사」의 어순을 갖고 마침표로 끝나는 문장으로, 긍정문과 부정문이 있다.

긍정문

I am a dentist.
나는 치과의사이다.

He goes to school.
그는 학교에 간다.

She can dance well.
그녀는 춤을 잘 춘다.

They liked baseball.
그들은 야구를 좋아했다.

부정문

I am not a dentist.
나는 치과의사가 아니다.

He doesn't go to school.
그는 학교에 가지 않는다.

She can't dance.
그녀는 춤을 출 수 없다.

They didn't like baseball.
그들은 야구를 좋아하지 않았다.

2 의문문

의문문은 의문을 나타내는 문장으로, 문장 끝에 의문부호(물음표)가 붙는다.

(1) 의문사가 없는 의문문 : Yes나 No로 대답하는 의문문

Is this a pen? 이것은 펜입니까? [be동사]

— Yes, it is. / No, it isn't.

Susan uses a spoon at table. 수잔은 식사 중에 숟가락을 사용한다.

Does Susan use a spoon at table? 수잔은 식사 중에 숟가락을 사용합니까? [일반동사]

— Yes, she does. / No, she doesn't.

Will you be busy next Saturday? 다음 토요일에 바쁘십니까? [조동사]

(2) 의문사가 있는 의문문 : 의문사 + 동사 + 주어

Who is that man? 저 남자는 누구입니까?

What is this? 이것은 무엇입니까?

Where does she live? 그녀는 어디에 삽니까?

(3) 선택의문문

선택의문문은 둘 중에서 하나를 선택하는 의문문으로, Yes나 No로 대답하지 않는다.

Which color do you like better, green or blue? 초록색과 파란색 중 어떤 색을 더 좋아합니까?

- Green. 초록색이요.

  Green better. 초록색을 더 좋아해요.

  I like green better. 나는 초록색을 더 좋아해요.

  I like green better than blue. 나는 파란색보다 초록색을 더 좋아해요.

> **잠깐** 선택의문문의 억양 : Which do you like better, A↗ or B?↘

(4) 간접의문문 중요⁺

의문사가 이끄는 절이 다른 문장의 종속절이 되면 「의문사 + 주어 + 동사」의 형태가 된다.

① 의문사가 있는 의문문 : 의문사 + 주어 + 동사

Whose is this pen? 이 펜은 누구의 것이니?   [직접의문문]
의문사 동사 주어

→ Tell me whose this pen is. 이 펜이 누구의 것인지 말해 봐.   [간접의문문]
        의문사   주어   동사

What did he buy at the store? 그는 가게에서 무엇을 샀니?   [직접의문문]
의문사 동사 주어

→ Do you know what he bought at the store? 그가 가게에서 뭘 샀는지 아니? [간접의문문]
            의문사 주어   동사

㉠ 의문사가 주어인 경우의 간접의문문 : 「의문사 + 동사」의 어순이다.

Who wrote this letter? 이 편지를 누가 썼니?   [직접의문문]

→ Tell me who wrote this letter. 이 편지를 누가 썼는지 말해 봐. [간접의문문]
        주어(의문사) 동사

ⓛ 주의할 간접의문문 : 주절의 동사가 think, imagine, guess, believe, suppose 등이 올 경우에는 의문사가 문장의 앞에 위치한다.

Do you think? + Who is he?　　　　　　　　　　　　[직접의문문]

→ Do you think who he is? (×)

→ <u>Who</u> do you think he <u>is</u>? (○) 넌 그가 누구라고 생각하니?　　[간접의문문]
　 의문사의 문두 위치　　　　　　 동사

② 의문사가 없는 의문문 : if(whether) + 주어 + 동사

I don't know. + Is he at home?　　　　　　　　　　　[직접의문문]

→ I don't know if <u>he</u> <u>is</u> at home. 그가 집에 있는지 모르겠어.　　[간접의문문]
　　　　　　　　주어 동사

Do you know? + Is he a doctor?　　　　　　　　　　[직접의문문]

→ Do you know whether <u>he</u> <u>is</u> a doctor? 그가 의사인지 아닌지 아니?　[간접의문문]
　　　　　　　　　　　주어 동사

(5) 부가의문문

부가의문문은 평서문 뒤에 짧게 덧붙인 의문문이다.

① 긍정문 뒤에는 부정의문문, 부정문 뒤에는 긍정의문문을 쓴다.

English <u>is</u> difficult, <u>isn't it</u>? 영어는 어렵죠, 그렇지 않나요?
　　　　 긍정　　　　　　　부정

English <u>isn't</u> easy, <u>is it</u>? 영어는 쉽지 않죠, 그렇죠?
　　　　 부정　　　　　　긍정

> 📖 **잠깐!** 긍정문일 경우라도 no, nothing, never, seldom, hardly, scarcely, rarely 등이 문장에 포함되어 있으면 이들 자체에 부정의 뜻이 포함되어 있으므로 부가의문문은 긍정이 된다.

② Let's로 시작되는 문장의 부가의문문은 shall we?이다.

<u>Let's</u> go dancing, shall we? 춤추러 가자, 그럴래?

③ 명령문의 부가의문문은 will you?이다.

Don't run in the classroom, will you? 교실에서 뛰지 마, 그래 줄래?

④ 권유문은 won't you?로 받는다.

Have a cup of coffee, won't you? 커피 한잔해, 그러지 않을래?

3 명령문

명령문은 '~해라, ~하시오'라고 명령이나 부탁을 나타내는 문장으로, 보통 주어가 없이 동사 원형으로 시작한다.

(1) 직접명령문

You open the door. → Open the door.   문을 열어라.   [긍정명령문]
주어 생략   동사원형

You be honest. → Be honest.   정직해라.

Don't be angry.   화내지 마라.   [부정명령문]

(2) 간접명령문 : Let + 목적어 + 동사원형

1인칭, 3인칭에 대한 명령문으로 Let을 쓴다.

Let me go there.   나를 거기에 가게 해 주시오.

Don't let him go there.   그를 거기에 가게 하지 마세요.

> 잠깐 Let's + 동사원형 : '~하자'라는 권유의 뜻
> Let's go to the zoo.   동물원에 가자.

4 감탄문

감탄문은 강한 감정을 나타내는 문장으로, 문장 끝에 감탄부호(느낌표)를 붙이고 What 또는 How로 시작한다.

(1) What + a(an) + 형용사 + 명사 + 주어 + 동사!

She is a very pretty woman.   그녀는 매우 예쁘다.   [평서문]

→ What a pretty woman she is!   그녀는 정말 예뻐!   [감탄문]

(2) How + 형용사(부사) + 주어 + 동사!

Mike runs very fast.   마이크는 매우 빨리 달린다.   [평서문]

→ How fast Mike runs!   마이크는 정말 빨리 달려!   [감탄문]

※ 다음 중 어법상 맞지 <u>않는</u> 것을 고르시오. (1~2)

01
① Do you know what she was doing?
② Do you think who he is?
③ Do you know whether he got there?
④ Do you know where she lives?

02
① Don't make a noise in the classroom, will you?
② This is fake, doesn't it?
③ My mother knows what my problem is.
④ My brother climbed up the mountain last week.

03 다음 우리말을 영어로 바꾸었을 때 적절한 것은?

> 나는 그게 사실이든 아니든 관심 없다.

① I don't care whether it is true or not.
② I don't care what is true or not.
③ If it is true or not, I will care.
④ I don't care whether it is true nor.

01
주절의 동사가 believe, suppose, think, imagine 등일 경우에는 의문사가 문장의 앞에 위치해야 한다.

Who do you think he is?
너는 그가 누구라고 생각하니?

① 너는 그녀가 무엇을 했었는지 아니?
③ 너는 그가 거기에 갔는지 아니?
④ 너는 그녀가 어디 사는지 아니?

02
부가의문문 앞 절에 be동사가 쓰였으므로 부가의문문은 isn't를 써야 한다.

This is fake, isn't it?
이거 가짜야, 맞지?

① 교실에서 시끄럽게 하지 마라, 그렇게 해 줄래?
③ 나의 어머니는 나의 문제가 무엇인지 안다.
④ 나의 형은 지난주에 산에 올랐다.

03
의문사가 없는 의문문은 종속절의 어순을 「주어 + 동사」의 순으로 하고, if나 whether를 이용한다.

04 빈칸에 공통으로 들어갈 말로 가장 알맞은 것은?

기출

> • This is a convenience store _____ is open 24 hours a day.
> • Jane, _____ do you like better, pasta or pizza?

① how ② who
③ when ④ which

관계대명사이면서 동시에 어느 것이라는 의문사인 which가 답이다.

• 이것은 하루 24시간 여는 편의점이다.
• 제인, 너는 파스타와 피자 중 어느 것이 더 좋아?

※ 다음 빈칸에 들어갈 말로 적절한 것을 고르시오. (5~6)

05

기출

> A : I went fishing in the East Sea.
> B : Really? _____?
> A : It was so much fun!

① How was it ② Where was it
③ When did you go ④ Who went with you

의문사가 있는 의문문의 어순은 「의문사+동사+주어」이다.
대화의 내용상 A의 대답이 무척 재미있었다고 하였으니, 밑줄 친 곳의 B의 질문 내용은 재미가 있었는지 없었는지, 즉 어땠는지가 적절할 것이다.

A : 나는 동해에 가서 낚시를 했어.
B : 진짜? _____?
A : 그거 정말 재밌었어!
① 어땠어? ② 어디였어?
③ 언제 갔어? ④ 누구와 함께 갔어?

06

고난도

> I can imagine _____.

① how the trip was exciting
② how exciting was the trip
③ how the trip exciting was
④ how exciting the trip was

감탄문
• How + 형용사(부사) + (주어 + 동사)
• What + a(an) + 형용사 + 명사 + (주어 + 동사)

I can imagine how exciting the trip was.
　　　　　　　　　형용사　주어　동사
여행이 얼마나 신났을지 상상이 간다.

03 기본 문형

문형은 동사의 쓰임에 따라 구분되며, 대략 다음과 같이 다섯 가지로 나눌 수 있다.

1형식	주어(S) + 동사(V)
2형식	주어(S) + 동사(V) + 주격보어(S.C)
3형식	주어(S) + 동사(V) + 목적어(O)
4형식	주어(S) + 동사(V) + 간접목적어(I.O) + 직접목적어(D.O)
5형식	주어(S) + 동사(V) + 목적어(O) + 목적격보어(O.C)

(1) **1형식**(주어 + 동사) : 「주어 + 자동사」만으로 이루어지는 문장으로, 형용사구나 부사구 등의 수식어가 붙는 경우가 많다.

Birds fly. 새가 난다.
주어   동사

The sun rises in the east. 태양은 동쪽에서 뜬다.
주어   동사   부사구

(2) **2형식**(주어 + 동사 + 보어) : 동사만으로는 주어에 대한 설명이 부족하여 주어의 신분, 직업, 상태나 성질, 동작을 설명하는 보어를 필요로 하는 문장을 말한다.

He is a lawyer. 그는 변호사이다.
주어 동사 주격보어

She looks sad. 그녀는 슬퍼 보인다.
주어   동사   주격보어

잠깐! feel, taste, smell, sound, look, seem 등의 2형식 동사 다음에는 보어 자리에 형용사가 온다.

기초학습 — 자동사

목적어나 보어의 필요 없이 오로지 동사만으로 주어를 설명할 수 있는 동사

| 완전자동사 | arrive, fly, come, go, live, begin, sleep, sing, sit, stand, play, study, stay, swim, start, walk, work, talk, be(am, are, is ; 있다) 등 |
| 불완전자동사 | be(am, are, is ; 이다), get · become · grow(~이 되다), look, seem, keep, feel 등 |

(3) 3형식 : 주어 + 동사 + 목적어

목적어를 필요로 하는 동사를 완전타동사라고 하며, 3형식 문장을 만든다.

He wants a bicycle. 그는 자전거를 원한다.
주어　동사　목적어

She has learned to ski. 그녀는 스키 타는 법을 배웠다.
주어　　동사　　　목적어

> 참깨 완전타동사 : want, buy, begin close, carry, use, study, do, cut, think, eat, speak, drink, find, love, like, know, have(has), play, read, say, need 등

(4) 4형식 : 주어 + 수여동사 + 간접목적어 + 직접목적어

수여동사는 2개의 목적어를 갖는 동사로, 4형식 문장을 만든다. '～에게'는 간접목적어, '～을 (를)'은 직접목적어라고 하고, 순서대로 써 준다.

① '～에게 …을 하여 주다'로 파악되는 문장이다.

He played me a trick. 그는 나에게 장난을 쳤다.
주어　　동사　간접목적어 직접목적어

I gave my friend a book. 나는 내 친구에게 책을 주었다.
주어 동사　간접목적어　　직접목적어

> 참깨 수여동사 : '～을 주다'는 의미의 동사로 teach, send, tell, write, lend, show, buy, make 등이 있다.

② 4형식의 문장은 to, for, of를 이용하여 간접목적어와 직접목적어의 위치를 바꿔 3형 식으로 만들 수 있다. 간접목적어를 문장 뒤로 보낼 경우 동사의 종류에 따라 쓰이는 전치사가 달라질 수 있다.

　㉠ give, teach, tell, send, lend, show, pay, write, bring → to

　　I gave him the book. 나는 그에게 그 책을 주었다.　　　　　　　　[4형식]

　　= I gave the book to him.　　　　　　　　　　　　　　　　　　　[3형식]
　　　　　　　　　　　　↳ 4형식의 간접목적어를 뒤로 빼면서 전치사(to) 추가

　㉡ buy, choose, cook, find, leave, get, make → for

　　He made me a beautiful flower. 그는 나에게 예쁜 꽃을 만들어 주었다.　[4형식]

　　= He made a beautiful flower for me.　　　　　　　　　　　　　　[3형식]

ⓒ ask, demand, require, beg ➡ of

He asked me many questions. 그는 나에게 많은 질문을 했다. [4형식]

= He asked many questions of me. [3형식]

(5) 5형식 : 주어 + 동사 + 목적어 + 목적격보어

목적어의 상태, 신분, 직업, 동작 등을 설명해 주는 목적격보어를 필요로 하는 동사를 불완전타동사라고 하며 5형식 문장을 만든다. '~가 ~을 …하다'로 해석이 된다.

It will make everybody happy. 그것이 모두를 행복하게 해 줄 것이다.
주어　　동사　　　목적어　　　목적격보어

I found it too difficult for me. 나는 그것이 나에게 너무 어렵다는 것을 알았다.
주어 동사 목적어 　목적격보어

📚 불완전타동사 : make, call, hear, elect, name, see, find 등

① 목적격보어가 명사·대명사일 때 : 목적어와 동격관계

We named our dog Bess. 우리는 우리 개를 베스라고 이름지었다.

② 목적격보어가 형용사일 때 : 목적어의 상태를 설명

I made her happy. 나는 그녀를 행복하게 만들었다.

③ 목적격보어가 부정사·현재분사일 때 : 목적어의 능동적인 동작

I ordered him to go early. 나는 그에게 일찍 가라고 지시했다.

④ 목적격보어가 과거분사일 때 : 목적어의 수동적인 동작

I had(got) my house built by him. 나는 그에게 나의 집을 짓게 했다.

실전 예상문제
실력 다지기

※ 다음 각 문장이 몇 형식에 속하는지 고르시오. (1~3)

01

My mother teaches English to us at home.

① 1형식 　　　　　② 2형식
③ 3형식 　　　　　④ 4형식

02

There are too many kinds of flowers in the garden.

① 1형식 　　　　　② 2형식
③ 4형식 　　　　　④ 5형식

03

He made his parents happy.

① 2형식 　　　　　② 3형식
③ 4형식 　　　　　④ 5형식

01

• teach B to A [3형식] A에게 B를 가르치다
• teach A B [4형식] A에게 B를 가르치다

My mother teaches English to us at home.
　주어　　　동사　　　목적어
나의 어머니는 집에서 우리에게 영어를 가르친다.

02

be동사가 불완전자동사로 보어를 필요로 하는 경우를 2형식이라 하는데,
'There + be동사'에서의 be동사는 '있다'라는 자동사로 쓰이고 There는 형식상의 주어이므로 '주어가 있다'라는 의미의 1형식의 문장이 된다.

There are too many kinds of flowers
　　　　동사　　　　　　주어
in the garden.
정원에는 너무 많은 종류의 꽃들이 있다.

03

목적어와 목적격보어가 있는 5형식의 문장이다.

He made his parents happy.
주어 동사　　목적어　　목적격보어
그는 그의 부모님을 행복하게 만들었다.

ANSWER
01. ③ **02.** ① **03.** ④

※ 다음 우리말을 영어로 옮길 때 알맞은 것을 고르시오.
(4~5)

04 나는 그가 길을 건너는 것을 보았다.

① I saw him at the crosswalk.
② I saw him cross the street.
③ I saw him to cross the street.
④ I saw him to crossing the street.

04

5형식 문장
주어 + 동사 + 목적어 + 목적격보어

I saw him cross the street.
주어 동사 목적어   목적격보어

05 그는 모든 사람들에게 매우 친절하다.

① He is very kind to everyone.
② His kindness gives everyone.
③ Everyone takes his quite kindness.
④ He seems to be very kind to everyone.

05

2형식 : 주어 + 불완전동사(be동사) + 보어
He is very kind to everyone.
주어 동사   보어   부사구

06 다음 밑줄 친 부분에 들어갈 말로 알맞은 것은?

You _____ nice in your red dress.

① see   ② like
③ give   ④ look

06

2형식 문장 : look + 형용사 ~처럼 보이다

You look nice in your red dress.
빨간색 드레스를 입으니까 멋있어 보인다.

ANSWER
04. ② **05.** ① **06.** ④

NOTE

02 동사 · 조동사 · 수동태

영어에서 주어와 동사를 파악하지 못하면 해석이 잘 되지 않는다. 동사는 영어를 공부하는 데 있어 가장 중요한 품사이다. 동사의 종류와 시제, 동사의 활용, 조동사의 종류와 용법, 수동태 등에 대한 명확한 개념 정리가 필요하다.

01 동 사

1 동사의 종류

구분	be동사		일반동사			조동사	
	현재	과거	현재	과거		현재	과거
평서문	• am • are • is	• was • were	• 일반동사 • 동사원형 + (s/es) • 불규칙 복수	• 동사원형 + -ed • 불규칙 과거		will shall ⎫+동사 can ⎬원형 may ⎭	would ⎫ should ⎪+동사 could ⎬원형 might ⎭
부정문	Be동사 + not		Don't ⎫+동사 Doesn't ⎭원형	Didn't + 동사원형		조동사 + not + 동사원형	
의문문	Be동사+주어~?		Do ⎫+주어+ Does ⎭동사원형~?	Did + 주어 + 동사원형 ~ ?		조동사 + 주어 + 동사원형 ~ ?	

(1) be동사 : be동사의 현재형은 am, are, is로서 '~이다, ~가 있다'의 뜻이 있다.

I am a boy. 　　　　　　　　　　　　　　　나는 소년이다.

You're pretty(= very) tall. 　　　　　　　　당신은 매우 키가 크다.

Tom is the tallest boy in my school. 　　　탐은 우리 학교에서 가장 큰 소년이다.

Mary is in the kitchen. 　　　　　　　　　메리는 부엌에 있다.

(2) **일반동사** : go, like, play, write 등과 같이 be동사와 조동사를 제외한 동사를 말한다.

They like to play tennis. 　　　　　　　　그들은 테니스 치는 것을 좋아한다.

People want to live in a clean environment. 　사람들은 깨끗한 환경에서 살기를 원한다.

(3) **조동사** : 문장에서 동사를 도와주는 역할을 하는 동사로서 do, may, might, can, must, shall, should 등이 있다.

He can swim. 　　　　　　　　　　　　　그는 수영을 할 수 있다.

We must study English hard. 　　　　　　우리는 영어를 열심히 공부해야 한다.

2 동사의 어미 변화 및 시제

주어가 3인칭 단수 현재인 경우에는 동사 뒤에 −s, −es를 붙여 일반동사의 어미를 변화시킨다.

(1) 일반동사의 3인칭 단수 현재형

어미의 형	만드는 법	−(e)s의 발음	예 문
보통의 동사	−s를 붙인다.	무성음 뒤 [s]	like → likes stop → stops • I like an apple.　나는 사과를 좋아한다. [1인칭 단수] • He likes an apple.　그는 사과를 좋아한다. [3인칭 단수]
−o, −sh, −ch, −es, −x로 끝나는 동사	−es를 붙인다.	[z] [iz]	go → goes wash → washes teach → teaches • We go to school.　우리는 학교에 간다. [1인칭 복수] • She goes to school.　그녀는 학교에 간다. [3인칭 단수]
자음 + y로 끝나는 동사	−y를 i로 고치고, −es를 붙인다.	[z]	study → studies try → tries • I study English.　나는 영어를 공부한다. [1인칭 단수] • She studies English.　그녀는 영어를 공부한다. [3인칭 단수]

(2) 동사의 과거시제

① 규칙동사 : 동사 + ed

규칙 동사		현 재	과 거	과거분사
일반적인 동사 → 동사 + ed		turn	turned	turned
		wash	washed	washed
「단모음 + 자음」으로 끝나는 동사 → 자음을 겹쳐 쓰고 + ed		stop	stopped	stopped
		beg	begged	begged
		plan	planned	planned
e로 끝나는 동사 → 동사 + d		use	used	used
		move	moved	moved
y로 끝나는 동사 → y 대신 i를 넣고 + ed		carry	carried	carried
		study	studied	studied
2음절 이상의 동사의 마지막 음절에 강세가 있는 것 → 자음을 겹쳐 쓰고 + ed		permit	permitted	permitted
		occur	occurred	occurred
		refer	referred	referred

② 불규칙동사

㉠ 현재·과거·과거분사의 형태가 달라지는 동사

현 재	과 거	과거분사	현 재	과 거	과거분사
am	was	been	bring	brought	brought
is			buy	bought	bought
are	were		catch	caught	caught
do	did	done	have	had	had
does			keep	kept	kept
begin	began	begun	lose	lost	lost
eat	ate	eaten	meet	met	met
get	got	gotten	say	said	said
know	knew	known	teach	taught	taught
take	took	taken	come	came	come
write	wrote	written	run	ran	run

ⓛ 현재·과거·과거분사의 형태가 같은 동사

현 재	과 거	과거분사	현 재	과 거	과거분사
cut	cut	cut	put	put	put
hit	hit	hit	*read	read	read
let	let	let	set	set	set

🔍 read는 형태는 같아도 발음은 다르다. read[riːd] – read[red] – read[red]

바로 바로 CHECK√

❖ **활용형이 비슷한 동사**

lie(눕다) – lay – lain
lay(눕히다) – laid – laid
lie(거짓말하다) – lied – lied

fly(날다) – flew – flown
flow(흐르다) – flowed – flowed

---

3 자동사와 타동사

(1) 자동사

자동사는 목적어가 없이 단독으로 쓰일 수 있는 동사이다. 자동사가 목적어를 취할 경우에는 전치사를 두어야 한다.

They started from the hotel.   그들은 그 호텔에서 출발했다.

The bird flies in the sky.   새가 하늘을 난다.

(2) 타동사

타동사는 반드시 목적어를 필요로 하는 동사이다.

He married her.   그는 그녀와 결혼했다.

She entered the room.   그녀는 방으로 들어갔다.

심화학습 자동사로 혼동하기 쉬운 타동사

타동사	잘못된 표현	올바른 표현
discuss	discuss about (×)	We will discuss the issue.　우리는 그 사안에 대해 토론할 것입니다.
marry	marry with (×)	He married her.　그는 그녀와 결혼했다.
attend	attend to (×)	Mr. Kim attended the class.　김씨는 수업에 참석했다.
answer	answer to (×)	Please, answer my question.　내 질문에 답해 주세요.
explain	explain about (×)	Tell me and explain it.　말해, 그리고 설명해 봐.
access	access to (×)	You can access the computer system. 당신은 컴퓨터 시스템에 접속할 수 있다.
reach	reach at (×)	My hand couldn't reach the book.　손이 책에 닿지 않았다.

School opens at nine o'clock!

open은 사무실이나 백화점 같은 상점 등이 문을 열 때 사용하고, 학교가 문을 연다고 할 때는 start(begin)를 사용하는 것이 더 적절하다.

School starts(begins) at nine o'clock!

01 다음 중 어법상 틀린 것은?

① Are you going to attend the party?
② We discussed about the issues all night long.
③ She has never complained about her life.
④ Frankly speaking, I don't want to apologize to him.

01

discuss는 목적어를 갖는 타동사이므로 전치사 about을 필요로 하지 않는다.

We discussed the issues all night long. 우리는 밤새도록 그 사안에 대해 토론했다.

① 그 파티에 참석할 거니?
③ 그녀는 그녀의 삶에 대해 불평한 적이 없다.
④ 사실대로 말하면, 나는 그에게 사과하고 싶지 않다.

02 다음 밑줄 친 부분 중 어법상 잘못된 것은?

고난도

London ① is one of the busy centers of the world economy. But London ② look like New York at all. Since it is ③ a very old city, many of its streets ④ are narrow and not very straight.

02

두 번째 문장 끝에 at all(전혀)이라는 부정의 의미를 나타내는 부사가 있으므로 동사가 부정의 형태이어야 한다.

② look → doesn't look

런던은 세계 경제의 바쁜 중심지 중 하나이다. 하지만 런던은 전혀 뉴욕처럼은 보이지 않는다. 왜냐하면, 런던이 매우 오래된 도시이기 때문에 많은 도로가 좁고 쭉 뻗어 있지 않기 때문이다.

※ 다음 중 동사의 변화로 맞지 않는 것을 고르시오. (3~4)

03

	원형	과거	과거분사	현재분사
①	play	played	played	playing
②	give	gave	given	giving
③	run	ran	run	running
④	stop	stopped	stoppen	stopping

03

④ stop – stopped – stopped – stopping

04

	원형	과거	과거분사	현재분사
①	study	studied	studied	studying
②	read	read	read	reading
③	have	had	haven	having
④	begin	began	begun	beginning

04

③ have – had – had – having

ANSWER

01. ②　02. ②　03. ④　04. ③

02 조동사

1 조동사의 역할

① 조동사는 동사의 앞에 위치하여 동사를 도와 의미를 분명하게 해 주는 역할을 하는 동사로서 주로 의문, 부정, 시제, 강조 등을 나타낸다.

He swims. 그는 수영을 한다. [현재형 문장]

He can swim. 그는 수영을 할 수 있다. [조동사가 있는 문장]

> **기초학습** ── 조동사
>
> 넓은 의미의 조동사는 수동태·진행형의 be, 부정문·의문문의 do(does), 완료형의 have(has)도 포함된다. be, do(does), have(has)를 제외한 모든 조동사는 주어의 인칭과 수에 의해 그 형태가 변하지 않는다.
>
> He can speak English. (○)   He cans speak English. (×)

② **조동사＋동사원형** : 조동사 will, can, may, should 등은 뒤에 항상 동사원형이 온다.

He can play baseball. 그는 야구를 할 수 있다.
　　 조동사 동사원형

I will go shopping tomorrow. 나는 내일 쇼핑하러 갈 것이다.
　조동사 동사원형

③ 조동사와 함께 쓰이는 동사를 본동사라 하고, 조동사 뒤에는 다른 조동사가 올 수 없다.

He will can skate. (×)

He will be able to skate. 그는 스케이트를 탈 수 있을 것이다. (○)

④ 조동사가 있는 문장의 부정문은 조동사 뒤에 not을 쓰고, 의문문은 주어의 앞에 조동사를 쓴다.

He can't skate. 그는 스케이트를 타지 못합니다. [조동사의 부정문]

Can he skate well? 그는 스케이트를 잘 타나요?   [조동사의 의문문]

– Yes, he can. / No, he can't. 예, 그렇습니다. / 아니요, 잘 타지 못합니다.

2 조동사의 종류 및 용법

(1) do(does) : 주어가 3인칭 단수인 경우에는 does를 쓰며, 과거형은 did로 쓴다.

① 동사의 앞에서 동사의 의미 강조

Do go and see him. (꼭, 반드시) 가서 그를 봐라.

② 부정하는 문장에서 도치

She scarcely (does) tell a lie.   [본문장]

Scarcely does she tell a lie. 그녀는 거짓말을 거의 하지 않는다.   [도치 문장]

> **참깐** scarcely가 부정의 의미를 가지고 있는 부정문이므로 도치가 가능하다.

③ 일반동사와 함께 의문문·부정문을 만든다.

Do you like it? 너는 그것을 좋아하니?

I don't like it. 나는 그것을 좋아하지 않는다.

④ 대동사로 쓰인다. 한 문장에서 같은 동사의 반복을 피하게 한다.

She plays the piano as well as I do. 그녀는 나만큼 피아노를 잘 친다.

> **참깐** do는 play the piano를 대신해서 쓰인다.

┌─ **심화학습** ─┐

❖ do가 '~하다, 실행하다'의 뜻일 때는 일반동사로 쓰인다.

What do you do on Sunday evening? 일요일 저녁에 무엇을 합니까?
    조동사   본동사('하다'의 뜻)

I did my homework on the computer. 나는 컴퓨터로 숙제를 했다.
   본동사

(2) will / would

① will

ㄱ. 단순미래 : ~일 것이다, ~할 것이다

I will go to the movie this weekend.　나는 이번 주말에 영화를 보러 갈 것이다.

ㄴ. 의지미래 : ~할 작정이다

She will start again from the beginning.　그녀는 처음부터 다시 시작할 작정이다.

ㄷ. 제안·요청 : ~해 줄래요?

Will you marry me?　결혼해 줄래요?

바로 바로 CHECK✓

❖ be going to : will과 같은 의미의 조동사구
My sister will be twenty next month. [단순미래]
= My sister is going to be twenty next month.　나의 언니는 다음 달에 20살이 된다.

❖ will의 **부정문** : won't(= will not) + 동사원형

---

② would

ㄱ. will의 과거형

I thought that they would play tennis.　나는 그들이 테니스를 치러 갈 것이라고 생각했다.

ㄴ. 과거의 불규칙적인 습관 : ~하곤 했다

He would often sit up watching TV all night.　그는 종종 밤새도록 TV를 보곤 했다.

ㄷ. 소망 : ~하고 싶다(= wish to)

Every man who would search for pearls must dive deep.
진주를 찾기를 원하는 모든 사람들은 반드시 깊이 잠수해야 한다.

ㄹ. 공손한 표현 : ~을 해 주시겠습니까?

Would you pass me the salt?　소금 좀 건네주시겠어요?

cf rather(~하는 것이 더 좋다) : would rather A than B(B 하느니 차라리 A)
I'd rather see a doctor than be sick all day.　하루 종일 아프느니 차라리 의사에게 가겠다.

기초학습

❖ would(should) like to + **동사원형** : ~하고 싶다(want to보다 정중한 의미)
We would like to look at many things around the city.
우리는 도시를 돌아보며 많은 것을 보고 싶다.

❖ used to + **동사원형** : ~하곤 했었다
과거의 규칙적인 습관이나 일시적 상태를 나타낸다.
CF used to(규칙적인 습관) ↔ would(불규칙적인 습관)
I used to take a walk in the park. 나는 공원에서 산책을 하곤 했다. [과거의 습관]
There used to be a tall tree here. 전에 여기에 큰 나무가 있었다. [일시적 상태]

(3) can / could

① 능력 · 가능성 : ~ 할 수 있다(= be able to)

He can sing well. 그는 노래를 잘 할 수 있다.

= He is able to sing well.

CF was(were) able to ≠ could

② 추측 : ~일 리 없다(부정문), 과연 ~일까?(의문문)

He cannot be honest. 그가 정직할 리 없다. [부정문]

Can it be true? 과연 그것이 사실일까? [의문문]

바로 바로 CHECK√

❖ 부정적 추측의 과거형은 couldn't가 아니라 cannot + have + 과거분사(~이었을 리가 없다)
로 쓴다.
He couldn't be honest. (×)
He cannot have been honest. (○) 그가 정직했을 리 없다.

③ 허가 : ~해도 좋다(= may)

You can go now. 당신은 이제 가도 됩니다.

④ cannot but + **동사원형** ^{중요} : ~하지 않을 수 없다(= cannot help ~ing)

He couldn't help falling in love with her. 그는 그녀와 사랑에 빠지지 않을 수 없었다.

(4) shall / should / ought to / must

① shall

㉠ 제의 · 제안 : ~할까요?(의문문)

Shall we dance? 우리 춤출래?

㉡ 추측 : ~일 것이다

I believe I shall succeed this time. 이번에는 내가 성공할 것이라고 생각한다.

🔖 believe : '믿다'는 의미 외에 '~라고 생각한다'라는 의미로 쓰이기도 한다.

② should

㉠ 의무 · 당연 : ~해야 한다(= ought to)

The young should respect the old. 젊은이들은 노인들을 공경해야 한다.

= The young ought to respect the old.

㉡ 후회

I should have carried out the plan. 내가 그 계획을 실행했어야 했는데.

㉢ 충고, 주장, 요구, 제안, 결정, 명령, 동의 등의 동사 + that ~ should

The doctor advised that I (should) stop smoking.
그 의사는 내가 금연해야 한다고 충고했다.

🔖 should는 구어체에서 생략하는 경우가 많다.

㉣ should + have + 과거분사 : ~했어야 했는데

She should have come earlier. 그녀가 더 일찍 왔어야 했는데.

③ must 중요⁺

㉠ 필요 · 의무 : ~해야 한다(= have to) ↔ don't have to ~할 필요가 없다

We must wait for them. 우리는 그들을 기다려야 한다.

↔ We don't have to wait for them. 우리는 그들을 기다릴 필요가 없다.
　　　= need not

🔖 need(~할 필요가 있다)가 조동사로 쓰일 수 있는 경우는 부정문과 의문문뿐이다. 긍정문에서는
항상 일반동사로 쓰인다.
We need to go there. 우리는 거기로 가야 할 필요가 있다.　　　　　　　[긍정문]

ⓒ 강한 추측 : ~임에 틀림없다

> He must be very tired. 그는 매우 피곤할 것이다.

> She must have lost her way. 그녀는 길을 잃어버린 것이 분명하다.

ⓒ 강한 금지 : (부정문과 함께) ~ 안 된다

> You must not go there. 당신은 거기에 가서는 안 된다.

ⓔ must + have + 과거분사 : ~이었음에 틀림없다

> He must have written a letter to her. 그는 그녀에게 편지를 쓴 게 틀림없다.

바로 바로 CHECK√

❖ must가 필요·의무를 나타낼 때는 have to로 고쳐 쓸 수 있다. 과거형은 had to, 미래형은 will have to이다.

강한 추측에는 have to를 쓰지 못한다.

That must be Adam. (○) 저 사람은 틀림없이 아담일 것이다.
That have to be Adam. (×)

(5) may / might

① may

　ㄱ 허가 : ~해도 좋다(= be allowed to)

> May I turn the television on? 내가 텔레비전을 켜도 될까요?

　ㄴ (불확실한) 추측 : ~일지 모른다

> He may be rich. 그는 부자일지도 모른다.

　ㄷ 양보 : ~일지라도, ~일지 모르지만

> Say what you may, I will not believe it. 당신이 뭐라 말해도 나는 그것을 믿지 않을 것이다.

　ㄹ 기원 : ~하소서

> (May) God bless your children! 신이 당신의 아이들을 축복하길!

　ㅁ may + have + 과거분사 : ~이었을지 모른다

> She may have met him. 그녀는 그를 만났을지도 모른다.

바로 바로 CHECK√

❖ may as well(= had better) + 동사원형 : ~하는 편이 낫다
   We may as well start now.   우리는 지금 출발하는 것이 더 낫다.

❖ may well + 동사원형 : ~하는 것은 당연하다
   You may well be surprised.   네가 놀라는 것은 당연하다.

② might

　㉠ 허가(may보다 정중한 표현)

　　Might I have a little more cheese?   제가 치즈를 조금 더 먹어도 될까요?

　㉡ 비난

　　You might have told us earlier.   당신은 우리에게 좀 더 일찍 말을 했어야 했다.

　㉢ 추측(현재나 미래의 추측·가능성)

　　In the future, we might be able to use robots in many places.
　　미래에 우리는 많은 분야에서 로봇을 사용할 수 있을 것이다.

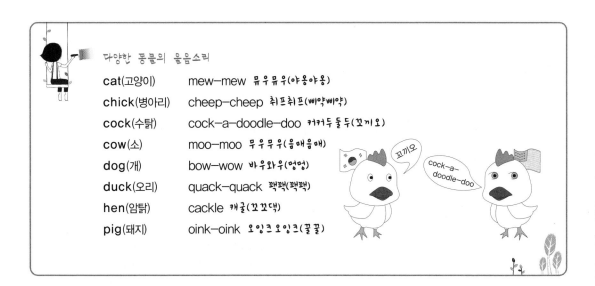

다양한 동물의 울음소리

cat(고양이)	mew-mew 뮤우뮤우(야옹야옹)
chick(병아리)	cheep-cheep 취프취프(삐약삐약)
cock(수탉)	cock-a-doodle-doo 커커두둘두(꼬끼오)
cow(소)	moo-moo 무우무우(음애음매)
dog(개)	bow-wow 바우와우(멍멍)
duck(오리)	quack-quack 꽥꽥(꽥꽥)
hen(암탉)	cackle 캐끌(꼬꼬댁)
pig(돼지)	oink-oink 오잉크오잉크(꿀꿀)

01 다음 중 어법에 맞는 문장은?

① I would like to see the movie again.
② You will can skate well in a week.
③ She have to finish the work before supper.
④ He worked hard so that he may succeed.

※ 밑줄 친 부분에 들어갈 알맞은 것을 고르시오. (2~4)

02

He insisted that his son always _____ home early.

① comes
② come
③ coming
④ will come

03

When he saw her, he couldn't help _____ in love with her.

① fell
② fallen
③ to fall
④ falling

04

What did you _____ last night?

① do
② went
③ doing
④ going

※ 다음 밑줄 친 부분 중 어법상 잘못된 것을 고르시오. (5~6)

05

The judge ① said that the case ② was difficult and that he ③ would ④ reconsidered his decision.

06

Nowadays our nature ① is suffering from pollution! The air ② isn't clean. And trees ③ are dying in many parts of the world. If we protect trees, we ④ will can keep our nature.

※ 다음 대화의 빈칸에 들어갈 알맞은 것을 고르시오. (7~8)

07

A : Would you like to _____ computer games with me?
B : I'd love to, but I have to finish my project.

① play　　　　　② plays
③ played　　　　④ playing

08
고난도

A : Why don't you get enough sleep?
B : I _____ sleep! But it doesn't help me.

① should　　　　② do
③ may　　　　　④ must

03 시제

❖ 동사의 12시제 ❖

현 재	am, are, is	현재진행	am, are, is + ~ing
과 거	was, were	과거진행	was, were + ~ing
미 래	will + 동사원형	미래진행	will be + ~ing
현재완료	have + 과거분사	현재완료진행	have been + ~ing
과거완료	had + 과거분사	과거완료진행	had been + ~ing
미래완료	will have + 과거분사	미래완료진행	will have been + ~ing

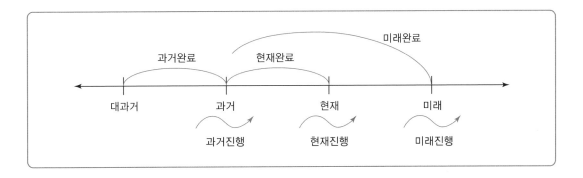

1 현재와 현재진행시제

(1) 현 재

현재시제는 동사원형을 쓰지만, 주어가 3인칭 단수인 경우에는 동사원형에 −s나 −es를
붙인다.

① 현재의 사실·동작·상태

He lives in Paris. 그는 파리에 산다.

Mary studies English very hard. 메리는 매우 열심히 영어를 공부한다.

② 현재의 습관·반복적 동작

I play soccer every Saturday. 나는 토요일마다 축구를 한다.

③ 일반적 사실·진리, 속담

The earth moves around the sun. 지구는 태양 주위를 돈다.

The early bird catches the worm. 일찍 일어나는 새가 벌레를 잡는다.

④ 미래시제 대용

She leaves here tomorrow. 그녀는 내일 여기를 떠날 것이다.

참깐 go, come, start, leave, arrive, begin 등의 왕래발착 동사는 미래를 나타내는 부사(구)와 함께 쓰이면 미래의 뜻을 나타내지만 시제는 현재로 쓴다.

Wait here till he comes back. 그가 돌아올 때까지 여기서 기다리세요. [시간의 부사절]

If it rains tomorrow, I will not go out. [조건의 부사절]
내일 비가 온다면, 나는 밖에 나가지 않을 것이다.

참깐 시간·조건의 부사절에서는 현재형이 미래를 나타낸다.

(2) 현재진행 : be(am, are, is) + ~ing

'지금 ~하고 있다'는 뜻으로 현재 일어나고 있는 일을 나타낼 때 쓴다.

① 현재 진행 중이거나 계속 중인 동작

It is raining now. 지금 비가 오고 있다.

② 가까운 미래

We're leaving for New York tonight. 우리는 오늘 밤 뉴욕으로 출발할 예정이다.

참깐 왕래발착 동사인 come, go, start, arrive, leave 등의 현재진행형은 미래를 나타내는 부사구와 함께 쓰여 가까운 미래를 나타낸다.

③ 반복적·습관적 동작

She is always telling me to study. 그녀는 나에게 항상 공부하라고 한다.

2 과거와 과거진행시제

(1) 과 거

과거시점에서 벌어진 사건이나 행동, 상황 등을 표현하므로 지금 기준으로는 이미 끝난 상황을 표현한다.

He punched me in the stomach. 그는 내 배를 때렸다.

Who left the door open? 누가 문을 열어 놓았니?

I saw her yesterday. 나는 어제 그녀를 보았다.

She passed away two months ago. 그녀는 2달 전에 죽었다.

He told me that the Korean War broke out in 1950.
그는 한국 전쟁이 1950년에 발생했다고 나에게 말했다.

잠깐 역사적인 사건은 항상 과거시제이다.

(2) 과거진행 : was, were + ~ing

과거의 한 시점에서 진행 중인 동작이나 상황을 표현한다.

I was living abroad in 1988, so I missed the presidential election.
나는 1988년에 해외에 살고 있었다. 그래서 대통령 선거에 참여하지 못했다.

She was watching TV when I got home. 내가 집에 왔을 때 그녀는 TV를 보고 있었다.

잠깐 짧은 동작은 시간을 나타내는 부사절에서 과거형으로 쓰고, 긴 동작은 주절에서 과거진행형으로 쓴다.

It was raining all night. 밤새 계속 비가 왔다.

3 미래를 나타내는 표현

일반적으로 미래를 나타낸다고 하면 조동사 will(shall)과 관용어구 be going to를 사용하면 된다. 하지만 조동사 will이 단순히 미래를 나타내는지, 의지를 가진 미래를 나타내는지에 따라 단순미래와 의지미래로 나누어지고, 미래에 진행되는 사항을 표현할 경우에는 미래진행시제를 사용한다.

(1) 단순미래와 의지미래

① 단순미래 : will을 써서 순수한 미래를 나타낼 경우 사용하며, 말하는 사람이나 주어·상대방의 의지와 전혀 상관없이 시간이 지나면 자연적으로 발생하는 단순한 미래를 나타낸다.

It will be rain tomorrow. 내일 비가 올 것이다.

I will be 20 years old next year. 나는 내년에 스무 살이 된다.

② 의지미래 : 주어·말하는 사람이나 상대방의 의지를 나타내는 미래 표현으로, will과 shall을 사용한다.

I will fight to the last.　나는 끝까지 싸우겠다.

Will you hold this for a second?　잠시만 들어 줄래요?

Shall we go for a swim this evening?　오늘 저녁에 수영하러 가지 않을래요?

You'll regret this!　후회하게 될 거야!

잠깐 주어의 의지를 나타낼 경우에는 인칭에 관계없이 will을 사용한다.

(2) 미래진행 : will(shall) + be동사 + ~ing

미래를 나타내는 조동사 will(shall)이 현재진행형 「be동사 + ~ing」와 결합하여 미래의 한 시점에서 진행 중인 동작이나 상황을 표현한다.

I will be looking forward to your response.　당신의 응답을 기다리고 있겠습니다.

┌─ 심화학습 ─────────────────────

❖ **will과 shall의 쓰임**

단순미래, 의지미래는 일반적으로 대부분 will을 쓰지만, 관용적으로 shall이 쓰이는 경우가 있다.

• 제안 : Shall I … ?

Shall I give you a ride?　태워 드릴까요?

• 청유 : Shall we … ?

Shall we go to the office together?　사무실까지 같이 가는 게 어떨까요?

❖ **미래를 나타내는 관용어**

• be going to + 동사원형 : ~할 예정이다, ~할 것 같다(가까운 미래의 일의 예측이나 이전부터 예정된 계획을 나타낸다.)

I am going to study English.　나는 영어 공부를 할 것이다.

• be about to + 동사원형 : 막 ~하려고 하다

I am about to study English.　나는 막 영어를 공부하려 한다.

• be supposed to + 동사원형 : ~하기로 되어 있다

I am supposed to study English.　나는 영어를 공부하기로 되어 있다.

4 현재완료 : have(has) + 과거분사 중요⁺

현재완료는 「과거의 동작 + 현재의 의미」로 우리말에 없는 표현이다. 현재완료는 과거의 사건이 현재에 어떤 의미가 있고 어떤 결과를 낳았느냐를 나타내고 있으며, 과거의 분명하지 않은 시점에서 현재까지 일정 기간 걸쳐 있는 시제라고 할 수 있다. 현재완료는 과거부터 현재까지의 완료, 결과, 경험, 계속을 나타낸다.

(1) 과거에 시작한 동작의 완료 · 결과

'지금 ~했다', '~해서 지금 ~하다'는 뜻으로 just, already, yet 등의 부사구와 함께 쓰인다.

I have just finished the homework. 나는 막 숙제를 끝마쳤다. [완료]

She has gone to Japan. 그녀는 일본으로 갔다. [결과]
= She went to Japan, so she is not here now. 그녀는 일본으로 갔다. 그래서 지금 여기 없다.

> 잠깐 have gone to : ~에 가 버리다(그래서 지금 여기 없다)
> cf have been to~ : ~에 갔다 왔다
> She has been to Japan. 그녀는 일본에 갔다 왔다.
> = She went to Japan but returned here. 그녀는 일본에 갔었지만 여기로 돌아왔다.

(2) 과거부터 현재까지의 경험

'~한 적이 있다'는 뜻으로 ever, never, before, often, once, twice 등의 부사구와 함께 쓰인다.

I have never ridden on an airplane. 나는 한 번도 비행기를 타 본 적이 없다. [경험]

(3) 과거로부터 현재까지 계속되고 있는 일

'~해 오고 있다'는 뜻으로 since, for 등의 기간을 나타내는 부사구와 함께 쓰인다.

I've been married for 20 years. 나는 결혼한 지 20년 되었다. [계속]
20년 전부터 현재까지 계속 결혼한 상태

바로 바로 CHECK√

❖ 현재완료는 과거시점과는 어울리지 않는다. 따라서 yesterday, ago, last, just now 등 과거를 나타내는 부사구나 When으로 시작하는 의문문에서는 현재완료를 쓸 수 없다.
I have lost my watch yesterday. (×) [과거를 나타내는 부사구]
When have you lost your watch? (×) [When으로 시작하는 의문문]

My grandma has done a lot for me. (살아계신 경우)   [계속]
할머니는 내게 많은 것을 해 주셨다.

℃F My grandma did a lot for me. 할머니는 내게 많은 것을 해 주셨다. (돌아가신 경우)   [과거]

5 **과거완료** : had + 과거분사

과거보다 더 이전에 시작된 일이 과거의 어느 시점 때까지 영향을 미친 경우에 사용한다. 현재완료와 마찬가지로 동작이나 상태의 완료·계속·경험·결과를 나타낸다.

I had just finished studying English, when she came to my house.   [완료]
나는 그녀가 우리 집에 왔을 때 영어공부를 끝냈었다.

She had broken her leg, so she couldn't go out with her mother.   [결과]
그녀는 다리가 골절돼 그녀의 어머니와 외출할 수 없었다.

Tom had lived in the house ever since he was born.   [계속]
탐은 그가 태어난 이래로 계속 그 집에서 살아왔었다.

She had read the novel twice before she was twenty years old.   [경험]
그녀는 20살이 되기 전에 그 소설책을 두 번 읽었다.

> **잠깐** 대과거는 과거의 어느 시점보다 더 오래된 과거를 말한다. 과거에 가장 먼저 일어난 일은 과거완료로 나타낸다.
> He noticed that he had done wrong. 그는 그가 잘못을 저질러 왔다는 사실을 깨달았다.

6 **미래완료** : will(shall) + have + 과거분사

미래완료는 미래의 어느 일정한(특정한) 시점까지의 완료, 결과, 경험, 계속을 나타낸다.

(1) 완료·결과 : 특정한 시점을 나타내는 부사구 by와 함께 쓰여 완료·결과를 나타낸다.

I shall have finished the work by six o'clock.   [완료]
나는 6시까지는 작업을 끝마칠 것이다.

By next month, I will have moved out.   [결과]
다음 달쯤엔 내가 이사를 갔을 것이다.

> **잠깐** 똑같이 시간을 나타내는 전치사이지만 at은 미래완료 구문에 쓰이지 않는다.

(2) 계속 : 미래완료는 미래의 계속을 의미한다.

By Monday, I will have had this book for three days.   [동작 계속]
월요일까지, 나는 3일간 이 책을 갖고 있게 될 것이다.

Tomorrow, she will have been in Seoul for a week.   [상태 계속]
내일, 그녀가 서울에서 한 주 동안 머무르게 될 것이다.

7 완료진행시제

완료시제(have + 과거분사)와 진행시제(be동사 + ing)의 형태를 결합한 것으로 어느 시점까지 계속 진행되어 오는 사실을 나타낸다.

(1) 현재완료진행 : have(has) + been + ~ing

You have been studying English for more than three years.   [과거의 사실이 현재까지 진행]
당신은 3년 이상 계속 영어를 공부하고 있다.

I have been living in Korea for two months.   나는 두 달 전부터 한국에서 생활하고 있다.

(2) 과거완료진행 : had + been + ~ing

I had been mowing the lawn, when the thief came to my house.
도둑이 우리 집에 들었을 때, 나는 잔디를 깎고 있었다.

(3) 미래완료진행 : will + have been + ~ing

I will have been studying English by then.   나는 그때까지 영어를 공부하고 있을 것이다.

By next month I will have been staying in Toronto.   다음 달까지 나는 토론토에 머물고 있을 것이다.

바로 바로 CHECK√

❖ **진행형으로 쓸 수 없는 동사들**

감정, 지각, 소유 등을 나타내는 상태동사(hate, like, love, want, need, know, believe, understand, belong, have)는 진행형으로 쓸 수 없다. 단, think, have, taste 등은 상태가 아닌 동작(생각하다, 시간을 보내다, 맛을 보다)의 의미를 갖는 경우 진행형을 쓸 수 있다.

※ 다음 빈칸에 들어갈 말로 적절한 것을 고르시오. (1~6)

01

> Susan _____ to meet her friends right now.

① want ② wants
③ wanted ④ had wanted

02

> Where _____ you and he yesterday?

① is ② are
③ were ④ been

03

> When I came home, he was _____ the room.

① cleans ② cleaning
③ cleaned ④ clean

04

> She has lived in Busan _____ 2018.

① for ② with
③ from ④ since

01

문장 뒤의 right now(지금 당장)로 인해 현재형임을 알 수 있고, 주어가 3인칭 단수이므로 빈칸에는 wants가 들어가야 한다.

Susan wants to meet her friends right now.
수잔은 지금 당장 그녀의 친구를 만나고 싶다.

02

과거를 나타내는 부사 yesterday가 있으므로 과거시제를 쓰고, you and he(복수)이므로 were를 써야 한다.

Where were you and he yesterday?
당신과 그는 어제 어디에 있었습니까?

03

be동사가 있으므로 과거진행형인 was cleaning을 쓴다.

When I came home, he was cleaning the room. 내가 집에 왔을 때, 그는 방을 청소하고 있었다.

04

have + 과거분사(현재완료) : 과거에서 현재까지 ~해 왔다
since는 현재완료와 함께 쓰여 계속의 의미를 나타낸다.

She has lived in Busan since 2018.
그녀는 2018년 이후로 부산에서 살고 있다.

ANSWER
01. ② 02. ③ 03. ② 04. ④

05

I've _____ you in the class from time to time.

① see   ② saw

③ seen   ④ seeing

06

고난도

I lost the ring which he _____ me.

① is giving   ② gives

③ has given   ④ had given

07 두 문장의 의미가 같아지도록 빈칸에 들어갈 말로 적절한 것을 고르면?

Jinho went to the United States last year and now he is in Seoul.
= Jinho _____ to the United States.

① goes   ② went

③ has gone   ④ has been

05

현재완료시제 'have + 과거분사' 형태로, see의 과거분사는 seen이다.

I've seen you in the class from time to time. 나는 때때로 교실에서 당신을 봤다.

06

내가 반지를 잃어버린 시점보다 그가 나에게 반지를 준 시점이 더 과거이므로 과거완료형을 쓴다.

I lost the ring which he had given me. 나는 그가 나에게 준 반지를 잃어버렸다.

07

• have(has) gone to : 가 버렸다(현재는 없는 상태)
• have(has) been to : 다녀왔다(갔다가 다시 돌아온 상태)

Jinho went to the United States last year and now he is in Seoul.
진호는 작년에 미국에 갔었다. 그리고 현재는 서울에 있다.
= Jinho has been to the United States.
진호는 미국에 갔다 왔다.

ANSWER

05. ③　06. ④　07. ④

04 수동태

1 수동태의 의미

① 수동태는 「be + 과거분사(p.p)」의 형태로 문장의 주어가 어떤 것(목적어)에 의해 동작을 받거나 당하는 것으로 '~가 …되어지다', '~을 …당하다'의 뜻이 있는 문장을 말한다.

America was discovered by Columbus. 미국은 콜럼버스에 의해 발견되었다.

② 수동태는 행위자보다도 행위의 대상에 중점을 두거나 감정을 표현할 때 사용된다.

The torch was lighted a few days ago in Greece. 성화는 그리스에서 며칠 전에 점화되었다.

English is spoken in Canada. 캐나다에서는 영어가 사용된다.

He was surprised at the news. 그는 그 소식을 듣고 놀랐다.

2 수동태 만드는 방법

① 목적어가 있는 능동태 문장은 수동태로 바꿀 수 있다.

② 능동태의 목적어를 수동태의 주어로 만든다.

③ 능동태의 동사를 「be + 과거분사」로 바꾼다. be동사를 인칭, 수, 시제에 맞게 쓴다.

④ 능동태의 주어를 「by + 목적격」으로 바꾸어 문장의 뒤에 쓴다.

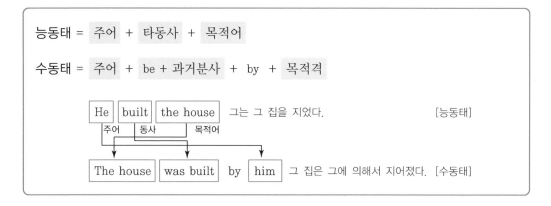

3 수동태의 시제

인칭, 수, 시제에 따라 be동사의 모양은 변한다.
수동태는 현재, 과거, 미래, 현재완료, 과거완료, 미래완료, 현재진행, 과거진행만 쓰인다.

시 제	능동태	be동사의 변화	수동태
현 재	She writes a letter. 그녀는 편지를 쓴다.	am, are, is + 과거분사	A letter is written by her. 편지가 그녀에 의해 쓰여진다.
과 거	She wrote a letter. 그녀는 편지를 썼다.	was, were + 과거분사	A letter was written by her. 편지가 그녀에 의해 쓰여졌다.
미 래	She will write a letter. 그녀는 편지를 쓸 것이다.	will be + 과거분사	A letter will be written by her. 편지가 그녀에 의해 쓰여질 것이다.
현재 완료	She has written a letter. 그녀는 편지를 썼다.	have been + 과거분사	A letter has been written by her. 편지가 그녀에 의해 쓰여졌다.
과거 완료	She had written a letter. 그녀는 편지를 썼었다.	had been + 과거분사	A letter had been written by her. 편지가 그녀에 의해 쓰여졌었다.
미래 완료	She will have written a letter. 그녀는 편지를 썼을 것이다.	will have been + 과거분사	A letter will have been written by her. 편지가 그녀에 의해 쓰여졌을 것이다.
현재 진행	She is writing a letter. 그녀는 편지를 쓰고 있다.	am, are, is + being + 과거분사	A letter is being written by her. 편지가 그녀에 의해 쓰여지고 있다.
과거 진행	She was writing a letter. 그녀는 편지를 쓰고 있었다.	was, were + being + 과거분사	A letter was being written by her. 편지가 그녀에 의해 쓰여지고 있었다.

4 부정문, 의문문, 명령문의 수동태

(1) 부정문의 수동태 : be + not + 과거분사

They didn't invite us. 그들은 우리를 초대하지 않았다.

→ We weren't invited by them.

I will not carry this bag. 나는 이 가방을 나르지 않을 것이다.

→ This bag will not be carried by me.

(2) **의문문의 수동태** : (의문사) + be + 주어 + 과거분사

<u>Did</u> he <u>write</u> a letter?　그가 편지를 썼습니까?　　　　　　　　　　　　　　　[능동]

→ Was a letter written by him?　　　　　　　　　　　　　　　　　　　　　[수동]

<u>Where</u> <u>did</u> you <u>buy</u> this camera?　이 카메라 어디에서 샀니?　　　　　　　　　[능동]

→ Where was this camera bought by you?　　　　　　　　　　　　　　　　[수동]

(3) **명령문의 수동태** : Let + 목적어 + be + 과거분사,　Don't let + 목적어 + be + 과거분사

<u>Do</u> it at once.　즉시 그것을 하도록 해라.

→ Let it be done at once.

<u>Don't open</u> the window.　창문을 열지 마라.

→ Let the window not be opened.
　Don't let the window be opened.

5　주의해야 할 수동태

(1) by + 목적어의 생략

능동태의 주어가 you, they, we, people 등 일반적인 사람인 경우, 행위자를 밝힐 필요가 없거나 행위자가 불분명한 경우에는 「by + 목적어」가 생략된다.

English is spoken in America (by them).　영어는 미국에서 사용된다.　　　[일반적인 사람]

참깐!　them은 미국인을 의미한다.

The museum was built in 1940.　박물관은 1940년에 지어졌다.　　　　　　[행위자가 불분명]

Many stores are closed at nine.　많은 가게들이 9시면 문을 닫는다.　　[행위자를 밝힐 필요 없음]

(2) 4형식의 수동태

목적어가 두 개인 4형식 문장은 간접목적어와 직접목적어를 이용하여 두 개의 수동태를 만들 수 있다.

He teaches us English. 그는 우리에게 영어를 가르친다.
주어　동사　간접목적어 직접목적어

→ We are taught English by him. 우리는 그에 의해 영어를 배운다. [간접목적어를 주어로 할 경우]

→ English is taught (to) us by him. 영어가 그에 의해 우리에게 가르쳐진다. [직접목적어를 주어로 할 경우]

바로 바로 CHECK√

❖ 목적어가 2개인 4형식 문장이라도 수동태로 전환했을 때 의미가 통하지 않으면 사용할 수 없다. buy, bring, read, sell, make, write 등은 직접목적어만을 주어로 하는 동사이다.

She wrote me a letter. 그녀는 나에게 편지를 썼다.
→ I was written a letter by her. (×)
→ A letter was written (to) me by her. (○)

(3) 지각동사(사역동사) + 목적어 + 원형부정사의 수동태

수동태에서 목적격보어로 쓰인 원형부정사는 to부정사로 바뀐다.

She saw a mouse run.
　　　　지각동사 목적어　원형부정사

→ A mouse was seen to run by her. 쥐가 달리는 것이 그녀에게 보였다.

I had him paint the fence.
　사역동사 목적어 원형부정사

→ He was had to paint the fence by me. 그는 나에 의해 울타리를 칠할 것을 지시받았다.

바로 바로 CHECK√

❖ 5형식의 수동태는 목적격보어가 아닌 목적어가 수동태의 주어가 된다.

She made her daughter a writer. 그녀는 그녀의 딸을 작가로 만들었다.
　　　　　　　　목적어　　　 목적격보어

→ Her daughter was made a writer by her.

심화학습

✤ 지각동사 hear를 수동태로 쓸 때, 목적격보어인 원형부정사는 to부정사나 현재분사로 바꿀
  수 있다.
  Someone heard her cry.
  → She was heard to cry.
    = She was heard crying.   그녀가 우는 소리가 들렸다.

✤ 사역동사 let은 수동태로 쓸 수 없으므로, be allowed to를 사용하여 수동태로 표현한다.
  My mother let me go to the trip.
  → I was allowed to go to the trip by my mother.   나는 여행 가는 것을 어머니께 허락받았다.

(4) by 이외의 전치사를 쓰는 수동태 : by 외에 다른 전치사를 사용하여 하나의 관용구가 된다.

I was surprised at the news.   나는 그 소식을 듣고 놀랐다.

His name is known to all the students.   그의 이름은 모든 학생들에게 알려져 있다.

바로 바로 CHECK√

be known
- to + 대상 : ~에게 알려져 있다
- by + 판단의 근거 : ~로 알 수 있다
- as + 자격 : ~로 알려지다
- for + 이유 : ~으로 유명하다

The desk is made of wood.   책상은 나무로 만들어진다.   [물리적 변화]

This wine is made from grapes.   이 와인은 포도로 만들어진다.   [화학적 변화]

바로 바로 CHECK√

- be pleased with ~에 기뻐하다
- be filled with ~로 가득 차 있다
- be born in ~에서 태어나다
- be covered with ~로 덮여 있다
- be interested in ~에 흥미가 있다
- be located on ~에 위치하다

※ 두 문장의 뜻이 같도록 할 때 빈칸에 들어갈 말로 알맞은 것을 고르시오. (1~2)

01

> He ate all the bananas.
> = All the bananas _____ by him.

① was eaten   ② was ate

③ were eaten   ④ were ate

01

「All + 복수」이므로 were를 쓰고, eat의 과거분사 형태는 eaten이다.

He ate all the bananas.
그는 모든 바나나를 먹었다.
= All the bananas were eaten by him.
모든 바나나는 그에 의해 먹혀졌다.

02

> The report will be finished by tomorrow.
> = They _____ the report by tomorrow.

① will finish   ② will be finished

③ has finished   ④ have finished

02

현재시제의 미래 능동태는 will을 그대로 쓰면서 수동을 능동으로 바꾼다.

The report will be finished by tomorrow.
과제는 내일 끝날 것이다.
= They will finish the report by tomorrow.
그들은 내일까지 과제를 끝낼 것이다.

※ 다음 빈칸에 들어갈 말로 알맞은 것을 고르시오. (3~5)

03

> She finally passed the entrance examination.
> So she was _____ by her parents.

① praise   ② praising

③ praised   ④ been praised

03

수동태 형태의 문제로, be동사 was와 전치사 by 사이에 들어갈 동사의 형태는 과거분사 praised이다.

그녀는 결국 입학시험에 통과했다. 그래서 그녀는 그녀의 부모님께 칭찬을 들었다.

ANSWER
01. ③   **02.** ①   **03.** ③

04

America _____ discovered by Columbus in 1492.

① was   ② has

③ did   ④ have

05

The book of Adam Smith has _____ read by me.

① done   ② been

③ be   ④ to

06 다음 중 어법상 틀린 것은?

① My daughter was made to clean her room by me.

② By whom was the accident seen?

③ Penicillin was made of fungus.

④ Milk is used for making cheese.

04

수동태는 be동사＋과거분사이고, 역사적 사실은 항상 과거시제이므로 be동사는 was를 쓴다.

America was discovered by Columbus in 1492. 아메리카는 콜럼버스에 의해 1492년에 발견되었다.

05

현재완료형 수동태 : has(have)＋been＋과거분사

The book of Adam Smith has been read by me. 아담 스미스의 책은 나에 의해 읽혀졌다.

06

화학적 변화로 만들어지는 것은 be made from을 쓴다.

Penicillin was made from fungus. 페니실린은 곰팡이로 만들어졌다.

① 나의 딸은 나에 의해 그녀의 방을 청소하게 되었다.
② 누구에 의해 사고가 목격되었나요?
④ 우유는 치즈를 만드는 데 사용된다.

fungus 곰팡이

ANSWER
04. ①   **05.** ②   **06.** ③

NOTE

03 부정사 · 동명사 · 분사

부정사의 명사적 · 형용사적 · 부사적 용법을 반드시 이해한다. 동명사만을 목적어로 사용하는 동사, to부정사만을 목적어로 사용하는 동사, 동명사와 to부정사를 모두 목적어로 사용하는 동사는 자주 출제되므로 구별하여 사용할 줄 알아야 한다. 현재분사와 과거분사의 용법을 이해하고, 형태(동사원형+ing)가 같은 동명사와 현재분사를 구별하여야 한다. 분사구문 만드는 연습을 한다.

01 부정사

부정사는 다른 동사와는 달리 수, 시제, 인칭에 따라 형태가 변하지 않는 말을 가리키며, to부정사와 원형부정사가 있다. 이 중에 to부정사는 「to + 동사원형」의 형태가 되어 문장의 주어, 목적어, 보어가 되는 명사의 역할을 하거나 형용사, 부사처럼 쓰여 수식어의 역할을 하기도 한다.

1 명사적 용법

to부정사가 문장 속에서 주어, 보어, 목적어로 사용되는 것을 말하며 '~하기, ~하는 것'으로 해석된다.

(1) 주 어

To keep a diary needs a lot of will power. 일기를 쓰는 것은 많은 의지력을 필요로 한다.
　　주어

To know is one thing, and to teach is another. 아는 것과 가르치는 것은 별개이다.
　주어　　　　　　　　　　　　　주어

To tell a lie is wrong. 거짓말을 하는 것은 잘못이다.
　주어
= It is wrong to tell a lie.

(2) 보 어

Another reason why young people prefer city life is to have more free time.
　　　　　　　　　　주어　　　　　　　　　　　　　동사　　　　주격보어

젊은 사람들이 도시 생활을 더 좋아하는 이유는 좀 더 자유로운 시간을 누릴 수 있기 때문이다.

The doctor proved him to be healthy.　　의사는 그가 건강함을 증명했다.
　주어　　　동사　목적어　목적격보어

바로 바로 CHECK√

❖ **목적격보어 to be의 생략** : want, get, like, wish, find 등의 동사일 때
　I <u>want</u> everything (to be) ready.　나는 모든 것이 준비되기를 원한다.

❖ **목적격보어로 to부정사를 취하는 동사**
　allow, require, teach, tell, remind, order, cause 등

---

(3) 목적어

I did not learn <u>to drive</u> a car until I was thirty.　나는 30살이 될 때까지 운전하는 법을 배우지 않았다.

I found it difficult to solve the problem.　나는 그 문제를 푸는 것이 어렵다는 것을 알았다.
　가목적어 목적격보어　　　진목적어　　　　　　　　　　　[it = to solve the problem]

바로 바로 CHECK√

❖ **to부정사를 목적어로 취하는 동사**
　want, like, try, begin, intend, hope, promise, learn, wish, forget, plan, seem, need, ask, choose 등

---

2 형용사적 용법

(1) 한정적 용법 : ~할, ~하는

to부정사가 명사 뒤에 놓여서 앞의 명사를 수식하는 경우를 말한다.

She has no friend to help her.　그녀는 자기를 도와줄 친구가 없다.

I have something to tell you.　나는 너에게 할 말이 있다.

CF ~thing을 수식하는 형용사가 있을 경우에는 부정사 앞에 위치한다.

Something cold to drink.　차가운 마실 것
　　　　　형용사

(2) 서술적 용법

be동사 다음에 to부정사가 놓여서 예정, 의무, 가능, 운명, 의도의 뜻을 나타내는 것을 말한다.

The meeting is to be held next year.　그 모임은 내년에 개최될 것이다.　　　[예정]
　　　　　　~할 예정이다

If you are to succeed, you must work hard.　　　　　　　　　　　　　　[의도]
　　　　　~할 작정이다
만일 네가 성공하고자 한다면, 너는 열심히 일을 해야 한다.

You are to obey the law.　너는 법을 준수해야 한다.　　　　　　　　　[의무]
　　　~해야 한다

(3) 부정사 + 전치사

부정사의 동사가 자동사로 쓰인 경우에는 전치사를 동반하고, 관계대명사절로 바꿀 수 있다.

He has a house to live in.　그는 살고 있는 집 한 채가 있다.
= He has a house which he lives in.

I have no friends to play tennis with.　나는 함께 테니스를 칠 친구가 없다.
= I have no friends who will play tennis with me.

3 부사적 용법

부정사가 동사, 형용사, 부사, 문장 전체를 수식하는 역할을 하며, 그 뜻에 따라서 목적, 원인, 결과, 정도, 판단의 근거, 조건 등으로 구분한다.

(1) 목적 : ~하기 위해서, ~하려고 = in order to ↔ in order not to
= so as to ↔ so as not to

To become a better listener, concentrate on what the other person says.
더 잘 듣기 위해서는 다른 사람이 하는 말에 집중해야 한다.

I went to the library to borrow some books. 나는 몇 권의 책을 빌리러 도서관에 갔다.

바로 바로 CHECK√

❖ 목적을 나타내는 to부정사는 so that can(could)~ [↔ so that won't(wouldn't)]로 바꾸어 쓸
수 있다.
She studied to pass the exam. 그녀는 시험에 합격하기 위해 공부했다.
= She studied so that she could pass the exam.

(2) 결과 : ~해서 (그 결과) ~하다

The boy grew up to be a famous artist. 그 소년은 성장하여 유명한 예술가가 되었다.
= The boy grew up and became a famous artist.

(3) 판단의 근거 : ~하니, ~하는 것을 보니

must be(~임에 틀림없다), cannot be(~일 리가 없다) 등의 다음에 오는 부정사는 판
단의 근거를 나타낸다.

He must be happy to say like that. 그렇게 말한 것을 보니 그는 행복한 게 틀림없다.

(4) 원인 : ~해서, ~하므로

주로 sorry, happy, glad, surprised, pleased 등과 같은 감정의 형용사 뒤에 쓰여서
그 형용사를 꾸미게 된다.

I am glad to see you again. 너를 다시 보게 되어 기쁘다.
I'm sorry to hear that. 그것 참 안됐구나.

(5) 조건 : 만일 ~라면

You may be surprised to hear that news.
= You may be surprised if you hear that news. 네가 그 소식을 듣는다면 놀랄 텐데.

(6) 형용사, 부사 수식 : ~하기에, ~할 정도로

English is not <u>easy to learn</u>.　영어는 배우기에 쉽지 않다.　　　　　　　　[형용사 수식]

He is not old <u>enough to understand</u> it.　그가 그것을 이해할 만큼 충분한 나이는 아니다.[부사 수식]

4　부정사의 주의할 용법

(1) It ~ to 구문

① 가주어 구문 : 주어 역할을 하는 to부정사 부분이 긴 문장일 경우 가주어를 문장의 앞에 쓰고 부정사 부분은 뒤로 옮겨서 쓰게 된다.

<u>To work for world peace</u> is necessary.　세계 평화를 위해 일하는 것이 필요하다.
　　　　　주어가 긴 문장

→ <u>It</u> is necessary <u>to work for world peace</u>.
　　가주어　　　　　　　　진주어

② It ~ to … 구문의 의미상 주어　중요⁺

부정사 앞에 「for + 목적격」 또는 「of + 목적격」을 사용하여 나타낸다.

<u>It</u>'s impossible <u>for her</u> to live on her small pension.
가주어　　　　　의미상 주어　　　　　진주어
그녀가 적은 연금으로 생활하는 것은 불가능하다.

<u>It</u>'s kind <u>of you</u> to show me the way to the hospital.
가주어　　　의미상 주어　　　　　진주어
나에게 병원 가는 길을 알려 주다니 당신은 친절하군요.

바로 바로 CHECK√

❖ 「of + 목적격」이 쓰이는 경우
It ~ to 문장에서 to부정사 앞에 clever, foolish, good, kind, nice, careful, cruel, wise 등과 같이 사람의 성격・성질을 나타내는 형용사가 올 경우에는 「of + 목적격」이 쓰인다.

<u>It</u>'s <u>foolish</u> of you to say so.　그렇게 말하다니 어리석군요.
＝You are foolish to say so.

> **심화학습** 목적어가 의미상의 주어가 되는 경우
>
> 「tell, ask, want, teach, order, like, allow + 목적어 + to부정사」의 구문에서는 목적어가 부정사의 의미상 주어가 되기도 한다.
>
> I asked her <u>to bring</u> another cup of coffee. 나는 그녀에게 커피 한잔을 더 부탁했다.
> I want you <u>to go</u> there. 나는 당신이 거기에 가기를 원한다.

(2) 의문사 + to부정사

① 의문사 what, who, which, how, where, when 등이 to부정사와 결합하여 만든 명사구로 주로 동사의 목적어로 사용된다.

He doesn't just tell his patients what to do.
그가 환자들에게 무엇을 해야 하는지만을 말해 주는 것은 아니다.

Can you tell me how to make paper flowers? 종이꽃을 만드는 방법을 말해 줄 수 있니?

Would you tell me which to choose? 어느 것을 고를지 말해 줄래?

② 「의문사 + 주어 + should + 동사원형」의 구문으로 바꾸어 쓸 수 있고, 이때 주어는 부정사의 의미상 주어이다.

I don't know what to say. 무슨 말을 해야 할지 모르겠다.

→ I don't know what <u>I</u> should say.
　　　　　　　　　　　　 의미상 주어

Tell us when to get up. 우리가 언제 일어나야 하는지 말해 주십시오.

→ Tell us when <u>we</u> should get up.
　　　　　　　　　 의미상 주어

(3) 부정사의 부정형 : to부정사 앞에 부정어 not 또는 never를 쓴다.

It is wrong not to work while young. 젊었을 때 일하지 않는 것은 나쁘다.

We promised never to do that again. 우리는 다시는 그러지 않겠다고 약속했다.

> **비교**
> He tried not to walk fast. 그는 빨리 걷지 않으려고 노력했다.　　　　[not은 to walk를 부정]
> He didn't try to walk fast. 그는 빨리 걸으려 노력하지 않았다.　　　　[didn't는 try를 부정]

(4) 부정사의 관용 표현

① too ~ to… **중요⁺** (= so ~ that + 주어 + cannot…) : 너무 ~해서 …할 수 없다, …하기에는 너무 ~한

> The soup was too hot to eat. 그 수프는 너무 뜨거워서 먹을 수 없었다.
> = The soup was so hot that I couldn't eat it.

② 형용사(부사) + enough to ~ [= so + 형용사(부사) + that + 주어 + can~] : ~할 만큼 …한
He was rich enough to buy a new car. 그는 새 자동차를 살 정도로 충분히 부유했다.
= He was so rich that he could buy a new car.

5 부정사의 시제

(1) 단순부정사 : to + 동사원형

He seemed to be ill. 그는 아팠던 것처럼 보였다.

= It seemed that he was ill.
　　　　　　　　　　　　　술어동사와 같은 시제

(2) 완료부정사 : to + have + 과거분사

He seems to have been ill. 그는 아팠던 것처럼 보인다.

= It seems that he has been(was) ill.
　　　　　　　　　　　　　　술어동사보다 하나 앞선 시제

기초학습

❖ **독립부정사** : 문장 전체를 수식하면서 독립적으로 쓰인다.
  • to begin with 우선 　　　　　　　• to tell the truth 사실대로 이야기하면
  • to be sure 확실히 　　　　　　　　• strange to say 이상한 이야기이지만
  • not to speak of ~ ~은 말할 것도 없이

❖ **대부정사** : 부정사의 반복을 피하기 위하여 동사를 생략하고 to만 쓴다.
  You may stay here if you want to (stay). 네가 원하면 여기에 머물러 있어도 좋다.
  　　　　　　　　　　　　　　　　생략

6 원형부정사 중요⁺

to가 없는 부정사를 원형부정사라고 하며 지각동사와 사역동사 뒤에서 목적격보어로 쓰인다.

(1) 지각동사 + 목적어 + 원형부정사

Look at <u>the bird</u> fly in the sky. 하늘을 나는 새를 보아라.
　　　　　목적어

I saw <u>an old man</u> enter the house. 나는 한 노인이 집으로 들어가는 것을 보았다.
　　　　목적어

잠깐 지각동사(감각동사) : see, watch, look at, listen to, feel 등

바로 바로 CHECK√

❖ 원형부정사 대신 현재분사(~ing)를 쓰면 진행의 뜻이 강조된다.
She saw <u>a mouse</u> running across the kitchen floor.
　　　　　목적어
그녀는 부엌 바닥을 가로질러 달리고 있는 쥐를 보았다.

(2) 사역동사 + 목적어 + 원형부정사

Our teacher **made** <u>us</u> sing together. 선생님은 우리가 함께 노래 부르게 하셨다.
　　　　　　　목적어

He **let** <u>me</u> know the facts. 그는 나에게 그 사실을 알려 주었다.
　　　목적어

잠깐 사역동사 : make, let, have 등

바로 바로 CHECK√

❖ help + 목적어 + to부정사(or 원형부정사)
I helped <u>my mother</u> (to) wash the dishes. 나는 엄마가 설거지하는 것을 도와 드렸다.
　　　　　목적어

실전 예상문제

※ 다음 중 어법상 옳은 것을 고르시오. (1~2)

01 ① He likes to skiing in the winter.
② She told me not to open the door.
③ I don't know when begins the work.
④ I saw him to enter the classroom.

02 ① Does she have a house to live?
고난도 ② You would rather to wait for him here.
③ Did you make the children cleaned their room?
④ I heard the Korean soccer team won the gold medal.

03 다음 ⓐ~ⓓ 중 어법상 옳지 <u>않은</u> 것은?

> Minsu likes ⓐ <u>chatting</u> on the computer very much. He often ⓑ <u>stays</u> up late writing to his friends on the Internet. It is difficult ⓒ <u>of him</u> to get up in the morning. At school, he finds ⓓ <u>it</u> hard to concentrate.

① ⓐ　　　　　② ⓑ
③ ⓒ　　　　　④ ⓓ

01

② 부정사의 부정은 to 앞에 not을 둔다.

① likes to ski
③ when to begin　→ like, begin은 to부정사를 목적어로 취한다.
④ saw him enter : 지각동사 + 목적어 + 원형부정사

① 그는 겨울에 스키 타는 것을 좋아한다.
② 그녀는 나에게 그 문을 열지 말라고 말했다.
③ 나는 그 일이 언제 시작하는지를 모른다.
④ 나는 그가 교실에 들어가는 것을 보았다.

02

① to live → to live in
② to wait → wait : would rather + 동사원형(~하는 편이 낫다)
③ cleaned → clean : 사역동사 + 목적어 + 원형부정사

① 그녀는 거주할 집이 있나요?
② 너는 차라리 여기서 그를 기다리는 게 낫겠다.
③ 아이들에게 그들의 방을 치우라고 했나요?
④ 나는 한국 축구팀이 금메달을 땄다는 것을 들었다.

03

부정사의 의미상의 주어는 「for + 목적격」이다. 다만, 사람의 성격·성질을 나타내는 형용사가 쓰일 경우의 의미상 주어는 「of + 목적격」이 된다.

It is difficult for him to get up in the morning.

민수는 컴퓨터 채팅을 매우 좋아한다. 그는 종종 늦게까지 가만히 앉아서 그의 친구들에게 인터넷상으로 글을 쓴다. 아침에 일어나는 것은 그에겐 어려운 일이다. 학교에서 그는 집중하기 어렵다.

ANSWER
01. ②　**02.** ④　**03.** ③

04 다음 중 밑줄 친 부분의 성격이 <u>다른</u> 것은?

고난도

① I want something <u>to eat</u>.

② I'll find out the way <u>to do</u> it.

③ I prefer <u>to go</u> to a movie.

④ I have an appointment <u>to keep</u>.

04

①, ②, ④는 명사를 꾸미는 형용사적 용법, ③은 명사적 용법이다.

① 나는 먹을 것을 원한다.
② 나는 그것을 하는 방법을 알아낼 것이다.
③ 나는 영화 보러 가는 것을 좋아한다.
④ 나는 지켜야 할 약속이 있다.

※ 다음 우리말을 영어로 옮길 때 빈칸에 알맞은 것을 고르시오. (5~6)

05

민수는 그의 부모와 무엇을 해야 할지 몰랐다.
→ Minsu didn't know _____ with his parents.

① how to do   ② when to do

③ what to do   ④ where to do

05

「의문사＋to＋동사원형」의 형태로 동사의 목적어로 자주 쓰인다.

what to do 무엇을 해야 할지

06

그 행사는 다음 주말에 치러질 예정이다.
→ The event _____ be held next weekend.

① be to   ② is to

③ has to   ④ is able to

06

be to ~할 예정이다, ~하기로 되어 있다

ANSWER

04. ③   05. ③   06. ②

02 동명사

1 동명사의 형태

「동사원형 + ing」로 현재분사와 모양은 같으나, 동명사는 문장 속에서 동사의 의미를 가지면서 명사의 역할을 한다.

(1) 동사의 성질

동사처럼 동작이나 상태를 나타내고 보어·목적어를 가지며, 부사(구)의 수식을 받는다.

He is proud of being rich. 그는 부자인 것을 자랑스러워한다.

I am fond of reading books. 나는 책 읽기를 좋아한다.

잠깐 being과 reading은 각각 of의 목적어이면서 rich와 books라는 목적어를 가지고 있다.

Rising early is good for your health. 일찍 일어나는 것이 건강에 좋다.

잠깐 형용사와 동사를 수식하는 부사 early가 동명사 Rising을 수식한다.

(2) 명사의 성질 : 문장 내에서 주어, 보어, 목적어로 사용되는 것을 말한다.

2 동명사의 용법

(1) 주어로서의 동명사

Smoking should not be allowed in public places. 공공장소에서 흡연은 금지되어야 한다.

(2) 보어로서의 동명사

Commerce is buying and selling goods. 상업이란 상품을 사고파는 것이다.

Her hobby is collecting coins. 그녀의 취미는 동전을 모으는 것이다.

(3) 목적어로서의 동명사

① 타동사의 목적어

I really hate flying. 나는 정말 비행이 싫다.

② 전치사의 목적어로서의 동명사

How long can you go without sleeping? 당신은 자지 않고 얼마나 견딜 수 있는가?

3 동명사의 시제

(1) 단순동명사 : 동사원형 + ~ing

He is proud of his son being rich. 그는 자신의 아들이 부자인 것을 자랑스러워한다.
　　　　　　　　　　　술어동사와 같은 시제 or 미래시제

= He is proud that his son is rich.

(2) 완료동명사 : having + 과거분사

He is sorry for having done so. 그는 그가 한 짓에 대해 미안해 한다.
　　　　　　　　술어동사보다 앞선 시제

= He is sorry that he did so.

4 동명사와 부정사 ^{중요⁺}

동명사와 명사적 용법의 부정사는 '~하기, ~하는 것'으로 의미도 같고 흔히 같이 쓰인다. 하지만 동사의 종류에 따라 의미가 달라지기도 한다.

To read books is pleasant. 책을 읽는 것은 유쾌하다.
= Reading books is pleasant.

(1) 동명사만을 목적어로 갖는 동사 : enjoy, mind, finish, give up, practice, escape, postpone, avoid

As soon as she finished eating, she started for school.
그녀는 식사를 마치자마자, 학교로 출발했다.

Would you mind opening the briefcase? 서류가방 좀 열어 주겠습니까?

(2) 부정사만을 목적어로 갖는 동사 : wish, hope, expect, decide, mean, plan, promise

I expect to meet him again. 나는 그를 다시 만날 것을 기대한다.

I hope to see you again. 당신을 다시 뵙고 싶습니다.

(3) 동명사와 부정사 둘 다 목적어로 갖는 동사

begin, start, love, hate, continue

She began to sing. 그녀는 노래를 부르기 시작했다.
= She began singing.

(4) 동명사 · 부정사를 둘 다 목적어로 갖지만 의미가 달라지는 동사 : like, forget, try, remember, stop

I don't like smoking. 나는 흡연을 좋아하지 않는다. [일반적]

I don't like to smoke. 나는 담배를 피우고 싶지 않다. [일시적]

I forgot to post the letter. 나는 편지 부치는 일을 잊었다. [미래에 할 일]

I'll never forget seeing him. 나는 그를 만났던 사실을 잊지 않겠다. [과거에 한 일]

Remember to go to the post office. 우체국에 가야 하는 거 기억하세요. [미래에 할 일]

I remember seeing the film with Tom. 나는 탐과 영화를 본 것을 기억한다. [과거에 한 일]

He tried doing it. 그는 시험삼아 그것을 해 보았다.

He tried to do it. 그는 그것을 해 보려고 노력했다.

I stopped smoking. 나는 담배를 끊었다. [목적어]

I stopped to smoke. 나는 담배를 피우려고 멈추었다. [부사적 용법]

CF be used to ~ing(~에 익숙하다) She is used to eating spicy food. 그녀는 매운 음식을 먹는 것에 익숙하다.
used to + 동사원형(~하곤 했다) She used to eat at that restaurant. 그녀는 그 식당에서 먹곤 했다.

┌─ **심화학습** ─ 동명사의 의미상 주어

동명사의 의미상 주어는 문장의 주어나 목적어 또는 소유격이 된다.

I am afraid of <u>going</u> there alone. 나는 혼자 거기에 가야 하는 것이 두려웠다.　　　　　[주어]
= I am afraid that I go there alone.

I don't like him for <u>being</u> lazy. 나는 그가 게을러서 좋아하지 않는다.　　　　　[목적어]
= I don't like him because he is lazy.

Do you mind my <u>smoking</u>? 담배를 피워도 될까요?　　　　　[소유격]
= Do you mind if I smoke?

---

5 동명사의 관용표현

(1) It is no use ~ing : ~해도 소용없다(= It is <u>of no use</u> to부정사)
　　　　　　　　　　　　　　　　　　　　　= useless

It is no use trying to deceive me. 나를 속이려 해도 소용없다.

(2) There is no ~ing : ~하기는 불가능하다(= It is impossible to부정사, We cannot + 동사원형)

There is no denying that she is criminal. 그녀가 범인임을 부정할 수 없다.

(3) go ~ing : ~하러 가다

She has gone shopping in the department store. 그녀는 백화점에 쇼핑하러 갔다.

(4) feel like ~ing : ~하고 싶다

I feel like going on a trip. 나는 여행을 가고 싶다.

(5) on ~ing ^{중요⁺} : ~하자마자(= as soon as + 주어 + 동사)

On seeing the policeman, he ran away. 경찰관을 보자마자, 그는 도망쳤다.

(6) be busy ~ing : ~하느라 바쁘다

Farmers are busy working in the fields. 농부들은 들판에서 일하느라 바쁘다.

(7) spend + 시간(돈) ~ing : ~하느라 시간(돈)을 소비하다

I spent a lot of money buying your gift. 나는 너의 선물을 사느라 많은 돈을 썼다.

(8) look forward to ~ing : ~할 것을 고대하다

I'm really looking forward to seeing you again. 나는 너를 다시 만날 것을 정말 고대하고 있다.

시험에 잘 나오는 속담 · 격언

A friend in need is a friend indeed. 어려울 때 친구가 진정한 친구이다.

All roads lead to Rome. 모든 길은 로마로 통한다.

Blood is thicker than water. 피는 물보다 진하다.

Don't judge a book by its cover. 겉모습으로 판단하지 마라.

Every dog has his day. 쥐구멍에도 볕 들 날이 있다.

Haste makes waste. 서두르면 일을 그르친다.

He laughs best who laughs last. 마지막에 웃는 자가 승자이다.

Honesty is the best policy. 정직이 최상의 정책이다.

It is no use crying over spilt milk. 한번 엎지른 물은 다시 주워 담지 못한다.

Laughter is the best medicine. 웃음은 가장 좋은 약이다.

Look before you leap. 돌다리도 두드려 보고 건너라.

Make hay while the sun shines. 볕이 났을 때 건초를 만들어라.

Necessity is the mother of invention. 필요는 발명의 어머니이다.

No pain, no gain. 고통 없이 얻는 것도 없다. — 노력

Slow and steady wins the race. 천천히, 그리고 꾸준히 하면 이긴다. — 성실

Strike while the iron is hot. 쇠뿔은 단김에 빼라.

The early bird catches the worm. 일찍 일어나는 새가 벌레를 잡는다. — 근면

There is no royal road to learning. 배움에는 왕도가 없다.

Two heads are better than one. 백지장도 맞들면 낫다.

Well begun, half done. 시작이 반이다.

※ 다음 두 문장의 뜻을 같게 할 때, 빈칸에 들어갈 말로 알맞은 것을 고르시오. (1~2)

01

> I look forward to joining in the baseball game.
> = I _____ join in the baseball game.

① try to
② expect to
③ look for
④ lean to

01
look forward to + ing(= expect to)
~하길 기대하다
I expect to join in the baseball game.
나는 야구 게임에 참가하기를 기대한다.

02

> I am sure that she will come here.
> = I am sure of _____.

① willing come here
② she coming here
③ her willing come here
④ her coming here

02
be sure of A + ~ing : A가 ~할 것을 확신하다
= A be sure to + 동사원형
I am sure of her coming here.
나는 그녀가 여기 올 거라고 확신한다.

※ 다음 빈칸에 공통으로 들어갈 것을 고르시오. (3~4)

03

> • She is afraid of _____ scolded.
> • He is proud of his father's _____ rich.

① about
② being
③ to
④ for

03
전치사, 소유격 뒤에는 명사가 위치해야 하므로 동명사 형태인 being이 적절하다.
• She is afraid of being scolded.
그녀는 꾸중 듣는 것을 두려워한다.
• He is proud of his father's being rich.
그는 그의 아버지가 부자라는 것을 자랑스러워한다.

ANSWER
01. ② **02.** ④ **03.** ②

04 기출

- Stop _____ when the bell rings.
- Did he finish _____ his essay?

① wrote   ② writes

③ writing   ④ to write

04

첫 번째 문장에서는 '~하는 것을 멈춰라' 라는 뜻의 'Stop + ~ing' 형태가 되어야 하고, 두 번째 문장에서 finish는 동명사를 목적어로 취하는 동사이므로 빈칸에는 공통적으로 writing이 들어가야 한다.

- Stop writing when the bell rings.
  벨이 울리면 쓰는 것을 멈춰라.
- Did he finish writing his essay?
  그는 에세이 쓰는 것을 끝냈나요?

※ 다음 빈칸에 들어갈 말로 적절한 것을 고르시오. (5~6)

05

I remember _____ her at the restaurant two weeks ago.

① to see   ② to be seen

③ seeing   ④ saw

05

two weeks ago(2주 전에)라는 단서가 붙었으므로, 과거에 대한 동명사 형태의 seeing이 와야 한다.

- remember + to : 미래에 ~할 것
- remember + ~ing : 과거에 ~한 것

I remember seeing her at the restaurant two weeks ago. 나는 2주 전에 식당에서 그녀를 본 것을 기억한다.

06

As soon as she finished _____, she started for school.

① eat   ② eating

③ to eat   ④ has eaten

06

enjoy, finish, mind, give up, doubt, avoid, escape, deny 등은 동명사를 목적어로 갖는 동사이다.

As soon as she finished eating, she started for school. 그녀는 식사를 마치자마자 학교로 출발했다.

07 다음 우리말을 영어로 옮길 때 알맞은 것은?

그는 그 소식을 듣고 울지 않을 수 없었다.

① He couldn't cry at the news.
② He had better cry at the news.
③ He couldn't help crying at the news.
④ He would rather to cry at the news.

07

cannot help + ~ing : ~하지 않을 수 없다
(= cannot but + 동사원형)
과거이므로 can의 과거형인 could를 쓴다.

ANSWER

04. ③   05. ③   06. ②   07. ③

03 분 사

분사란 동사의 원형에 ~ing나 -(e)d를 붙여 형용사처럼 쓰는 말이다. 즉, 동작의 의미를 가지면서 문장에서 형용사의 역할을 하기 때문에 동사처럼 뒤에 목적어나 수식어가 올 수 있다.

1 현재분사와 과거분사

(1) 현재분사 : 「동사원형 + ing」의 형태로 진행형, 명사의 수식, 또는 보어로 쓰인다.

> **비교**
> ❖ **현재분사와 동명사의 차이점**
> 현재분사와 동명사 모두 「동사원형 + ing」 형태를 취하고 있으나 의미에 따라 문장에서 쓰임이 다르다.
> • 현재분사 : 진행, 능동의 의미(~한, ~하는)　A walking girl 걷고 있는 소녀
> • 동명사 : 용도, 목적의 의미　　　　　　A walking stick 지팡이

(2) 과거분사

「동사원형 + (e)d 또는 불규칙변화형」으로 완료형과 수동태를 만들거나 명사의 수식어 · 보어로 쓰인다.

2 현재분사의 용법

(1) 진행형(be + ~ing)을 만든다.

I'm trying to get used to my school. 나는 학교에 적응하려고 노력 중이다.
현재진행형

It was raining a little when I got up. 내가 일어났을 때 비가 조금 오고 있었다.
과거진행형

(2) 명사의 앞 또는 뒤에서 명사를 수식한다.

A <u>rolling</u> <u>stone</u> gathers no moss. 구르는 돌에는 이끼가 끼지 않는다.

The <u>boy</u> <u>standing</u> in front of the gate is my brother. 문 앞에 서 있는 소년은 내 동생이다.

(3) 보어로서의 현재분사

주격보어와 목적격보어가 있다. 주격보어를 가지는 동사에는 sit, stand, go, come, run, keep, leave 등이 있다.

The baby stands crying in the living room. 아기가 거실에서 울면서 서 있다. [주격보어]

Can you imagine him wearing a pink tie? 그가 분홍색 타이를 맨 것을 상상할 수 있니? [목적격보어]

3 과거분사의 용법

(1) 완료시제에 쓰이는 과거분사 : have + 과거분사

I <u>have learned</u> English for three years. 나는 3년 동안 영어를 공부해 왔다.
현재완료

(2) 수동태에 쓰이는 과거분사 : be + 과거분사

This bridge <u>was built</u> by Korean engineers. 이 다리는 한국 기술자들에 의해 지어졌다.
수동태

(3) 명사를 수식하는 과거분사 : 과거분사가 단독으로 쓰일 때는 명사 앞에 위치하고, 수식어구가 긴 경우에는 명사 뒤에 위치한다.

There are some <u>fallen</u> <u>leaves</u> on the street. 거리에는 약간의 낙엽들이 있다.

This is a <u>picture</u> (which was) <u>painted</u> by Michelangelo. 이것은 미켈란젤로가 그린 그림이다.

(4) 보어로 쓰이는 과거분사

She sat surrounded by a lot of people. 그녀는 많은 사람들에게 둘러싸여 있었다. [주격보어]

I heard my name called. 나는 내 이름이 불려지는 것을 들었다. [목적격보어]

기초학습

❖ 사역동사 + 사람 + 동사원형 : ~하도록 하다

My father had me repair the radio.

= My father had the radio repaired by me. 아버지는 나에게 라디오를 고치게 했다.

❖ have + 사물 + 과거분사 : ~하도록 시키다, ~을 당하다

I had my radio repaired. 나는 라디오를 수리하게 했다.

❖ 사역(지각)동사 + 목적어 + 과거분사

목적어가 행위를 당하는 수동의 뜻일 때는 현재분사나 원형부정사 대신 과거분사를 쓴다.

I saw him arrested. 나는 그가 체포되는 것을 보았다.
사역동사 목적어 과거분사

❖ 감정을 나타내는 동사 excite, surprise, bore 등은 '감정을 일으킨다'는 능동의 뜻일 때는 현재
분사를, '감정을 느끼다'는 수동의 뜻일 때는 과거분사를 쓴다.

He is boring. 그는 지루한 사람이다.

He is bored. 그는 지루해 한다.

4 분사구문

(1) 분사구문의 의미와 기능

~ing를 붙인 현재분사가 「접속사 + 주어 + 동사」의 구실을 겸하고 있는 것을 분사구문이라
한다. 시간, 이유, 조건, 양보의 뜻을 나타내는 부사절과 비슷한 의미와 기능을 갖는다.

(2) 분사구문으로 바꾸는 방법 중요⁺

> 접속사 생략

⬇

> 부사절의 주어가 주절의 주어와 같으면 부사절의 주어 생략
> ※ 다르면 그대로 둔다.

⬇

> 부사절의 동사를 현재분사(~ing) 또는 과거분사로 바꿈

<u>As she worked in a library,</u> <u>she read many books.</u>　그녀는 도서관에서 일했기 때문에 많은 책을 읽었다.
　　　　　　　　　　　　　　　　주절

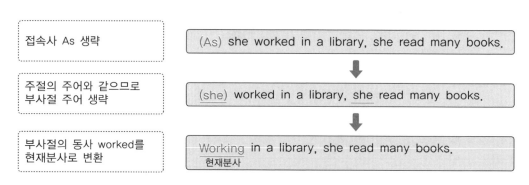

접속사 As 생략	(As) she worked in a library, she read many books.
주절의 주어와 같으므로 부사절 주어 생략	(she) worked in a library, she read many books.
부사절의 동사 worked를 현재분사로 변환	Working in a library, she read many books. 현재분사

💡잠깐 read가 과거시제로 쓰였으므로 주어가 3인칭 단수라도 동사 뒤에 −s를 붙이지 않는다.

심화학습 〉 분사구문의 시제

분사구문이 나타내는 시간이 주절의 동사와 일치할 때는 단순분사구문(동사원형 + ~ing)이나 수동태 구문(being(having been) + 과거분사)을 쓰지만 그보다 앞선 시제를 나타낼 때는 완료분사구문(having + 과거분사)을 사용한다.

<u>Having received</u> no answer, I wrote again.　답변을 받지 못했기 때문에 나는 다시 썼다.
완료분사구문

= As I had received no answer, I wrote again.

(3) 분사구문의 용법 : 분사구문은 여러 가지 접속사의 뜻을 가지고 있다.

① 시간 : when, while, as, before, after

While I <u>walked</u> along the street, I met a friend of mine.

→ Walking along the street, I met a friend of mine.
길을 따라 걷는 동안에 나는 내 친구를 만났다.

② 원인, 이유 : because, as, since

As he <u>was</u> poor, he could not buy the house.

→ Being poor, he could not buy the house. 그는 가난했기 때문에 집을 살 수 없었다.

③ 양보 : though, although

Though he <u>is</u> poor, he is always happy.

→ Being poor, he is always happy. 가난하기는 하지만, 그는 늘 행복하다.

④ 조건 : if

If you <u>turn</u> to the right, you can find the hospital.

→ Turning to the right, you can find the hospital.
오른쪽으로 돌면, 당신은 병원을 찾을 수 있다.

⑤ 부대상황

㉠ 동시동작 : while, as ~하면서

She stood for a long time, thinking of her future.

→ She stood for a long time, as she thought of her future.
그녀는 장래를 생각하면서 오랫동안 서 있었다.

㉡ 연속동작 : and 그리고 ~하다

He picked up a stone, throwing it at a dog. 그는 돌멩이 하나 주워서 개에게 던졌다.

→ He picked up a stone, and threw it at a dog.

(4) 독립분사구문(비인칭 독립분사구문)

부사절과 주절의 주어가 다르더라도 we, you, they처럼 일반적인 사람들을 나타낼 때 주어를 생략하여 관용적으로 쓰이는 표현이다.

Generally speaking, graduation day is a happy day.
= If we speak generally, graduation day is a happy day.
일반적으로 말해, 졸업식날은 즐거운 날이다.

참깐 frankly speaking 솔직히 말해서, judging from~ ~로 판단하건대

기초학습

❖ **수동분사구문** : being + 과거분사
As he was tired with the work, he went to bed earlier.
→ Being tired(또는 Tired) with the work, he went to bed earlier.
그는 작업으로 피곤했기 때문에 더 일찍 잤다.

❖ **분사구문의 부정** : 분사구문 앞에 not, never 등을 붙인다.
As I did not know what to do, I stood motionless.
→ Not knowing what to do, I stood motionless.
무엇을 할지 몰라서 나는 움직이지 않고 서 있었다.

Who am I?

I am white and black bird.
I have very small wings.
I can swim well, but I can't fly.
Who am I?

who ...

정답 165쪽

01 다음 중 어법에 맞지 <u>않는</u> 것은?

> He stood ① <u>leaned</u> ② <u>against</u> the truck ③ <u>with</u> his eyes ④ <u>closed</u>.

01

동시상황을 나타내므로 현재분사 leaning 을 써야 한다.

He stood leaning against the truck with his eyes closed. 그는 그의 눈을 감은 채로 트럭에 기대어 서 있었다.

※ 다음 밑줄 친 부분에 들어갈 말로 적절한 것을 고르시오. (2~4)

02

> The book _____ by Richard is about modern society.

① write ② writes
③ writing ④ written

02

책은 행동이나 동작을 할 수 없는 수동적인 사물이므로, 과거분사를 사용한다.

The book written by Richard is about modern society. 리처드에 의해 쓰인 그 책은 현대 사회에 관한 책이다.

03 [고난도]

> Her parents _____ abroad last year, she has no one to look after her.

① to go ② goes
③ gone ④ having gone

03

last year로 미루어 볼 때 완료분사구문이다.

분사구문의 시제
• 단순형 분사 : 술어동사와 일치 또는 미래시제
• 완료형 분사 : 술어동사보다 하나 앞선시제

그녀의 부모가 작년에 외국으로 떠났기 때문에 아무도 그녀를 돌보지 않는다.

04

> A woman passes by me, _____ off a subtle scent of perfume.

① give ② gives
③ giving ④ given

04

동시동작을 나타낼 때 현재분사(~ing)를 사용한다.

미묘한 향수 냄새를 풍기면서 한 여자가 내 옆을 지나간다.

ANSWER
01. ① **02.** ④ **03.** ④ **04.** ③

※ 두 문장의 의미가 일치하도록 밑줄 친 부분에 들어갈 적절한 것을 고르시오. (5~6)

05

> As she had lots of work to do, she couldn't go to the party.
> = _____ lots of work to do, she couldn't go to the party.

① Had   ② Have

③ Having   ④ Had been

05

분사구문의 문제로 「접속사 + 주어」를 생략하고 동사는 현재분사 형태로 바꿀 수 있다.

As she had lots of work to do, she couldn't go to the party.
= Having lots of work to do, she couldn't go to the party. 그녀는 할 일이 너무 많아서, 파티에 갈 수 없었다.

06

> Walking along the beach, she met him by chance.
> = _____ she walked along the beach, she met him by chance.

① Though   ② After

③ If   ④ When

06

분사구문은 시간·원인·조건·양보·부대상황 등을 나타내는데, 가장 적절한 것은 when이다.

Walking along the beach, she met him by chance.
= When she walked along the beach, she met him by chance.
그녀가 혼자 해변을 걷고 있을 때, 그녀는 우연히 그를 만났다.

ANSWER

05. ③   06. ④

NOTE

04 시제 · 수의 일치와 화법

주절의 시제에 따라서 종속절의 시제가 결정되는 시제의 일치와 주어의 단수 · 복수에 따라 동사의 형태가 변하는 수의 일치는 영어 학습에 있어 중요하다. 시제의 일치와 수의 일치의 기본 원칙을 이해한다. 직접화법과 간접화법의 개념을 이해하고 직접화법을 간접화법으로 바꿀 줄 알아야 한다.

1 시제의 일치

주절의 동사가 현재, 현재완료, 미래인 경우에는 종속절의 시제가 무엇이든 좋으나, 주절의 시제가 과거일 때는 종속절의 시제가 과거 또는 과거완료이어야 한다.

(1) 주절의 동사가 현재 · 현재완료 · 미래인 경우 : 종속절의 시제는 제한 없음

주 절	종속절	
I think that [현재]	she works hard.	[현재]
I've thought that [현재완료]	she worked hard.	[과거]
I will think that [미래]	she will work hard.	[미래]
	she has worked hard.	[현재완료]
	she is(was) working hard.	[현재(과거)진행]

(2) 주절의 동사가 과거인 경우 : 종속절은 언제나 과거나 과거완료가 된다.

① 현재 ➡ 과거

　I think that he is Japanese.　나는 그가 일본인이라 생각한다.

　➡ I thought that he was Japanese.　나는 그가 일본인이라 생각했다.

② 과거 → 과거완료

I think that he was a scientist. 나는 그가 과학자였다고 생각한다.

→ I thought that he had been a scientist. 나는 그가 과학자였다고 생각했다.

③ 현재완료 → 과거완료

They say that they have just finished the work. 그들은 일을 막 끝냈다고 말한다.

→ They said that they had just finished the work. 그들은 일을 막 끝냈다고 말했다.

④ shall, will, can, may → should, would, could, might

I will check your reservation, if you want. 당신이 원하면 예약을 확인해 보겠습니다.

→ I would check your reservation, if you wanted. 당신이 원했으면 예약을 확인해 봤을 것입니다.

기초학습 일치의 법칙

주어와 술어 동사의 일치, 시제(때)의 일치

He showed that he was honest.
　　 과거　　　　　　 과거

• 주절 : 현재 → 과거
• 종속절 : 현재 → 과거, 현재완료·과거(완료) → 과거완료, shall → should, will → would, can → could, may → might

---

(3) 시제일치의 예외

① 불변의 진리, 현재의 사실, 습관 : 주절의 시제와 관계없이 현재형

We were taught that the moon goes round the earth. [불변의 진리]
　　 과거　　　　　　　　　　　　 현재
우리는 달이 지구를 공전한다고 배웠다.

She said that her father lives in America. [사실]
그녀는 그녀의 아버지가 미국에 사신다고 말했다.

② 역사적인 사실 : 항상 과거시제를 쓴다.

He said that the second World War ended in 1945.
그는 2차 세계 대전이 1945년에 끝났다고 말했다.

③ 조동사 must, need, ought to : 종속절에서 그대로 쓴다.

He said that he must go there. 그는 그가 반드시 그곳에 가야 한다고 말했다.

잠깐 간접화법에서는 must를 쓰고 had to는 쓰지 않는다.

④ 가정법 : 시제일치의 적용을 받지 않는다.

She said, "I wish I were young again." 그녀는 "내가 다시 젊어진다면 좋을 텐데."라고 말했다.
　　　　　　　　　　　가정법 과거

= She said that she wished she were young again. (○)

= She said that she wished she had been young again. (×)
　그녀는 또 다시 젊어졌으면 좋았을 텐데라고 말했다.

2 수의 일치

동사는 주어의 인칭과 수에 따라서 그 형태가 변한다. 3인칭 단수일 경우에는 동사의 뒤에 s가 붙는다.

(1) 관사의 중복

① 관사 A and 관사 B : A, B 두 사람　　　　　　　　　　　　　　　　　　[복수]

The poet and the statesman are dead. 시인과 정치가가 죽었다.
　관사　　A　　　관사　　B

② 관사 A and B : A, B의 직을 겸직하는 동일 인물　　　　　　　　　　　[단수]

The poet and statesman is dead. 시인이자 정치가가 죽었다.
　관사　　A　　　　B

(2) A and B가 생활 습관, 주관, 단일 개념 : 불가분의 관계로 하나의 단어처럼 단수 취급한다.

Bread and butter is my breakfast. 버터 바른 빵은 내 아침 식사이다.

Time and tide waits for no man. 세월은 사람을 기다리지 않는다.

All work and no play makes Jack a dull boy. 공부만 하고 놀지 않는 것은 아이를 우둔하게 만든다.

❖ 하나의 명사처럼 쓰이는 A and B
- curry and rice 카레라이스
- a needle and thread 실 꿴 바늘
- slow and steady 황소걸음
- bread and butter 버터 바른 빵
- trial and error 시행착오
- time and tide 세월

(3) $\begin{vmatrix} \text{every} \\ \text{each} \\ \text{no} \end{vmatrix}$ + 명사 + and + $\begin{vmatrix} \text{every} \\ \text{each} \\ \text{no} \end{vmatrix}$ + 명사 : '모든 ~와 모든 …'의 의미를 갖고 단수 취급한다.

Every hour and every minute is very important. 매 시간이 매우 중요하다.

(4) 동명사, to부정사가 주어로 등장할 경우

① 동명사 : 하나만 쓰일 경우 단수로 쓰이나 접속사 and로 연결되면 복수로 쓴다.

Playing golf and playing cards are her way of relaxing.
골프를 치는 것과 카드 놀이를 하는 것이 그녀의 긴장을 푸는 방식이다.

② to부정사＋and＋to부정사 : to부정사가 접속사로 연결되더라도 단수 취급한다.

To love and to be loved is the greatest happiness.
사랑하고 사랑받는 것은 가장 큰 행복이다.

(5) 접속사로 연결된 두 개의 주어 ^{중요⁺}

① both A and B : 둘 다(복수 취급)

Both you and he are right. 너와 그는 둘 다 옳다.

② 상관접속사 : 동사와 가까운 주어의 인칭과 수를 따른다(B에 일치).

㉠ either A or B : A, B 둘 중 하나

Either you or he has to stay home. 너와 그 사람 중에서 한 사람은 집에 있어야 한다.

㉡ neither A nor B : A, B 둘 다 아닌

Neither you nor I am rich. 너도 부유하지 않고 나도 부유하지 않다.

ⓒ not A but B : A가 아니라 B이다

It is <u>not the time but the will</u> that is wanting.   부족한 것은 시간이 아니고 의지이다.

ⓓ not only A but also B : A뿐만 아니라 B

<u>Not only you but also he</u> is right.

= <u>He as well as you</u> is right.   너뿐 아니라 그도 옳다.

잠깐 B as well as A일 때는 B에 일치시킨다.

---

(6) A+전치사+B : A of(but, like, with, except, no less than) B일 때 A에 일치시킨다.

<u>Tom together with his friends</u> has been seeing the sights of Seoul.   [Tom에 일치]
그의 친구와 함께 탐은 서울을 관광하고 있었다.

---

(7) either(neither, one, each, any, a total, a supply) **of the 복수** : 단수 취급한다.

<u>Each of the students</u> has his own desk.   각각의 학생들은 그 자신의 책상을 가지고 있다.

---

(8) 시간, 거리, 가격, 무게는 복수이더라도 하나의 개념으로 보아 단수 취급한다.

<u>Ten years</u> is a long time to wait.   십 년은 기다리기에 긴 시간이다.   [시간]

CF Five years have passed since he died.   그가 죽은 이래로 5년이 흘렀다.

    잠깐 시간의 경과를 나타낼 때는 복수 취급한다.

<u>Twenty miles</u> is a long distance.   20마일은 긴 거리이다.   [거리]

<u>Sixty dollars</u> was paid for the camera.   그 카메라를 사는 데 60달러를 지불했다.   [가격]

<u>Twelve pounds</u> is too heavy for a child.   12파운드는 아이에게는 너무 무겁다.   [무게]

---

(9) the + 형용사 : 단수·복수 보통명사/추상명사

<u>The rich</u> are not always happy.   부유한 사람들이 항상 행복하지는 않다.   [복수]

<u>The dead</u> was wrapped in cloth by Egyptians.   시신은 이집트인들에 의해 천으로 감싸졌다. [단수]

<u>The true</u> is not changed.   진실은 변하지 않는다.   [추상명사 : 단수]

(10) many와 number

① many a(an)＋단수명사 : 단수 취급

<u>Many a prominent man</u> has tried.   많은 저명한 사람들이 시도해 왔다.

② many＋복수명사 : 복수 취급

<u>Many Koreans</u> have a sense of pride in kimchi.
많은 한국인들은 김치에 대해 자긍심을 갖고 있다.

③ a number of＋복수명사 : 복수 취급(많은~)

<u>A number of students</u> were expelled from school.   다수의 학생들이 학교에서 퇴학당했다.

④ the number of＋복수명사 : 단수 취급(~의 수)

<u>The number of automobiles</u> in this country is rapidly increasing.
이 나라의 자동차의 수가 급속히 증가하고 있다.

(11) 분수, most, the rest

| half
most
the rest | ＋ of ＋ | 복수 → 복수동사 |
| | | 단수 → 단수동사 |

> 참깨 추상명사, 고유명사도 단수 취급한다.

| <u>The rest of the time</u> is free time.   나머지 시간은 자유시간이다. | [단수] |
| <u>One-third of students</u> are obese.   학생들의 3분의 1이 비만이다. | [복수] |

3 화 법

(1) 직접화법과 간접화법

사람의 말을 인용부호(" ")를 써서 그대로 전달하는 것을 직접화법, 전달자의 입장에서 바꾸어 전달하는 것을 간접화법이라고 한다.

My friend said, "I agree with you."   내 친구는 "네 의견에 동의해."라고 말했다.   [직접화법]

My friend said that he agreed with me.   내 친구는 나의 의견에 동의한다고 말했다.   [간접화법]

(2) 화법 전환 시 피전달문의 변화

① 시제의 변화 : 시제일치의 규칙에 따라 전달동사가 과거(said)일 때, 피전달문의 동사는 현재에서 과거로, 과거(현재완료)에서 과거완료로 바뀐다.

He <u>said</u>, "I am happy."   그는 "나는 행복해."라고 말했다.   [현재]

→ He said that he <u>was</u> happy.   그는 행복하다고 말했다.   [과거]

He <u>said</u>, "I was happy."   그는 "나는 행복했어."라고 말했다.   [과거]

→ He said that he <u>had been</u> happy.   그는 행복했었다고 말했다.   [과거완료]

② 인칭대명사의 변화 : 전달자의 입장에서 바꾼다.

   ㉠ 인용부호 안의 인칭대명사가 1인칭이면 전달문의 주어와 일치

       You say, "I am right."   너는 "내가 옳아."라고 말한다.

       → You say that <u>you</u> are right.   너는 네가 옳다고 말한다.   [주어와 일치]

   ㉡ 인용부호 안의 대명사가 2인칭이면 전달문의 목적어와 일치

       He says to her, "You are right."   그는 그녀에게 "네가 옳다."라고 말한다.

       → He tells <u>her</u> that <u>she</u> is right.   그는 그녀에게 그녀가 옳다고 말한다.   [목적어와 일치]

   ㉢ 인용부호 안의 인칭대명사가 3인칭일 때는 그대로 쓴다.

       You say, "She is right."   너는 "그녀가 옳다."라고 말한다.

       → You say that <u>she</u> is right.   너는 그녀가 옳다고 말한다.   [3인칭]

③ 부사(구), 지시대명사의 변화

직접화법	간접화법
now	then
today	that day
yesterday	the day before(= the previous day)
tomorrow	the next day(= the following day)
last week	the week before(= the previous week)
ago	before
last night	the night before
here	there
this	that
these	those

(3) 평서문의 화법 전환

| 전달동사 바꾸기 : say → say, say to → tell |

⬇

| 콤마(,)와 인용부호(" ")를 없앤다. |

⬇

| 피전달문은 that절로 한다(that은 생략 가능). |

⬇

| 피전달문의 시제를 일치시킨다. |

⬇

| 피전달문의 인칭을 바꾼다. |

⬇

| 지시대명사, 부사(구)를 바꾼다. |

He said, " I will return tomorrow ." 그는 "내일 돌아올 거야."라고 말했다.

→ He **said** that **he would** return **the next day**. 그는 그가 다음날 돌아올 것이라 말했다.

They said to him, " We met her yesterday ." 그들은 그에게 "우리는 어제 그녀를 만났어."라고 말했다.

→ They **told** him that **they had met** her **the day before**.
그들은 그에게 그들이 그 전날 그녀를 만났다고 말했다.

(4) 의문문의 화법 전환

① 전달동사 바꾸기 : say (to) → ask, inquire

② 의문사 있는 의문문 : 「의문사 + 주어 + 동사」로 바꾼다.

He said to me, " Who is she ?" 그는 나에게 "그녀가 누구니?"라고 말했다.

→ He **asked** me **who she was**. 그는 나에게 그녀가 누구인지 물었다.

CF He said to me, "Who is looking out of the window ?"   그는 나에게 "누가 창밖을 보고 있니?"라고 물었다.

　　→ He **asked** me **who was looking out of the window**.   그는 나에게 누가 창밖을 보고 있는지를 물었다.
　　의문사 자체가 주어이므로 「의문사＋동사」의 어순을 그대로 쓴다.

③ 의문사 없는 의문문 : 「if(whether) + 주어 + 동사」의 어순으로 바꾼다.

She said to me, " Can you give me a hand ?"   그녀는 나에게 "나 좀 도와줄래?"라고 말했다.

　　→ She **asked** me if **I could give her** a hand.   그녀는 나에게 그녀를 도와줄 수 있는지 물었다.

(5) 명령문의 화법 전환

전달동사 바꾸기 : 피전달문의 내용에 맞게 tell, ask, order, advise 등으로 전환

⬇

콤마(,)와 인용부호(" ")를 없앤다.

⬇

피전달문의 동사를 to부정사로 바꾼다.

⬇

부정명령문일 경우 : not + to부정사로 바꾼다.

I said to him, "Please help me with my homework."   나는 그에게 "숙제 좀 도와줘."라고 말했다.

→ I **asked** him **to help** me with my homework.   나는 그에게 숙제를 도와달라고 요청했다.

An old man said to me, " Don't give up hope."   어떤 노인이 나에게 "희망을 잃지 말거라."라고 말했다.

→ An old man **advised** me **not to give** up hope.   어떤 노인이 나에게 희망을 잃지 말라고
충고했다.

(6) 감탄문의 화법 전환

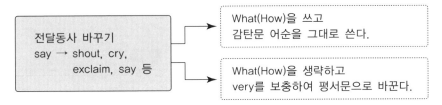

She said, "How cold it is!" 그녀는 "정말 춥다."라고 말했다.

→ She said how cold it was. [감탄문 어순]

→ She said that it was very cold. 그녀는 너무 춥다고 말했다. [평서문 어순]

He said, "What an interesting book it is!" 그는 "정말 재미있는 책이야."라고 말했다.

→ He said what an interesting book it was. 그는 책이 너무 재밌다고 말했다. [감탄문 어순]

→ He said that it was a very interesting book. [평서문 어순]

God bless you!!

영어권 문화에서는 상대방이 재채기를 했을 때
"God bless you!(신의 가호가 있기를!)"라고
말한다. 그러면 재채기한 사람은
"Thank you."라고 답변한다.

※ 다음 중 어법상 맞지 <u>않는</u> 문장을 고르시오. (1~3)

01 ① A fresh and merry heart is far better than money.
② You and I will play tennis this afternoon.
③ All the money were stolen on the bus.
④ Two-thirds of the students are afraid of speaking English.

02 ① When I came home, he was cleaning the room.
② Either he or I am doing wrong.
③ The great poet and writer are William Shakespeare.
④ My father says learning English is very important.

03 ① Napoleon led his army across the Alps.
② It has been raining since last Sunday.
③ Tom has bought a new MP3 player.
④ When has he gone to Paris?

※ 직접화법을 간접화법으로 바꾼 것으로 올바른 것을 고르시오. (4~5)

04

> He said to me, "Don't open the window."

① He told me that I do not open the window.
② He ordered me that I do not open the window.
③ He ordered me not to open the window.
④ He told not me to open the window.

05

> She said to me, "What time is it now?"

① She asked me what time it was then.
② She told me that time it was then.
③ She asked me what time was it then.
④ She told me that time was it then.

06 빈칸에 들어갈 말로 알맞은 것은?

> In 1610 Galileo insisted that the earth _____ around the sun.

① goes
② was
③ has gone
④ had been

04

" " 안의 문장 형태가 명령문이므로 order로 바꾸고, 부정명령문이므로 to부정사의 부정형인 「not + to + 동사원형」을 쓴다.

He ordered me not to open the window.
그는 나에게 창문을 열지 말아 달라고 부탁했다.

05

" " 안의 문장 형태가 의문문이므로 ask로 바꾸고, 의문사가 있는 의문문이므로 「의문사 + 주어 + 동사」 형태를 쓰며, now는 then으로 바꾼다.

She asked me what time it was then.
그녀는 그때 몇 시인지 물어봤었다.

06

일반적인 진리는 주절이 과거이더라도 항상 현재시제를 쓴다.

In 1610 Galileo insisted that the earth goes around the sun. 1610년 갈릴레오는 지구가 태양 주위를 돈다고 주장했다.

ANSWER
04. ③ 05. ① 06. ①

Chapter
05 가정법

학습 point⁺

가정법은 사실과 반대되는 것을 가정하거나 상상하는 표현이다. 가정법의 종류와 형태, 쓰임, 직설법과의 관계를 이해하여야 한다. 특히, 가정법의 시제는 하나의 공식처럼 반드시 암기하도록 한다.

1 가정법 과거 중요⁺ : 만일 ~라면, ~할 텐데

현재 사실의 반대를 가정하거나 상상하는 표현이다. 형태는 If절에서는 동사의 과거형(be동사인 경우에는 were), 주절에서는 「would + 동사원형」을 사용한다. 형태는 과거지만 뜻은 언제나 현재를 나타내며 현재처럼 해석한다.

> If + 주어 + 과거동사, 주어 + ⎡ would(should) ⎤ + 동사원형 …
>   ⎢ could ⎥
>   ⎣ might ⎦

If I knew English, I could read the letter.　내가 영어를 알았다면 편지를 읽을 텐데.
= As I don't know English, I can't read the letter.　　　　　　　　[직설법 현재]
내가 영어를 몰라서 편지를 읽을 수 없구나.

If I were not busy, I could help you.　내가 바쁘지만 않아도 널 도울 텐데.
= As I am busy, I cannot help you.　내가 바빠서 널 도울 수 없겠구나.　　[직설법 현재]

바로 바로 CHECK√

✛ 직설법을 가정법으로 바꾸는 법
　현재형의 직설법이 부정일 경우, 가정법은 과거시제의 긍정으로 바꾼다.

As I don't have money,　[현재 부정]　　　I can't buy it. [현재 부정]　　　[직설법 현재]
　　　　↓　　　　　　　　　　　　　　　　　↓
If I had money,　　　　[과거 긍정]　　　I could buy it. [과거 긍정]　　　[가정법 과거]
내가 돈이 있다면,　　　　　　　　　　　그것을 살 텐데.

법의 종류

법(Mood)에는 말하는 사람의 표현방법에 따라 직설법, 명령법, 가정법이 있다.
- **직설법** : 사실 그대로를 표현하는 문장으로 평서문, 의문문, 감탄문이 여기에 속하며 동사는 인칭과 시제의 변화가 있다.
- **명령법** : 동사원형을 문장의 앞에 두어 상대방에게 명령, 요구를 나타내며 주어는 보통 생략된다.
- **가정법** : 사실이 아닌 것을 가정하는 문장으로 동사의 쓰임에 따라 가정법 과거, 가정법 과거완료, 가정법 현재, 가정법 미래 등이 있다.

2 가정법 과거완료 : ~했더라면 … 했을 텐데

과거 사실의 반대를 가정, 상상하는 표현이다. 동사의 형태는 과거완료이지만 과거 사실의 반대를 가정하므로 과거의 뜻으로 옮기고, 직설법으로 바꿀 때도 과거시제가 된다.

$$\text{If + 주어 + had + 과거분사, 주어 + } \begin{bmatrix} \text{would(should)} \\ \text{could} \\ \text{might} \end{bmatrix} \text{ + have + 과거분사}$$

If she <u>had listened</u> carefully, she <u>would have understood</u> it.　　　　[가정법 과거완료]
　　　　had + 과거분사　　　　　　　　　　would + have + 과거분사
그녀가 주의깊게 들었더라면 그것을 이해했을 텐데.

= As she <u>didn't listen</u> carefully, she <u>didn't understand</u> it.　　　　[직설법 과거]
　　　　과거 부정　　　　　　　　　　　과거 부정
　그녀가 주의깊게 듣지 않았기 때문에, 그녀는 그것을 이해하지 못했다.

If I <u>had not accepted</u> your advice, I <u>couldn't have gotten</u> this job.　[가정법 과거완료]
　　　과거완료 부정　　　　　　　　　　could not + have + 과거완료
만약 내가 네 조언을 듣지 않았었다면, 나는 이 직업을 얻지 못했을 거야.

= As I <u>accepted</u> your advice, I <u>could get</u> this job.　　　　　　　[직설법 과거]
　　　과거 긍정　　　　　　　　　과거 긍정
　나는 네 조언을 들었기 때문에 이 직업을 가질 수 있었어.

3 가정법 현재 : ~한다면 ~할 것이다

아직 일어나지 않은 일에 대해 가정할 때 쓴다.

$$\text{If + 주어 +}\begin{bmatrix}\text{동사원형}\\\text{현재동사}\end{bmatrix}\text{, 주어 +}\begin{bmatrix}\text{will(shall)}\\\text{can}\\\text{may}\end{bmatrix}\text{+ 동사원형 }\cdots$$

참깐 문법상에서는 If절의 동사를 동사원형으로 써야 하나, 현대 영어는 일반동사도 허용하고 있다.

If he <u>fail(s)</u> again, his father will be disappointed. 그가 다시 실패한다면, 그의 아버지는 실망하실 것이다.
　　동사원형 또는 현재동사

If it rain(s) tomorrow, I will stay home. 　내일 비가 오면, 나는 집에 있을 것이다.

┌─ **심화학습** ─ **that절 속에서의 가정법 현재**

주절의 동사가 명령(order), 제안(suggest), 요구(demand), 주장(insist)을 나타낼 때 that절 속에서는 보통 should가 생략되고 동사원형만 남는다.

He insisted that his son always (should) come home early.　　　　　　　　　[명령]
그는 그의 아들이 일찍 와야 한다고 주장했다.

He suggested that they (should) come the next month.　　　　　　　　　　[제안]
그는 그들이 다음 달에 올 것을 제안했다.

4 가정법 미래

미래의 불확실한 상황을 상상하거나 가정하는 표현법이다.

(1) 불확실한 상황의 상상 또는 가정 : 혹시 ~라면 ~할 것이다

$$\text{If + 주어 +}\begin{bmatrix}\text{should}\\\text{were to}\end{bmatrix}\text{+ 동사원형, 주어 +}\begin{bmatrix}\text{would}\\\text{could}\end{bmatrix}\text{+ 동사원형}$$

If I should lose the game, I would never appear on the court.
만일 내가 경기에 지면, 경기장에 나타나지 않을 것이다.

(2) 미래의 실현 가능성이 없는 이야기나 순수한 가정

$$\text{If + 주어 + were to + 동사원형, 주어 + } \begin{bmatrix} \text{would} \\ \text{could} \\ \text{should} \\ \text{might} \end{bmatrix} \text{ + 동사원형 } \cdots$$

If the sun were to rise in the west, I would forgive you. 해가 서쪽에서 뜬다면, 너를 용서할게.

5 주의해야 할 가정법

(1) If의 생략

If절에서 if가 생략되면 (조)동사가 문장의 앞으로 나가 도치된다.

If I were rich, I could go abroad. 내가 부자였다면 해외로 나갈 텐데.
= Were I rich, I could go abroad.   [가정법 과거]

If you had tried again, you could have done it. 네가 다시 시도했었더라면 그것을 해냈을 텐데.
= Had you tried again, you could have done it.   [가정법 과거완료]

(2) if절의 대용어구

if절의 내용이 어구나 낱말에 포함되어 있는 경우이다.

A true friend would not say so.   [주부에 포함]
= If he were a true friend, he would not say so. 그가 진정한 친구라면 그렇게 말하진 않는다.

I should be glad to hear you sing a song.   [to부정사에 포함]
= I should be glad if I could hear you sing a song. 네 노래를 들을 수 있다면 기쁠 텐데.

I could have done the work easily with your help.   [부사구에 포함]
= I could have done the work easily if I had had your help.
네 도움이 있었으면 난 그 일을 쉽게 했을 텐데.

Born in better time, he could have become a hero. [분사구문에 포함]

= He could have become a hero if he had been born in better time.

더 나은 시대에 태어났더라면, 그는 영웅이 되었을 텐데.

6 관용적 가정법

(1) I wish + 가정법 과거 : ~라면 좋을 텐데

현재에 이룰 수 없는 소망을 표현하는데, 이는 현재 사실과 반대를 나타낸다.

I wish I were young again. 내가 다시 젊어진다면 좋을 텐데.

→ I am sorry I am not young. 내가 젊지 않아 속상하다.

I wish I could speak English as well as you. 너처럼 영어를 잘했으면 좋을 텐데.

→ I am sorry I can't speak English as well as you. 나는 너처럼 영어를 잘하지 못해서 속상하다.

(2) I wish + 가정법 과거완료 : ~했다면 좋을 텐데

과거에 이루지 못했던 소망을 표현하는데, 이는 과거 사실과 반대를 나타낸다.

I wish I had studied harder in my youth. 내가 어렸을 때 공부를 더 열심히 했더라면 좋았을 텐데.

= I am sorry I didn't study harder in my youth.

(3) as if (though) + 가정법 : 마치 ~인 것처럼(~이었던 것처럼)

현재나 과거 사실에 반대되는 가정을 나타낸다.

He talks as if he knew everything. 그는 마치 모든 것을 알고 있다는 듯 말한다. [가정법 과거]

→ In fact, he doesn't know anything. 사실 그는 알지 못한다.

Mrs. Baker looked as if she had been sick for a long time. [가정법 과거완료]

베이커 부인은 오랫동안 아팠던 것처럼 보였다.

→ In fact, she wasn't sick. 사실 그녀는 아프지 않았다.

(4) It's time + 가정법 과거 : ~할 시간이다

형용사절로 사용되어 당연, 필요를 나타낸다.

It's time you went to bed. 네가 잘 시간이다.

(5) 겸손한 표현

조건절은 생략된다.

Would you mind opening the door (if I could ask you)? 문을 열어도 될까요?

I would like to go fishing (if I could). 낚시하고 싶다.

7 그 외의 가정법 표현 중요⁺

(1) Unless(= if ~not, 명령문 + or) : 만일 ~하지 않으면

Unless you take a taxi, you will be late. 택시를 타지 않으면, 너는 늦을 것이다.

= If you don't take a taxi, you will be late.

= Take a taxi, or you will be late. [명령문]

(2) Without (But for) ~ : ~이 없다면, ~이 없었다면(조건절 대용어구)

Without your help, I couldn't do anything. [가정법 과거]
네 도움이 없다면 나는 아무것도 못할 거야.

Without his advice, I would have failed. [가정법 과거완료]
그의 충고가 없었다면 나는 실패했을 거야.

심화학습 wish의 여러 용법

- 가정법
  I wish I were a bird. 내가 새라면 좋을 텐데. [실현될 수 없는 소망]
  I wish I had bought it. 그것을 샀더라면 좋았을 텐데. [이루지 못한 소망]
  I wish you would be quiet. 네가 조용히 하면 좋으련만. [가벼운 명령]
- wish + to부정사(= want)
  I wish to see you. 당신을 뵙고 싶습니다.
- wish + 목적어 + to부정사
  I wish you to go at once. 당신이 즉시 가기를 바랍니다.
- wish + 목적어 + 목적어
  I wish you a happy New Year. 새해 복 많이 받으세요.

※ 다음 문장을 가정법 형태로 적절하게 바꾼 것을 고르시오.
(1~2)

01

> As I am not a bird, I can not fly to you.

① If I am a bird, I can fly to you.
② If I was a bird, I could fly to you.
③ If I were a bird, I could fly to you.
④ If I were a bird, I flied to you.

02

> I am sorry she didn't see us.

① I wish she saw us.
② I wished she had seen us.
③ I wish she has seen us.
④ I wish she had seen us.

※ 다음 중 어법에 맞지 <u>않는</u> 문장을 고르시오. (3~4)

03 ① If I know it well, I would tell you about it.
② If I had known it, I could have told it to you.
③ I wish I could speak English better.
④ I wish I were as tall as you.

01
가정법 과거
If＋주어＋과거동사, 주어＋could＋동사원형
As I am not a bird, I can not fly to you.
＝ If I were a bird, I could fly to you.
내가 만일 새라면 너에게 날아갈 텐데.

02
「I wish＋가정법」에서 직설법이 과거이면
가정법은 과거완료 형태를 쓴다.
I am sorry she didn't see us.
＝ I wish she had seen us.
그녀가 우리를 봤었다면 좋았을 텐데.

03
주절의 동사 형태(would)가 과거이므로 조
건절의 동사는 knew가 되어야 한다.
If I knew it well, I would tell you about it.
내가 잘 안다면, 그것에 대해 네게 말해 줄
수 있을 텐데.
② 내가 그것을 알았었다면, 너에게 그것
을 말했을 텐데.
③ 내가 영어를 더 잘했으면 좋을 텐데.
④ 내가 너만큼 컸으면 좋을 텐데.

ANSWER
01. ③ **02.** ④ **03.** ①

04 ① I wish my son were as wise as yours.

고난도 ② If I had had enough money yesterday, I would have bought it.

③ If I had wings, I could fly to you like a bird.

④ I wish you are healthy.

I wish + 가정법 과거(과거완료)

I wish you were healthy.
네가 건강하다면 좋을 텐데.

① 내 아들이 너의 아들만큼 현명했으면 좋을 텐데.
② 내가 어제 돈이 충분했었다면, 그것을 샀을 텐데.
③ 내게 날개가 있다면, 새처럼 너에게 날아갈 텐데.

※ 두 문장의 뜻이 같도록 빈칸에 알맞은 것을 고르시오. (5~6)

05

Hurry up, or you will miss the train.
= _____ you hurry up, you will miss the train.

① As   ② When
③ Because   ④ Unless

Unless(= If ~ not, 명령문 + or) : ~해라, 그렇지 않으면

Hurry up, or you will miss the train.
= Unless you hurry up, you will miss the train. 서두르지 않으면, 너는 기차를 놓칠 것이다.

06

고난도

If I didn't have homework, I could go to the movie with you.
= As I _____ homework, I _____ go to the movie with you.

① have, cannot   ② had, cannot
③ have, couldn't   ④ had, couldn't

가정법 과거는 현재 사실에 반대되는 내용을 가정할 때 쓰인다. 따라서 직설법 현재로 고칠 경우 의미에 따라 현재시제를 쓴다.

If I didn't have homework, I could go to the movie with you. [가정법 과거]
= As I have homework, I cannot go to the movie with you. [직설법 현재]
숙제가 있어서 너와 영화를 보러 갈 수가 없다.

ANSWER
04. ④   05. ④   06. ①

06 명사·대명사

 명사와 대명사의 역할에 대해 아는 것이 가장 중요하다. 고유명사, 추상명사, 집합명사, 보통명사, 물질명사의 개념을 이해한다. 특히, 명사의 수(단수·복수)는 반드시 알아야 한다. 인칭대명사, 소유대명사, 재귀대명사, 지시대명사, 부정대명사의 쓰임을 이해한다.

01 명사

눈에 보이거나 보이지 않는 모든 것의 이름(명칭)을 가리키는 말이 명사이다.
모든 명사에는 셀 수 있는 것과 없는 것이 있는데, 셀 수 있는 명사는 단수·복수가 가능하며, 셀 수 없는 명사는 복수로 쓸 수 없다.

1 **셀 수 있는 명사** : 낱개로 셀 수 있고, 단수·복수의 표현이 가능하다.

(1) 보통명사

어떤 종류의 사람, 사물, 동물 등에 공통적으로 붙일 수 있는 이름으로 대부분 일정한 형태를 갖추고 있다. 예 book, boy, dog, desk

I have a note.   [단수 명사]

You have two pencils.   [복수 명사 : 명사+~s, ~es]

(2) 집합명사

① 같은 종류의 사람이나 사물이 모여서 이루어진 집합체의 이름을 집합명사라 하며, 단수 취급한다.　🖉 class, family, people, audience

My family is very well.　나의 가족들은 모두 잘 있다.

The audience is watching the show program.　청중들은 쇼 프로그램을 보고 있다.

② police, people, cattle 등은 항상 단수형을 쓰는 집합명사이지만 복수로 취급해야 한다.

기초학습 ── 군집명사

집합명사는 구성원 전체를 하나의 집합체로 보고 이야기할 때는 집합명사가 되고, 한 집합체이지만 구성원 하나하나에 중점을 둘 때는 군집명사가 된다. 군집명사는 단수형이지만 복수 취급한다.

My family is a large one.　나의 가족은 대가족이다.　　　　　　[집합명사 : 가족을 하나의 단위로 봄]

My family are all fat.　나의 가족은 모두 뚱뚱하다.　　　　　　[군집명사 : 구성원 하나하나에 중점을 둠]

---

2 셀 수 없는 명사 : 낱개로 셀 수 없고, 단수·복수의 표현을 할 수 없다.

(1) 추상명사

눈에 보이지 않는 성질, 행위, 상태, 관념 등 추상적인 것을 가리킨다. 관사나 복수형 어미가 올 수 없으며, 양 표시의 형용사와 함께 쓰인다.　🖉 truth 진실, kindness 친절, youth 청춘

All we need is love.　우리 모두가 사랑이 필요하다.

I won't forget your kindness.　나는 당신의 친절을 잊지 못할 것이다.

(2) 물질명사

stone, sand, air, snow, rice처럼 일정한 형태가 없는 물질(기체·액체·고체)의 이름을 나타내는 명사로 보통 관사나 복수형 어미가 올 수 없다. 물질명사는 용기나 단위를 사용하여 복수형을 만든다.

A : May I take your order? 주문을 받아도 될까요?

B : I'd like to have a cup of tea. 나는 차 한 잔을 마시고 싶습니다.

잠깐 I'd = I would

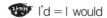 물질명사의 수량 표시

하나 이상일 경우에는 단위 뒤에 −s / −es를 붙여 복수형을 만들고, 전치사 of로 이어 준다.

예 • a glass of **water** 물 한 잔 → two glasses of **water** 물 두 잔
• a sheet(piece) of **paper** 종이 한 장 → two sheets(pieces) of **paper** 종이 두 장
• a loaf of **bread** 빵 한 덩어리 → two loaves of **bread** 빵 두 덩어리

(3) 고유명사

① 인명, 지명, 국명, 언어, 천체, 달, 요일 등의 특정하거나 고유한 사람이나 사물의 이름으로서 주로 대문자로 쓰기 시작한다.

인명, 지명	Lincoln, Seoul Station
국명, 언어	Korea, English, Japan, Canada
종교명, 천체명	Bible, Buddhism, Venus, Jupiter
달, 요일명	Sunday, December, Christmas

Seoul is the capital city of Korea. 서울은 한국의 수도이다.

Mona Lisa is the famous painting by Leonardo Da Vinci.
모나리자는 레오나르도 다빈치의 유명한 그림이다.

② 반드시 「the + 고유명사」로 써야 하는 경우

㉠ 하천, 바다, 산맥 : the Thames 템즈 강, the Pacific 태평양

㉡ 배, 철도명 : the Titanic 타이태닉호, the Gyongbu Line 경부선

㉢ 신문, 잡지명 : the New York Times 뉴욕타임스

㉣ 공공건물 : the White House 백악관, the British Museum 대영 박물관

㉤ 국민(총칭) : the English 영국인, the Japanese 일본인

3 명사의 복수형

(1) 규칙적 복수형

구 분	예
일반적인 단어의 끝 + ~s	a book 책 → books　　an orange 오렌지 → oranges a bird 새 → birds
s, ss, sh, ch, x + ~es	s 발음과 s 발음이 부딪치므로 이를 완충하기 위해 e를 사이에 넣는다. a bus 버스 → buses　　a dish 접시 → dishes a bench 벤치 → benches　　a dress 드레스 → dresses ☞ -ch가 [k]로 발음되는 경우 -s를 쓴다. stomachs[stʌ́məks]
자음 + y → ~ies	a story 이야기 → stories　　a lady 숙녀 → ladies a country 나라 → countries　　☞ a boy → boys, a day → days
자음 + o → ~es	a tomato → tomatoes　　a hero → heroes 영웅들 예1 a photo → photos, a piano → pianos
-f 또는 -fe → ~ves	a life 삶 → lives　　a loaf 덩어리 → loaves a leaf 나뭇잎 → leaves

바로 바로 CHECK√

❖ -ics로 끝나는 학과명은 단수 취급한다.
　　예 economics 경제학, physics 물리학, mathematics 수학
　　Economics is my favorite subject.　경제학은 내가 가장 좋아하는 과목이다.

(2) 불규칙적인 명사의 복수형

구 분	예
모음의 변화	a foot 발 → feet　　a tooth 치아 → teeth a woman 여자 → women
어미 + -en(-ren)	an ox 황소 → oxen　　a child 어린이 → children
단수, 복수 형태 동일	a deer → deer 사슴들　　a sheep → sheep 양들 a fish → fish 물고기들　　a Japanese → Japanese 일본인들
복합명사의 복수형	복합명사는 가장 중요한 단어를 복수형으로 만든다. father-in-law → fathers-in-law 장인, 시아버지 forget-me-not → forget-me-nots 물망초
항상 복수형	scissors 가위　　glasses 안경 shoes 구두　　pants 바지

(3) 복수형 어미 -s, -es의 발음

구 분	발 음	예
대개의 경우	[z]	teachers[tíːtʃərz], pens[penz], friends[frendz]
무성음 [k], [p], [t], [f], [θ] 뒤	[s]	books[buks], cats[kæts], months[monθs]
[s], [z], [dʒ], [ʃ], [tʃ] 뒤	[iz]	horses[hɔ́ːrsiz], dishes[díʃiz]

4 명사의 소유격

명사의 주격과 목적격은 모양이 같고, 소유격은 어형이 변한다.

> That man is our new teacher. 저분이 우리의 새 선생님이시다. [주격]
> We love that man. 우리는 저 사람을 사랑한다. [목적격]
> That man's car is black. 저 남자의 차는 검은색이다. [소유격]

① 사람이나 동물의 소유격은 단수명사에 's를 붙인다.

Jane's pen 제인의 펜   the girl's father 그 소녀의 아버지

② 무생물의 소유격은 「of + 명사」의 형태가 된다.

the legs of the table 탁자의 다리 **CF** the table's legs (×)

the gate of our house 우리 집 문

③ 어미가 -s로 끝난 복수형의 소유격은 '(아퍼스트로피)만 붙인다.

girls' middle school 여자 중학교   the boys' room 그 소년들의 방

참깐 어미가 -s가 아닌 복수형은 's를 붙인다.
the children's toys 그 아이들의 장난감들   men's wear 남성복

④ 무생물에도 's를 붙이는 경우

today's newspaper   오늘의 신문 [시간]

six mile's distance   6마일의 거리 [거리]

ten dollar's worth of shoes   10달러의 신발 [가치]

a pound's weight   1파운드의 무게 [중량]

심화학습

❖ **소유격 뒤에 오는 명사의 생략** : house, shop, store 등이 소유격 뒤에 올 때 이를 생략한다.

I'm going to go to my uncle's (house) during summer vacation.
나는 여름 방학 동안에 아저씨 댁에 갈 예정이다.

She bought some apples at Mr. Lee's (store). 그녀는 이씨네 가게에서 사과 몇 개를 샀다.

I met Mr. Han at the barber's (shop). 나는 이발소에서 한씨를 만났다.

❖ **공동소유와 개별소유**

This is Tom and Mary's desk. 이것은 탐과 메리의 책상이다. [공동소유]

These are Tom's and Mary's desks. 이것들은 탐의 책상과 메리의 책상이다. [개별소유]

❖ **이중소유격**

소유격이 a, an, the, this, that, some, any, no와 함께 쓰일 때는 「of + 소유대명사」의 형태로 사용된다.

this bag of my aunt's 나의 숙모의 이 가방 (○)

CF this my aunt's bag (×), my aunt's this bag (×)

I met a friend of my father's. 나는 아버지의 친구 한 분을 만났다.

It's delicious! 맛있어요!

delicious는 '매우 맛있다'는 의미이다. 하지만 음식을 대접하는 사람이 상대방에게 "맛있습니까?"라고 물어볼 때 "Is it delicious?"라고 물어보는 것은 틀린 표현이다.
음식이 맛있냐고 물어볼 때에는 다음처럼 표현하는 것이 좋다.

Is it good?

How does it taste?

How do you like it?

01 다음 중 명사의 복수형이 바르지 <u>않은</u> 것은?

① city – cities

② fox – foxes

③ sheep – sheep

④ knife – knifes

02 다음 중 셀 수 있는 명사에 해당하지 <u>않는</u> 것은?

① family   ② car

③ student   ④ salt

※ 다음 중 어법상 <u>틀린</u> 문장을 고르시오. (3~4)

03 ① My family consists of seven members.

② My family is all early risers.

③ There are thirty families in our village.

④ Five years is a long period to a prisoner.

04 ① Do you have a computer at home?

② At the hill's top my father was waiting.

③ The owner sells the map for ten cents.

④ I read the article in today's newspaper.

05 다음 빈칸에 생략된 단어로 적절한 것은?

> I've stayed at a friend's _____ for a week.

① station
② house
③ accommodation
④ hotel

05

house, shop, store와 같은 명사는 의미상 소유격 뒤에서 생략할 수 있다.

I've stayed at a friend's house for a week. 나는 1주일 동안 친구네 집에서 지냈다.

accommodation 거처, 숙소

※ 다음 중 어법에 맞는 것을 고르시오. (6~7)

06 ① My father wears a glass.
② He gave me two loaf of breads.
③ The pants were ironed by my mother.
④ There are many kind of fishes under the sea.

06

③ pants(바지)는 항상 복수형으로 쓴다.
  그 바지는 어머니께서 다려 주셨다.
① glass → glasses(안경)
  나의 아버지는 안경을 쓰신다.
② two loaf of breads
  → two loaves of bread
  그는 나에게 빵 두 덩어리를 주었다.
④ kind → kinds, fishes → fish
  바다 밑에는 많은 종류의 물고기들이 있다.

07 ① Water is changed into steam at 100 degrees Celsius.
② Would you please distribute these sheets of papers?
③ Pacific Ocean is the largest ocean in the world.
④ Success depend upon our confidence.

07

① water는 물질명사이므로 단수 취급한다.
  물은 섭씨 100도에서 증기로 변한다.
② paper는 셀 수 없는 명사이다.
  papers → paper
  이 종이들 좀 나누어 주시겠어요?
③ 하천, 강과 같은 고유명사는 앞에 반드시 the를 붙인다.
  Pacific Ocean → The Pacific Ocean
  태평양은 세계에서 가장 큰 대양이다.
④ 추상명사(success)는 단수 취급한다.
  depend → depends
  성공은 우리 마음먹기에 달려 있다.

ANSWER

05. ② 06. ③ 07. ①

08 다음 글의 내용상 빈칸에 들어갈 말로 가장 알맞은 것은?

> One interesting experience on our trip was riding camels in the _____. The sun was so hot and the air was so dry that I had to drink a lot of water. There were no trees around us. All we could see was an endless line of sand hills. *camel : 낙타

① jungle ② garden

③ desert ④ rain

08

'camel'이 낙타임을 알려주고 있어 쉽게 답을 유추할 수 있을 것이다. 낙타는 주로 사막지대에서 서식하며, 이동수단으로 이용되고 있다. 'sand hills(모래언덕)'를 통해서도 사막을 유추할 수 있다.

③ desert : 명사 – 사막(동사 – 버리다, 도망하다)

우리 여행에서 흥미로운 경험은 사막에서 낙타 타기였다. 태양이 너무 뜨겁고 공기는 너무 건조해서 나는 물을 많이 먹어야 했다. 우리 주위에는 나무가 없었다. 우리 모두는 끝이 없는 모래 언덕을 볼 수 있었다.

ANSWER

08. ③

02 대명사

대명사는 명사를 대신해서 쓰이는 말이며 그 특성에 따라 인칭대명사, 지시대명사, 관계대명사, 소유대명사, 재귀대명사, 의문대명사, 부정대명사로 나뉜다.

1 인칭대명사

사람의 이름을 대신해서 쓰이는 것을 말하며 1인칭, 2인칭, 3인칭이 있고, 주격·소유격·목적격으로 모양이 변하면서 각각의 위치가 다르다.

(1) 인 칭

① 1인칭 : 말하는 사람(I, we)
② 2인칭 : 말을 듣고 있는 상대방(you)
③ 3인칭 : 1인칭과 2인칭을 제외한 모든 대상(he, she, it, they)

(2) 격

① 주격 : '~은, ~는, ~이, ~가'로 해석되며, 문장에서 주어 역할을 하게 된다.
② 소유격 : '~의'로 해석되며, 명사 앞에서 명사를 수식하는 형용사 역할을 한다.
③ 목적격 : '~을, ~를, ~에게'로 해석되며, 문장 속에서 목적어 역할을 하게 된다.

(3) 인칭대명사의 수, 성, 격

인 칭	수	주 격 ~은(는), ~이, ~가	소유격 ~의	목적격 ~을, ~에게	소유대명사 ~의 것	재귀대명사 ~자신
1인칭	단수	I	my	me	mine	myself
	복수	we	our	us	ours	ourselves
2인칭	단수	you	your	you	yours	yourself
	복수	you	your	you	yours	yourselves
3인칭	단수	he	his	him	his	himself
		she	her	her	hers	herself
		it	its	it	–	itself
	복수	they	their	them	theirs	themselves

(4) 일반주어

일반인을 나타내는 we, you, they는 특정한 사람을 가리키지 않고 막연히 일반 사람을 나타내는 경우 해석하지 않는 것이 더 자연스럽다.

We have much rain in summer. 여름엔 비가 많이 온다.

You should obey your parents. 부모님의 말씀에 따라야 한다.

They speak Korean in Korea. 한국에서는 한국어를 사용한다.

2 소유대명사

'~의 것'이란 뜻으로 「소유격 + 명사」를 하나의 독립된 대명사로 나타내며, '독립소유격'이라고도 한다.

(1) 인칭에 따른 소유대명사

This book is mine. 이 책은 나의 것이다.   [= my book]

My opinion is close to yours. 내 의견은 너의 의견과 비슷하다.   [= your opinion]

(2) 고유명사의 소유대명사는 소유격과 같이 명사 뒤에 's를 붙여서 나타낸다.

This is Chang-su's book. 이것은 창수의 책이다.

= This book is Chang-su's. 이 책은 창수의 것이다.

Whose is this radio? It's Su-mi's. 이 라디오는 누구의 것이니? 그것은 수미의 것이야.

바로 바로 CHECK√

❖ a(an), some, this, that 등이 명사 앞에서 의미를 한정하는 경우 소유격을 함께 쓸 수 없다. 대신 「a(an), some, no + 명사 + of + 소유대명사」로 표현한다.
Mr. Kim is a my friend. (×)
Mr. Kim is a friend of mine. (○) 김씨는 내 친구이다.

---

3 재귀대명사

'~자신'의 뜻이며, 인칭대명사의 소유격이나 목적격 뒤에 −self나 −selves를 붙여서 나타낸다.

(1) 재귀적 용법

재귀대명사가 문장 속에서 목적어로 쓰이는 것을 말하며, 이때 재귀대명사를 생략하게 되면 문장의 뜻이 불완전해진다.

Let me introduce myself.   저를 소개하겠습니다.

Find out about yourself from the list below.   아래의 목차에서 자신에 대해 찾아봐라.

She killed herself.   그녀는 자살했다.   [she = herself]

CF She killed her.   그녀는 그녀를 죽였다.   [she ≠ her]

(2) 강조적 용법

문장에서 주어, 목적어, 보어를 강조하기 위해서 사용되는 재귀대명사로 생략해도 문장 구조에는 아무런 지장을 주지 않는다.

I did it myself.   나 스스로 그것을 했다.   [주어 강조]

It was the queen herself.   그것은 그 여왕 자신이었다.   [보어 강조]

My father wants me myself to finish the report.   [목적어 강조]
아버지는 내가 스스로 그 보고서를 끝내기를 바라신다.

기초학습 재귀대명사의 관용구

• by oneself(= alone) : 혼자서(혼자 힘으로)
  I went there by myself.   나는 혼자 거기 갔다.
• for oneself(= without other's help) : 스스로
  Did you make the cake for yourself?   당신 스스로 그 케이크를 만들었습니까?
• of itself(= by itself) : 저절로
  The door closed of itself.   그 문이 저절로 닫혔다.
• say to oneself : 혼자 말하다
  Jane said to herself "What shall I do?"   제인은 "난 어떻게 할까?"라고 중얼거렸다.

4 지시대명사

사람이나 사물을 지시하거나 앞·뒤의 어구를 가리키는 대명사이다. this, these, that, those 등이 있다.

단 수		복 수	
this	이것, 이분	these	이것들, 이분들
that	저것, 저분	those	저것들, 저분들

This is Mr. Brown. 이분은 브라운 씨이다.

What is that? 저것은 무엇이니?

(1) this, that

① this는 가까운 것, that은 먼 것을 가리킨다.

This is larger than that. 이것이 저것보다 더 크다.

② this는 후자(the latter), that은 전자(the former)를 나타내기도 한다.

Health is above wealth ; this cannot give a lot of happiness as that.
                    = wealth   = health

건강이 재산보다 우선이다. 후자(재산)는 전자(건강)만큼 큰 행복을 줄 수 없다.

(2) those who~ : ~한 사람들

Once sunbathing was popular among those who wanted to keep healthy.
                                             = people who

한때 일광욕은 건강을 유지하길 원하는 사람들 사이에서 유행한 적이 있었다.

(3) 앞 문장 전체를 받는 that

To be or not to be. That is the question. 사느냐 죽느냐. 그것이 문제이다.

(4) 명사의 반복을 피하기 위한 that 또는 those

The winter of Canada is colder than that of Korea. 캐나다의 겨울은 한국의 겨울보다 더 춥다.
                                   = the winter

The ears of rabbits are longer than those of dogs.   토끼의 귀는 개의 귀보다 더 길다.
= the ears

❖ 때를 나타내는 명사 앞에서 this는 '현재'로, that은 '과거'로 쓰인다.

현 재	과 거
this afternoon 오늘 오후	that afternoon 그날 오후
this winter 이번 겨울	that winter 그 겨울
these days 요즈음	those days 그 당시에

5 의문대명사

대 상	주격(은, 는, 이, 가)	소유격(~의)	목적격(~을, 를, 에게)
사람	who 누가	whose 누구의	whom 누구를
사람, 사물	what 무엇이	−	what 무엇을
	which 어느 것(쪽)이	−	which 어느 것(쪽)을

(1) who, whose, whom

'누구'라는 의미의 신분이나 혈족관계를 묻는 말로 소유격은 「whose + 명사」로 사용된다.

Who is there in the room?   방에 누구세요?   [단수]

Who are there in the room?   [복수]

잠깐 의문사는 단수 · 복수 구분 없이 사용된다.

Whose book is this?   이것은 누구의 책입니까?   [소유격]

Whom do you love best?   너는 누구를 제일 사랑하니?   [목적격]

(2) what

'무엇'의 의미를 지닌 what은 사람에게 쓰이는 경우 직업을 묻는 말이며, 그 이외에는 주로 사물이나 동물의 이름을 묻는다.

What is that?　저것은 무엇입니까?　　　　　　　　　　　　　　　　　　　[단수]

What are those?　저것들은 무엇입니까?　　　　　　　　　　　　　　　　　[복수]

What do you do (for a living)?　당신의 직업은 무엇입니까?　　　　　　　[직업]

What do you like best?　당신은 무엇을 가장 좋아합니까?　　　　　　　　[목적격]

What color is your hat?　당신의 모자는 무슨 색입니까?　　　　　　　　　[의문형용사]

(3) which

'어느 것, 어느 쪽'이라는 뜻으로 사람, 동물, 사물 등의 선택에 쓰인다.

Which is your car?　어느 것이 당신의 차입니까?　　　　　　　　　　　　[주격]

Which do you like better, coffee or tea?　커피나 차 중 어느 것을 더 좋아합니까?　[목적격]

Which season do you like best?　어느 계절을 제일 좋아합니까?　　　　[의문형용사]

기초학습 ─ 의문형용사 what, which

What, Which 뒤에 명사가 쓰여서 그 명사를 수식하는 경우이다.

What color do you like best?　무슨 색을 제일 좋아하니?
└────↑ 무슨 색

Which book did you buy?　어느 책을 샀니?
└────↑ 어느 책

바로 바로 CHECK✓

✦ 의문대명사와 의문형용사의 차이점
　의문대명사는 그 자체가 대명사로서 쓰이지만, 의문형용사는 형용사와 같이 명사를 수식하므로 뒤에 명사가 따라붙는다.

---

6 부정대명사

특정한 사람이나 사물을 나타내는 것이 아니라 정해지지 않은 막연한 사람, 사물 및 수량을 나타내는 대명사이다.

(1) one

소유격은 one's이고 목적격은 one이다. 일반적인 사람을 나타내는 경우와 앞에 나온 명사의 반복을 피하기 위해서 쓰인다. 이때 명사는 셀 수 있는 명사이어야 한다.

One should obey one's parents.　사람은 부모의 말에 따라야 한다.　[일반적인 사람]

If you have a pen, lend me <u>one</u>, please.　펜이 있으면, 하나만 빌려 주세요.　[대명사적 용법]
　　　　　　　　　　　= a pen

심화학습

❖ one은 앞에 형용사가 올 수 있으며, 복수형은 ones이다.
　I like the <u>red</u> ones on the shelf.　나는 선반 위의 빨간 것들이 좋다.

❖ **it과 one의 비교** : it은 특정물건, one은 불특정한 것과 같은 종류의 것을 나타낸다.
　Where is my umbrella?　내 우산이 어디에 있지?
　- It's here.　여기 있어.　[같은 사물]

　Do you have an umbrella?　우산을 가지고 있니?
　- Yes, I have one.　응, 하나 있어.　[같은 종류]

❖ **no one과 none**
　'아무도 ~않다'의 뜻으로 no one(= no body)은 단수, none은 복수 취급한다.
　No one <u>knows</u> her name.　아무도 그녀의 이름을 모른다.　[단수]
　None of them <u>know</u> her name.　[복수]

　How many brothers do you have?　형제가 몇 명 있습니까?
　- I have <u>none</u>.　한 명도 없습니다.
　　　　= no brothers

(2) the other(s), others, another

① one~, the other : '하나는 ~, 다른 하나는~'의 뜻으로, 둘 중 하나는 one, 나머지 하나는 the other가 된다.

I have two cats. One is black, and the other is white.
나는 두 마리의 고양이를 기른다. 한 마리는 검은색이고, 나머지 한 마리는 흰색이다.

② the others : 여러 개 중에서 지정된 나머지를 나타낸다.

In my class some students like English, and the others like mathematics.
우리 반에서 몇몇은 영어를 좋아하고, 나머지는 수학을 좋아한다.

③ others : 다른 사람들, 막연한 나머지

He likes to help <u>others</u>. 그는 남을 돕기를 좋아한다. [사람들]
= other people

There are lots of books in the library. Some are on linguistics, and others are on literature. [막연한 나머지]
도서관에는 책이 많다. 언어학에 관한 책도 있고, 문학에 관한 책도 있다.

④ another : 다른 것(사람), 또 하나의

I don't like this one, would you show me another?
이것은 마음에 들지 않네요. 다른 것을 보여 주시겠어요?

바로 바로 CHECK√

- each other 서로 서로 (둘 사이)
- one after the other 차례로 (둘)
- one another 서로 서로 (셋 이상)
- one after another 차례 차례 (셋 이상)

기초학습 one, the other(s), others, another, some의 사용

- 각각 다른 사물(사람) 두 개가 있을 때 : one, the other
- 각각 다른 사물(사람) 세 개가 있을 때 : one, another, the other
- 두 가지 종류의 사물(사람)이 세 개 이상 있을 때 : one, the others
- 두 가지 종류의 사물(사람)들이 여러 개일 때 : some(일부), others(또 다른 일부)
  some(일부), the others(나머지들)
- 세 가지 종류의 넷 이상의 사물(사람)이 있을 때 : one, another, the others

(3) some과 any : 약간의 수(양), 다소, 어떤 사람(물건)

① some은 주로 긍정문에, any는 부정문·의문문·조건문에 쓰인다.

I saw the flower in some house. 나는 어떤 집에서 그 꽃을 보았다. [긍정문]

I didn't meet any of my friends. 나는 내 친구들 누구와도 만나지 않았다. [부정문]

I've lost my pencils. Do you have any? 연필을 잃어버렸어. 너 연필 있니? [의문문]

— Yes, I have some. 응. 몇 개 있어. [긍정문]

---

some과 any의 예외적인 용법

- 의문문의 some : 권유나 의뢰의 뜻이다.
  Will you have some (juice)? (주스) 좀 드시겠어요?   [권유]
- 긍정문의 any : '누구든지', '어느 것이든'의 양보의 뜻이다.
  You may choose any of them. 넌 그것들 중 어느 것이든 선택해도 좋다.   [양보]

② some과 any 등은 뒤에 -body, -one, -thing 등과 결합하여 somebody, anybody, everybody, someone, anyone, everyone, something, anything, everything, nothing 등과 같은 부정대명사를 만든다.

Someone(Somebody) is knocking on the door. 누군가 노크를 하고 있다.   [긍정문]

American don't ask how much someone paid for something.
　　　　　　부정문　　　　　　　　　　긍정의 종속절
미국인은 누가 얼마나 돈을 쓰는지 묻지 않는다.

잠깨 종속절이 긍정일 경우 주절이 부정이라도 someone을 사용한다.

Did you see anybody on the way? 도중에 누군가를 보았습니까?   [의문문]

－ No, I didn't see anybody. 아니오, 아무도 보지 못했습니다.   [부정문]
　＝ No, I saw nobody.

Everybody laughed at him. 모두가 그를 비웃었다.

She doesn't know anything about it. 그녀는 그것에 대해 아무것도 모른다.
＝ She knows nothing about it.

(4) all과 both

① all은 '모두'의 뜻으로 사람을 나타낼 때 복수 취급한다.

All were pleased to hear the news. 모두가 그 소식을 듣고 기뻐했다.   [복수]

All is calm. 만물은 고요하다.   [단수]
＝ Everything

② both는 '둘 다'의 뜻으로 대상이 둘인 경우에 사용되고 복수이다.

Both of my parents are sick. 부모님 두 분 다 아프시다.   [복수]

(5) each : '각각은, 각자의'의 뜻으로 「Each + of + 복수」 형태라도 항상 단수이다.

Each of the girls <u>has</u> her own room.   소녀들 각각은 자신의 방을 갖는다.   [대명사]

= Each girl <u>has</u> her own room.   소녀들은 각자 자기 방을 갖고 있다.   [한정사]

(6) either와 neither : 보통 둘 사이에 사용하며 either는 '둘 중의 하나(한쪽)'를, neither 는 '둘 중의 어느 쪽도 아니다'의 뜻으로, 보통 단수로 쓰인다.

Either of the two girls is Tom's sister.   두 소녀 중 하나가 탐의 여동생이다.

I don't like either of them.   나는 그들 중 어느 쪽도 좋아하지 않는다.   [전체 부정]

= I like neither of them.

Neither of the stories was true.   그 이야기는 어느 쪽도 사실이 아니었다.

> **심화학습** **부분부정**
>
> all, every, both, always 등이 not과 함께 쓰이면 부분부정의 뜻이 된다.
>
> All of them are not wrong.   그들 모두가 잘못한 것은 아니다.
> I don't know both of them.   그들 둘 다를 아는 것은 아니다.
> I have not always experienced good things in Korea.
> 한국에서 항상 좋은 것만 경험했던 것은 아니다.

---

(7) it의 특별용법

① 비인칭 주어 : 시간·날씨·요일·날짜·거리·명암 등을 표현할 때 사용하며, 이때 해 석은 하지 않는다.

It is half past two.   2시 30분이다.   [시간]

What day of the month is it today?   오늘이 며칠이니?   [날짜]

It was rainy yesterday, but it is fine today.   어제는 비가 왔었는데 오늘은 좋다.   [날씨]

It's getting dark outside.   밖이 어두워지고 있다.   [명암, 상태]

How far is it from here to Busan?   여기에서 부산까지 얼마나 멉니까?   [거리]

② 가주어와 가목적어 : 문장의 균형을 잡기 위해 명사구나 명사절을 대신하여 쓰이는 it으로 형식적인 주어나 목적어 역할이다. 가주어와 가목적어에서는 진주어가 'to 부정사구'가 되고, 의미상의 주어는 「for + 목적격」, 「of + 목적격」이다.

It is not easy to eliminate a bad habit.   나쁜 습관을 없애기는 쉽지 않다.
가주어   진주어 – 명사구

It is difficult for her to accept another religion.   그녀에게 타 종교를 받아들이는 일은 어렵다.
가주어   의미상주어   진주어

It is true that he went there yesterday.   그가 어제 거기에 갔던 것은 사실이다.
가주어   진주어 – 명사절

I found it easy to solve the problem.   그 문제를 푸는 것이 쉽다는 것을 알았다.
      가목적어   진목적어 – 명사구

③ 강조용법 : 「It is ~ that(who)…」 구문에서 is와 that(who) 사이에 강조할 대상을 삽입한다.

It was a red wool sweater that I bought.   내가 산 것이 바로 빨간 울 스웨터였다.
가주어   강조 대상

바로 바로 CHECK√

❖ It is ~ that(who) 강조용법과 It ~ that 진주어 · 가주어 구별하기
It is ~ that 강조용법은 강조 구문에 사용된 「It, be동사, that / who」를 빼도 문장이 성립한다.
It is Columbus who discovered the Americas. (○)   아메리카를 발견한 사람은 콜럼버스이다.
    Columbus   discovered the Americas. (○)

④ 관용적 표현 : 특별한 의미 없는 it이 쓰여 관용적 의미로 해석된다.

Take it easy.   천천히 해.(잘 있어.)

That's it.   끝났어.(바로 그거야.)

I got it.   알았어.

심화학습

❖ It은 성을 구분하기 힘든 막연한 상황에서 사람을 지칭하기도 한다.

Who is it? 누구십니까?
– It's me. 접니다.

Look at that baby. 저 아기를 봐.
– It is smiling. 웃고 있네.

❖ **형용사적 대명사**

- this book 이 책, that house 저 집
- all the boys 모든 소년들, all my money 내 돈 전부, all those cities 모든 저 도시들
- both sides 양측, 양면, both my friends 내 친구 둘 다
- each country 각국, either opinion 한쪽 의견
- on the other side of the street 거리의 건너편에
- another glass of milk 우유 또 한 잔
- some money 약간의 돈, any kind of fruit 어떤 종류의 과일
- such a good man 그렇게 착한 사람, such things 그런 것들
- the same answer 같은 답

표현이 달라!

우리나라 사람들은 일반적으로 숫자를 셀 때 손가락을 하나씩 구부리면서 셈을 하는 경향이 있는 반면 서양 사람들은 주먹을 꽉 쥔 상태에서 엄지손가락부터 하나씩 펴면서 숫자를 센다네요. ^_^

01 다음 대화의 빈칸에 알맞은 것은?

> A : Whose pencil is this?
> B : _____

① It's blue.　　　　② It's mine.
③ It's on the table.　④ It's 50 cents.

02 다음 빈칸에 공통으로 들어갈 알맞은 것은?

> • _____ kind of food do you like the most?
> • _____ time do you want to go to the movies?

① How　　　　② When
③ What　　　　④ Where

※ 다음 중 빈칸에 들어갈 말로 적절한 것을 고르시오.
(3~4)

03

> My new bag is much bigger than _____.

① her　　　　② your
③ his　　　　④ my

01
A : 이것은 누구의 연필이니?
B : 내 것이야.

02
what kind of ~ : 어떤 종류의 ~
what time do you want ~ : 몇 시가 좋겠습니까?
따라서 공통으로 들어갈 말은 what이다.
• 당신은 어떤 종류의 음식을 가장 좋아합니까?
• 몇 시에 영화보러 가는 것이 좋겠습니까?

03
than은 접속사로 쓰였을 경우 앞에서 반복되는 어구를 생략할 수 있다. 접속사 절의 주어로 가능한 것은 소유대명사 his(= his bag)이다.
My new bag is much bigger than his.
나의 새 가방은 그의 것보다 훨씬 크다.

ANSWER
01. ②　**02.** ③　**03.** ③

04

> I'd like to go on a trip with _____.

① they　　　　② there

③ then　　　　④ them

04

전치사 with는 목적어를 취하므로 3인칭 복수 목적격인 them이 적절하다.

I'd like to go on a trip with them.
나는 그들과 여행을 가고 싶습니다.

05 다음 밑줄 친 부분에 들어갈 말을 순서대로 나열한 것은?

> I have two dogs : _____ is old and _____ is young.

① one − two　　　② first − second

③ one − another　　④ one − the other

05

one~, the other~ : (둘 중) 하나는 ~이고, 다른 하나는 ~이다

I have two dogs : one is old and the other is young. 나는 두 마리의 개가 있다. 하나는 늙고, 다른 하나는 어리다.

※ 두 문장의 의미가 같아지도록 빈칸에 알맞은 것을 찾으시오. (6~7)

06

> He did his homework without any help.
> = He did his homework by _____.

① he　　　　② his

③ him　　　　④ himself

06

He did his homework without any help.
그는 아무 도움 없이 과제를 했다.
= He did his homework by himself.
그는 혼자서 과제를 했다.

by himself 스스로, 혼자서

07 고난도

> To read all the newspapers isn't possible for me.
> = _____ isn't possible for me to read all the newspapers.

① That　　　　② It

③ All　　　　④ What

07

부정사구의 주어가 길기 때문에 가주어 It을 사용하여 나타낸 문장이다. 의미상의 주어는 for me이다.

To read all the newspapers isn't possible for me.
= It isn't possible for me to read all the newspapers. 신문을 통째로 읽는 것은 나에겐 불가능하다.

ⒶⓃⓈⓌⒺⓡ
04. ④　05. ④　06. ④　07. ②

NOTE

07 형용사 · 부사 · 비교

학습 point⁺ 형용사와 부사의 종류, 역할, 용법, 위치 등에 대해 이해하고 구분하여 사용할 줄 알아야 한다.
형용사와 부사의 원급, 비교급, 최상급은 출제 빈도가 높으므로 반드시 숙지하여야 한다.

01 형용사

형용사는 명사의 앞, 뒤에서 명사의 의미를 한정하고, 명사에 대해서 '～하다'라고 설명하거나
be동사 뒤에서 주어의 상태를 설명하는 품사이다.

1 형용사의 용법

(1) 한정적 용법 : 명사의 앞이나 뒤에서 직접 수식(제한)하는 경우이다.

> When you are a tourist, the train is usually an easy way.　　　　　　　[명사의 앞]
> 여행을 할 때, 기차는 일반적으로 편한 방법이다.
>
> Do you have anything particular to say?　특별히 말할 게 있나요?　　　[명사의 뒤]

바로 바로 CHECK√

❖ **한정적으로만 쓰이는 형용사** : only, elder, inner, former, later, lone 등
This is not only an e-mail. 이것은 단순한 이메일이 아니다.

(2) 서술적 용법 : 문장 속에서 주어나 목적어를 설명해 주는 보어로 쓰이는 경우이다.

She became happy. (She = happy) 그녀는 행복해졌다. [주격보어]

💬 be동사는 아니지만 be동사의 자리에 대체되어 완전한 문장을 만드는 동사로는 get, become 등이 있다.

They found the story interesting. (the story = interesting) [목적격보어]
그들은 그 이야기가 재미있다는 것을 알았다.

바로 바로 CHECK√

❖ **서술적으로만 쓰이는 형용사** : afraid, alike, alive, asleep, alone 등
I'm not afraid. (O) 나는 두렵지 않다.
I'm not an afraid boy. (×)

---

2 형용사의 종류

(1) 수량형용사

수량형용사에는 many, much, few, little, some, any 등이 있다.

① much와 many : much는 셀 수 없는 명사, many는 셀 수 있는 명사와 함께 쓰인다.

We saw many ships in the harbor. [many + 셀 수 있는 명사의 복수형]
우리는 항구에서 많은 배를 보았다.

We don't have much snow here. [much + 셀 수 없는 명사의 단수형]
여기는 눈이 별로 내리지 않는다.

② a few와 few, a little과 little

구 분	긍정적 의미	부정적 의미
수	a few 조금 있는	few 거의 없는
양	a little 조금 있는	little 거의 없는

Headlines summarize an article in a few words. 머리기사는 몇 글자로 기사를 요약한다.

She has little knowledge of science. 그녀는 과학 지식이 거의 없다.

③ some과 any : 수 · 양에 관계없이 '몇몇의', '약간의'라는 의미로 쓰이나, some은 긍정문, any는 부정문 · 의문문 · 조건문에 쓰인다.

There were some students in the classroom.   교실에는 약간의 학생들이 있었다. [긍정문]

We didn't see any boys in the group.   우리는 그 모임에서 어떤 소년도 보지 못했다.[부정문]

Is there any water in the pot?   단지에 물이 조금이라도 있니?   [의문문]

④ 수와 양에 관계없이 모두 사용 가능한 형용사

　㉠ 많은 : a lot of, lots of

　㉡ 없는 : no

　㉢ 약간, 조금 : some, any

(2) 수 사

① 구체적인 수를 표시하는 말 : 기수와 서수가 있다.

숫자 \ 수사	기 수	서 수	숫자 \ 수사	기 수	서 수
1	one	first	11	eleven	eleventh
2	two	second	12	twelve	twelfth
3	three	third	13	thirteen	thirteenth
4	four	fourth	20	twenty	twentieth
5	five	fifth	21	twenty-one	twenty-first
6	six	sixth	22	twenty-two	twenty-second
7	seven	seventh	30	thirty	thirtieth
8	eight	eighth	40	forty	fortieth
9	nine	ninth	90	ninety	ninetieth
10	ten	tenth	100	one hundred	one hundredth

기초학습 서수의 약자 표시

• first → 1st   • second → 2nd   • third → 3rd

• fourth → 4th   • twentieth → 20th   • twenty-first → 21st

• twenty-second → 22nd

② 수의 표현과 읽기

　㉠ 기본적인 숫자 읽기

100	백	hundred
1,000	천	thousand
10,000	만	ten thousand
100,000	십만	one hundred thousand
1,000,000	백만	million
10,000,000	천만	ten million
100,000,000	억	hundred million
1,000,000,000	십억	billion

165	one hundred (and) sixty-five
7,699	seven thousand (and) six hundred ninety-nine
87,563	eighty-seven thousand five hundred (and) sixty-three

> **잠깐** 전화번호 읽기 : 숫자를 하나씩 읽는다.
> 269 - 4960
> two six nine, four nine six o(zero)

　㉡ 소수

　　5.25 : five point[decimal] two five
　　123.456 : one hundred twenty three point four five six

　㉢ 분수 : 분자를 기수, 분모를 서수로 읽되, 분자가 복수일 때는 분모의 서수를 복수로 바꾼다.

$\dfrac{1}{2}$: one[a] half　　　　$\dfrac{3}{5}$: three-fifths　　　　$2\dfrac{4}{7}$: two and four-sevenths

> At present, two-thirds of the people in the world are not getting enough to eat.
> 최근, 전 세계 사람들의 $\dfrac{2}{3}$가 먹을 것을 충분히 얻고 있지 못하고 있다.

　㉣ 배수사 : half 반, once 한 배, twice(double, two times) 두 배, three times 세 배

I have two times as much money as she (has).
나는 그녀가 가진 것보다 돈을 두 배 더 가지고 있다.

(3) 관 사

관사에는 부정관사(a, an)와 정관사(the)가 있으며 명사 앞에 놓여서 형용사 구실을 한다.

① 부정관사 a, an의 특별의미

의 미	예 문
하나의(One)	Rome was not built in a day. 로마는 하루 만에 이루어지지 않았다.
대표단수 a(the)＋단수명사	A cow is a useful animal. 소는 유용한 동물이다.
어떤(＝certain)	Let me tell you a story. 내가 어떤 이야기를 네게 말할 수 있게 해 줘.
～당, ～마다(＝per)	This cloth is 1,000 won a yard. 이 옷감은 1야드당 천 원이다.
같은(＝same)	Birds of a feather flock together. 같은 깃털의 새들은 함께 모인다.

② 정관사 the의 용법

　㉠ 그(앞에 나온 명사가 반복될 때)

　　He lost a purse, and some money in it.
　　그는 지갑을 잃어버렸는데, 얼마의 돈이 그 안에 있었다.

　　The purse was found, but the money was gone.
　　그 지갑은 찾았지만 그 돈은 없어졌다.

　㉡ 이미 알려진 것

　　The post office is near the station. 우체국은 역 가까이에 있다.

　㉢ 수식어구에 의해 한정될 때

　　The water of this well is not good to drink. 이 우물의 물은 마시기에 좋지 않다.

　㉣ 유일무이한 것 : The sun is much lager than the earth. 해는 지구보다 훨씬 크다.
　　　예 the moon, the sky, the bible

　㉤ 최상급 : Seoul is the largest city in Korea. 서울은 한국에서 가장 큰 도시이다.

　㉥ 종족 전체 대표 : The dog is a useful animal. 개는 유용한 동물이다.

　㉦ 악기 : Do you like playing the piano? 피아노를 연주하는 것을 좋아하니?

　㉧ the＋형용사 : ～사람들, ～의 것
　　•복수보통명사 : The young(＝young people) must be kind to the old.
　　　　　　　　젊은 사람들은 노인들에게 친절해야 한다.
　　•단수보통명사 : We prayed for the deceased. 우리는 죽은 사람들을 위해 기도했다.

- 추상명사 : The true is not changed.　진실은 변하지 않는다.
- 물건의 일부 : The white of an egg　계란 흰자

ⓩ 고유명사

The Atlantic Ocean 대서양

The Titanic 타이태닉호

The New York Times 뉴욕타임스

The United States of America 미합중국

심화학습 · 관사의 생략

- 호격, 가족 관계, 질병, 운동이름 앞

  Waiter, bring me a spoon.　웨이터, 숟가락 좀 가져다주시오.　　　　　　　[호격]

  Uncle gave me this watch.　삼촌은 나에게 이 시계를 주었다.　　　　　　[가족관계]

  We played tennis yesterday.　우리는 어제 테니스를 쳤다.　　　　　　　[운동이름]

- 명사가 본래 목적으로 쓰일 때

  go to school　학교 가다(공부 목적)　↔　go to the school　학교 가다(공부 외의 목적)

  go to hospital 입원하다　　　　　↔　go to the hospital 병원에 가다(치료 외의 목적)

  go to bed　　자러 가다　　　　↔　go to the bed　침대에 가다(수면 외의 목적)

---

(4) 대명사적 형용사와 성질 형용사

① 대명사적 형용사 : this, that, all, both, each, such, what, which, whose 등과 같이 대명사가 명사를 수식하는 경우를 말한다.

That evening I went to the movies.　그날 저녁 나는 영화를 보러 갔다.　　[지시형용사]

What color do you like best?　너는 어떤 색을 제일 좋아하니?　　　[의문형용사]

All people in the town work hard.　마을의 모든 사람들은 열심히 일한다.　　[한정사]

② 성질(성상) 형용사 : 명사의 성질이나 상태를 나타내는 big, good, happy, kind 등과 같은 것을 말한다.

Look at the tall man over there.　저기 키가 큰 남자를 봐라.

There are a lot of beautiful places in Seoul.　서울에는 아름다운 곳이 많다.

바로 바로 CHECK√

❖ 형용사가 명사 뒤에 오는 경우

• -thing, -body, -one을 수식하는 형용사

We saw nothing strange.   우리는 이상한 것을 보지 못했다.

• 수식어구가 길 때

She has a basket full of apples.   그녀는 사과가 가득 찬 바구니를 갖고 있다.

심화학습 고유명사의 형용사 형(고유형용사)

고유명사		형용사		개인(단수)		국민전체(the)	
Korea	한국	Korean	한국의	Korean	한국인	Koreans	한국인들
England	영국	English	영국의	Englishman	영국인	English	영국인들
America	미국	American	미국의	American	미국인	Americans	미국인들
France	프랑스	French	프랑스의	Frenchman	프랑스인	French	프랑스인들
China	중국	Chinese	중국의	Chinese	중국인	Chinese	중국인들
Spain	스페인	Spanish	스페인의	Spaniard	스페인인	Spanish	스페인인들
Asia	아시아	Asian	아시아의	Asian	아시아인	Asians	아시아인들

※ 다음 중 어법에 맞지 <u>않는</u> 것을 고르시오. (1~2)

01
① There has been much rain in June.
② How many days are there in your vacation?
③ February is the two month of the year.
④ I have only a few friends in the classroom.

02
① Which is more expensive, this bag or that one?
② I can't afford because I don't have many money.
③ My brother is two years older than me.
④ He is a lot taller than he was last year.

03 다음 빈칸에 들어갈 말로 알맞은 것은?

> Give me _____.

① something drink to hot
② to drink hot something
③ hot something drink to
④ something hot to drink

04 다음의 숫자를 영어로 쓰시오.

(1) 25th

(2) 34,967

(3) $2\dfrac{2}{3}$

(4) 4.06

05 밑줄 친 부분에 들어갈 말로 적절한 것은?

> In the Sahara, it is very _____ in summer.

① heat

② passion

③ hottest

④ hot

※ 밑줄 친 부분과 같은 의미로 쓰인 것을 고르시오. (6~8)

06

> I usually exercise for half an hour three times <u>a</u> week.

① per

② many

③ one

④ same

07

> Almost <u>three-fourths</u> of all teenagers use wireless internet service.

① 12%

② three or four times

③ $\dfrac{3}{4}$

④ 34%

08

There were <u>lots of</u> people in the subway station.

① any　　　　② many

③ little　　　④ much

08

people은 셀 수 있는 명사이므로 수량형용사 many를 쓴다.

지하철 역에 사람들이 많았다.

09 다음 두 문장의 뜻이 같도록 빈칸에 알맞은 것은?

This new system is quite unlike any other one.
= This new system is quite _____ any other one.

① similar with　　② different from

③ like with　　　④ unwilling to

09

unlike(= different from) ~와 다르다

This new system is quite different from any other one. 이 새로운 시스템은 다른 것들과 확실히 다르다.

10 다음 대화의 빈칸에 들어갈 말로 알맞은 것은?

기출

A : May I use your phone?
B : _____. Go ahead.

① Sure

② No, thanks

③ No, you can't

④ I can't stand it

10

'Go ahead'에 착안하여 문제를 풀어야 한다. 'Go ahead'는 여기서 승낙이나 허락을 나타내는 의미로 '그렇게 하세요'라는 뜻이다. 따라서 빈칸에는 '물론'이라는 긍정의 의미를 지닌 'Sure'가 와야 문맥상 호응이 자연스럽다.

A : 당신의 전화기를 써도 되나요?
B : _____. 그러세요.

① 물론입니다.
② 아니요, 괜찮습니다.
③ 아니요, 당신은 그럴 수 없습니다.
④ 나는 참을 수가 없습니다.

ANSWER

08. ②　09. ②　10. ①

02 부 사

1 부사의 종류

동사·형용사·다른 부사 또는 문장 전체를 수식하는 부사가 있으며, 의미상 시간·장소·빈도·
정도·방법·긍정·부정·의문 부사 등이 있다.

장 소	near, far, out, in, above, home Please come in. 안으로 들어와. When my father came home, I was studying. 아버지께서 집에 오셨을 때, 나는 공부하고 있었다.
시 간	now, soon, early, late, lately, before, since, ago, already, today, long I got up early this morning. 나는 오늘 아침에 일찍 일어났다.
방 법	hard, well, ill, carefully, slowly, easily, willingly My grandfather speaks very slowly. 나의 할아버지는 매우 천천히 말씀하신다.
정 도	very, quite, almost, much, little, too, enough, even She is rich enough to buy a new car. 그녀는 새 차를 사기에 충분히 부유하다.
빈 도	often, sometimes, usually, always My father usually stays at home when it rains. 나의 아버지는 비가 내릴 때 보통 집에 계신다.
긍정·부정	yes, no, not, never, hardly, probably I have never been to another country. 나는 다른 나라에 가 본 적이 없습니다. It's probably true. 아마도 그것은 사실일 거야.
의 문	when, where, how, why When were you born? 언제 태어났습니까? Where did you lose your bag? 어디서 당신의 가방을 잃어버렸나요?

2 부사의 용법과 위치

부사는 동사, 형용사, 부사, 구, 절, 문장 전체를 수식한다.

(1) 부사의 용법

He <u>slowly</u> drove the car into the garage.   그는 서서히 차를 몰고 차고로 들어갔다.
　　동사 수식

She was <u>kind enough</u> to help me.   그녀는 나를 도와줄 정도로 충분히 친절하다.
　　형용사 수식

He played the violin <u>surprisingly</u> well.   그는 놀라울 정도로 바이올린을 잘 연주하였다.
　　부사 수식

<u>Unfortunately</u> the patient got worse day by day.   불행하게도 환자의 병세는 나날이 악화되었다.
　　문장 전체 수식

= It was unfortunate that the patient got worse day by day.

CF He <u>didn't die happily</u>.   그는 행복하게 죽지 못했다.
　　동사 수식

바로 바로 CHECK√

❖ only, quite, once, else 등은 부사임에도 불구하고 명사를 수식하기도 한다.

I am <u>quite</u> a stranger here.   나는 정말 이곳이 처음이다.
　　명사 수식

He has a hobby like <u>everyone else</u>.   그는 다른 사람들처럼 취미를 가지고 있다.
　　대명사 수식

---

(2) 부사의 위치

① 빈도부사 never, seldom, also, hardly, scarcely, always, sometimes 등은 be동사나 조동사의 뒤에, 일반동사의 앞에 위치한다.

She <u>is</u> always neat and clean.   그녀는 항상 단정하고 깨끗하다.　　　　　　　　[be동사 뒤]

She always <u>helps</u> other people.   그녀는 항상 다른 사람들을 돕는다.　　　　　　[일반동사 앞]

You <u>can</u> also use the Internet as much as possible.　　　　　　[조동사 뒤]
당신은 또한 가능한 많이 인터넷을 이용할 수도 있다.

② 2개 이상 부사의 순서

　㉠ 작은 장소 + 큰 장소

　㉡ 짧은 시간 + 긴 시간

　㉢ 장소 + 방법 + 시간

　　He came <u>home</u> <u>early</u> <u>yesterday</u>.   그는 어제 일찍 집에 왔다.
　　　　　　장소　　방법　　시간

③ 이어동사(동사＋부사)의 목적어가 대명사인 경우의 순서 : 타동사 + 대명사 + 부사

> Tim didn't give up the test. (○) 팀은 그 시험을 포기하지 않았다.
>   동사 부사 목적어(명사)
>
> = Tim didn't give the test up. (○)
>
> = Tim didn't give it up. (○)
>   동사 대명사 부사
>
> Tim didn't give up it. (×)

잠깐 이어동사 : put on, take off, take down, give up, turn on(off)

심화학습 **부사의 위치**

- enough, too : enough는 형용사나 부사의 뒤, too는 형용사나 부사의 앞에 위치한다.

  You are old enough to solve it. 너는 그것을 해결할 정도의 나이이다.   [형용사 뒤]

  This book is too difficult for me. 이 책은 나에게 너무 어렵다.   [형용사 앞]

- only, even : 수식하는 단어 바로 앞에 온다.

  He can speak only Korean. 그는 한국어만 할 수 있다.   [명사 수식]

  Only he can speak English. 오직 그만이 영어를 할 수 있다.   [대명사 수식]

  Even a child can answer it. 어린아이라도 그것에 답할 수 있다.   [명사 수식]

---

(3) 주의해야 할 부사

① very, much : very는 형용사나 부사의 원급과 현재분사를 수식하고, much는 동사·비교급·과거분사를 수식한다.

> The effects of laughter are much greater than you think.   [비교급 수식]
> 웃음의 효과는 네가 생각하는 것보다 더 대단하다.
>
> This book is very interesting. 이 책은 매우 재미있다.   [형용사 수식]
>
> He is much interested in science. 그는 과학에 매우 흥미를 갖고 있다.   [과거분사 수식]

② too, also, either : '역시'라는 의미로, too는 긍정문, either는 부정문에 쓰인다.

Tom can play the piano, too. 탐도 역시 피아노를 칠 수 있다. [긍정문]

= Tom can also play the piano.

Tom can't play the piano, either. 탐도 피아노를 못 친다. [부정문]

③ so와 neither ^{중요} : '역시'의 의미로 so는 긍정문, neither는 부정문에 쓰인다.

Sumi doesn't live in Seoul, and neither do I. 수미는 서울에 살지 않는다. 나 역시 그렇다.

= Sumi doesn't live in Seoul, and I don't live in Seoul, either.

🔖 부정문에서 neither는 절(조동사 + 주어)의 맨 앞에 나온다.

Jack wants to play basketball, and so do I. 잭은 농구를 하고 싶어 하고, 나 역시 그렇다.

= Jack wants to play basketball, and I want to play basketball, too.

④ already와 yet : already는 긍정문에, yet은 부정문·의문문에 쓰인다.

She has finished her homework already. 그녀는 숙제를 벌써 끝냈다. [긍정문]

She has not finished her homework yet. 그녀는 숙제를 아직 끝내지 않았다. [부정문]

(4) 부사의 형태

① 본래 부사인 것 : now, then, quite, here 등

② 형용사와 같은 형태인 부사

- early ┌ ⓕ 이른
        └ ⓑ 일찍

- well ┌ ⓕ 건강한
       └ ⓑ 잘

- late ┌ ⓕ 늦은
       └ ⓑ 늦게

- fast ┌ ⓕ 빠른
       └ ⓑ 빨리

- hard ┌ ⓕ 단단한
       └ ⓑ 열심히

- much ┌ ⓕ 많은
        └ ⓑ 많이

심화학습) 본래의 의미와 부사형의 의미가 다른 경우

- late 형 늦은, 부 늦게   → lately 부 최근에
- pretty 형 예쁜, 부 꽤   → prettily 부 예쁘장하게
- hard 형 단단한, 부 열심히   → hardly 부 거의 ~않는
- near 형 가까운, 부 가까이   → nearly 부 거의(= almost)
- direct 형 직접적인, 부 직접적으로 → directly 부 즉시
- high 형 높은, 부 높이   → highly 부 대단히
- dear 형 소중한, 부 비싸게   → dearly 부 몹시, 심하게

③ 형용사에 −ly를 붙인 것(기본 원칙)

㉠ y로 끝나는 형용사는 y를 i로 고치고 −ly를 붙인다.

예 easy → easily, happy → happily

㉡ le로 끝난 형용사는 e를 없애고, −ly를 붙인다.

예 gentle → gently, noble → nobly

㉢ ll로 끝난 형용사는 −y만 붙인다.

예 full → fully, dull → dully

㉣ ue로 끝난 형용사는 e를 없애고 −ly를 붙인다.

예 true → truly, due → duly

㉤ ic로 끝난 형용사는 −ically로 한다.

예 dramatic → dramatically, economic → economically

잠깐 「명사＋−ly」는 형용사가 된다.
friend → friendly, love → lovely, man → manly

※ 다음 문장 중 옳은 것을 고르시오. (1~2)

01
① They drove downtown quickly this morning.
② The ground was frozen hardly.
③ He speaks English prettily well.
④ I usually go to bed lately.

02 고난도
① His girlfriend was very surprising.
② He hasn't done his research yet.
③ My son come back from the military service two weeks ago.
④ I could hard believe that such an animal even existed.

※ 다음 문장에서 부사가 들어갈 위치로 적절한 것을 고르시오. (3~4)

03

> often

> He (①) would (②) go to the park (③) in the afternoon (④).

04

> enough

> Jack (①) is (②) strong (③) to carry this bag (④).

01
① 그들은 오늘 아침에 시내로 빠르게 운전했다.
② The ground was frozen hard.
땅이 단단하게 얼었다.
③ He speaks English pretty well.
그는 영어를 꽤 잘한다.
④ I usually go to bed late.
나는 보통 늦게 자러 간다.

02
부정문에서는 yet, 긍정문에서는 already를 사용한다.
② 그는 아직 그의 조사를 마치지 않았다.
① His girlfriend was very surprised.
그의 여자 친구는 매우 놀랐다.
③ My son came back from the military service two weeks ago.
나의 아들은 2주 전에 군대에서 돌아왔다.
④ I could hardly believe that such an animal even existed.
나는 그런 동물이 심지어 존재한다는 것을 믿을 수가 없었다.

03
빈도부사는 be동사나 조동사의 뒤에 위치한다.
He would often go to the park in the afternoon. 그는 종종 오후에 공원에 가곤 했다.

04
enough는 형용사나 부사의 뒤에,
too는 형용사나 부사의 앞에 위치한다.
Jack is strong enough to carry this bag.
잭은 이 가방을 들기에 충분히 강하다.

ANSWER
01. ① 02. ② 03. ② 04. ③

※ 다음 두 문장의 뜻이 같도록 빈칸에 알맞은 것을 고르시오.
(5~6)

05

> He is playing soccer like a pro, too.
> = He is _____ playing soccer like a pro.

① else　　　　　　② other
③ also　　　　　　④ almost

05

too, also, either는 모두 '역시'의 뜻을 가지고 있다. 단, too는 긍정, either는 부정에 쓰인다.

He is also playing soccer like a pro.
그도 역시 프로처럼 축구한다.

06

> What is the price of the wrist watch on display?
> = How _____ is the wrist watch on display?

① many　　　　　　② come
③ some　　　　　　④ much

06

How much? 얼마죠?

How much is the wrist watch on display?
전시되어 있는 손목시계가 얼마죠?

※ 밑줄 친 부분에 공통으로 들어갈 말을 고르시오. (7~8)

07

> • _____ upon a time, there lived a Queen.
> • _____ you form a habit, it is difficult to break it.

① As　　　　　　② If
③ When　　　　　④ Once

07

관용어로 Once upon a time은 '옛날 옛적에', '먼 옛날에'와 같이 동화 속에서 자주 등장하는 말이다. 일반적으로 Once는 '한번 ~하기만 하면'과 같은 의미로 사용되고, 단독으로는 '한 번', '이전에'와 같은 의미로 사용된다.

• Once upon a time, there lived a Queen.
  옛날 옛적에 여왕이 살았다.
• Once you form a habit, it is difficult to break it. 한번 습관을 형성하면 깨기 어렵다.

08 기출

> • The movie was so impressive _____ I saw it three times.
> • This is the picture _____ I took last year.

① why　　　　　　② that
③ what　　　　　④ which

08

• so 형용사/부사 that : 너무 ~해서 ~하다
• 선행사 that : the picture를 수식

• 영화가 너무 인상 깊어서 나는 세 번이나 보았다.
• 이것은 내가 작년에 찍은 사진이다.

A N S W E R
05. ③　06. ④　07. ④　08. ②

03 형용사 · 부사의 비교

1 비교의 변화

형용사와 부사에는 비교를 나타내는 어형의 변화가 있는데, 원급, 비교급, 최상급이 그것이다.

> long − longer − longest
> 원급   비교급   최상급

(1) **규칙 변화** : 단음절어와 2음절어 일부에는 −er, −est를, 2음절어 대부분과 3음절어 이상은 more, most를 붙여 비교급과 최상급을 만든다.

① 단음절어일 때 : 원급의 어미 + er, est

small − smaller − smallest   tall − taller − tallest

short − shorter − shortest

② 어미가 −e로 끝난 경우 : −r, −st만 붙인다.

large − larger − largest   wise − wiser − wisest

nice − nicer − nicest

③ 「자음＋y」로 끝난 경우 : y를 i로 고치고 −er, −est를 붙인다.

pretty − prettier − prettiest   early − earlier − earliest

happy − happier − happiest   dry − drier − driest

④ 「단모음＋자음」으로 끝난 경우 : 자음을 더 쓰고 −er, −est를 붙인다.

hot − hotter − hottest   big − bigger − biggest

thin − thinner − thinnest

⑤ −ful, −less, −ly, −ous로 끝나는 2음절어와 3음절 이상의 단어 : more, most를 원급 앞에 붙인다.

useful − more useful − most useful

important − more important − most important

(2) 불규칙 변화

① 원급, 비교급, 최상급이 불규칙적으로 변화하는 경우

원 급	비교급	최상급
good, well	better	best
little	less	least
bad, ill	worse	worst
many, much	more	most

② 원급은 같으나 비교급과 최상급 의미와 변화가 다른 경우

원 급	비교급		최상급
old	older	연령, 신구	oldest
	elder	순위	eldest
late	later	시간	latest
	latter	순서	last
far	farther	거리	farthest
	further	정도	furthest

2 원급의 용법

(1) 동등비교 : as + 원급 + as '~만큼 ~하다'

You can sit as long as you want. 당신은 당신이 원하는 만큼 앉아 있을 수 있다.

Soccer is as popular as basketball. 축구는 농구만큼 인기 있다.

(2) 열등비교 : not as(so) + 원급 + as~ '~만큼 ~하지 못하다'

It's not as easy as it looks. 그것은 보기보다는 어렵다.

In-ho is not so rich as Nam-su. 인호는 남수만큼 부유하지는 않다.

= Nam-su is richer than In-ho. 남수는 인호보다 더 부자이다.

(3) 기 타

① as + 형용사(부사) + as possible(= as ~ as + 주어 + can) : 가능한 ~하게

He did the work as quickly as possible. 그는 가능한 빠르게 일을 했다.

= He did the work as quickly as he could.

Run as fast as possible. 가능한 빨리 달려라.

= Run as fast as you can.

② 배수사 as ~ as : ~보다 몇 배나 ~한

This house is three times as large as mine. 이 집은 나의 집보다 3배나 크다.

She has twice as much money as you. 그녀는 너보다 두 배나 많은 돈을 가지고 있다.

③ the same ~ as : ~와 같은 ~

She has the same opinion as yours. 그녀는 너와 같은 의견을 갖고 있다.

3 비교급의 용법

(1) 비교급 + than : ~보다 더 ~한

Mt. Halla is higher than Mt. Sorak. 한라산은 설악산보다 더 높다.

(2) 주의할 비교급

① 형용사의 비교급 + 명사 + than

He has a better house than mine. 그는 내 집보다 더 좋은 집이 있다.

② 수량 + 비교급 + than

He is three years younger than her. 그는 그녀보다 세 살 더 어리다.

③ 비교급의 강조 : much, still, even, far 등은 비교급 앞에서 '훨씬 더'의 뜻을 나타낸다.

Grandma is much better today than yesterday. 할머니는 어제보다 오늘 더 상태가 좋으시다.

④ the + 비교급 of the two : 둘 중에서 더 ~한

Tom is the smaller of the two. 탐이 둘 중에서 더 작다.

⑤ the + 비교급 + 절, the + 비교급 + 절 : ~하면 할수록 더 ~한

The more we have, the more we want. 많이 가지면 가질수록 더 갖고 싶어 한다.

⑥ more than : ~이상

More than one thousand people went there last Sunday.
1,000명 이상의 사람들이 지난 일요일에 거기에 갔다.

⑦ no longer : 더 이상 ~하지 않은(= not ~ any longer)

We can no longer stay there. 우리는 더 이상 거기에 머무를 수 없다.

⑧ 비교급 and 비교급 : 점점 더 ~한, 차차 ~한

It's getting darker and darker. 차차 날이 어두워지고 있다.

⑨ more + 원급 + than : '~보다 더 …한'의 뜻으로 동일인이나 동일물의 성질을 비교할 때 쓰인다.

He is more wise than kind. 그는 친절하다기보다는 현명하다. [동등비교]

⑩ less + 원급 + than~ : ~보다 덜 …한

She is less beautiful than her mother. 그녀는 엄마보다 덜 예쁘다. [열등비교]

바로 바로 CHECK√

❖ 라틴어 비교급
superior, senior, junior, prior 등은 than 대신 전치사 to를 쓴다.
She is five years senior(junior) to me. 그녀는 나보다 5살 연상(연하)이다.

---

4 최상급의 용법

(1) the + 최상급 : 가장 ~한

This is the most expensive camera of all. 이것이 모든 것 중에서 제일 비싼 카메라이다.

Who got up (the) earliest, Tom, John or Bill? [선택의문문]
탐, 존과 빌 중에 누가 더 일찍 일어났니?

(2) 주의할 최상급 용법

① the를 붙이지 않는 경우 : 형용사가 서술적으로 사용되거나, 부사의 최상급에는 the를 붙이지 않는다.

The flowers are most beautiful at this time of the year. [서술적]
그 꽃들은 연중 이 시기에 가장 예쁘다.

I study best at night. 나는 저녁에 공부가 제일 잘된다. [부사의 최상급]

바로 바로 CHECK√

❖ **최상급의 관용적 표현** : 정관사 the를 생략한다.
at most, at least, at best, at worst, at last

❖ **최상급의 강조**
much, by far, the very 등은 최상급 앞에서 '단연 최상의~'라는 의미를 갖는다.

---

② most (of)＋복수명사 : 대부분의

Most of them believe that the elephant has a very long life.
그들 대부분이 코끼리가 오래 산다고 믿는다.

Most people need this life insurance. 대부분의 사람들은 이 생명보험이 필요합니다.

③ one of the＋최상급＋복수명사 : 가장 ～한 것 중의 하나

Taekwondo is one of the most popular martial arts in the world.
　　　　　　　　　　　최상급　　　　　　　복수명사
태권도는 세계에서 가장 인기 있는 무술 중 하나이다.

The newspaper is one of the best places to learn about current events.
　　　　　　　　　　　최상급　　　복수명사
신문은 시사(時事)에 대해 배울 수 있는 최고의 분야 중 하나이다.

④ a most＋원급 : 매우 ～한(＝very)

She is a most diligent girl. 그녀는 매우 근면한 소녀이다.

⑤ 양보의 뜻의 최상급(the＋최상급) : ～조차도(＝even)

The wisest man sometimes makes a mistake. 가장 현명한 사람도 가끔은 실수를 한다.

⑥ do one's best : 최선을 다하다(= try one's best)

She tried to do her best as a mother.　그녀는 엄마로서의 역할에 최선을 다했다.

Happiness comes from doing my best.　행복은 최선을 다하는 데에서 온다.

5 원급, 비교급, 최상급의 문장 전환

Nothing is as important as health.　건강만큼 중요한 것은 없다.　　　　　　　[원급]

= Nothing is more important than health.　　　　　　　　　　　　　　[비교급]

= Health is the most important thing.　　　　　　　　　　　　　　　[최상급]

He runs faster than any other boy in his class.　그는 학급에서 가장 빨리 달린다.　[비교급]
단수

= No(other) boy is faster than he.　　　　　　　　　　　　　　　　[비교급]

= He is the fastest boy in his class.　　　　　　　　　　　　　　　[최상급]

바로 바로 CHECK√

❖ 비교급 + than 뒤의 생략어

He is taller than I (am tall).　그는 나보다 키가 크다.

I love you more than she (loves you).　나는 그녀보다 너를 더 사랑한다.

= I love you more than (I love) her.

실전 예상문제

01 다음 그림의 내용과 일치하는 표현은?

① Ann is taller than Tom.
② Tom is taller than Ben.
③ Ann is the tallest of the three.
④ Ben is the tallest of the three.

01

Ben이 가장 크기 때문에
최상급 the tallest를 사용한다.

Ben is the tallest of the three.
벤은 셋 중에서 제일 크다.

① 앤은 탐보다 크다.
② 탐은 벤보다 크다.
③ 앤은 셋 중에서 제일 크다.

※ 다음 우리말을 영어로 바르게 옮긴 것을 고르시오.
(2~3)

02

> 그는 프로 선수만큼 축구를 잘했다.

① He played better than a pro player.
② He played soccer as well as a pro player.
③ He played soccer like a pro player.
④ He played soccer like a pro athlete as well.

02

as well as : ~만큼 ~잘

03

> 낮이 점점 더 길어지고 있다.

① The daytime is getting longer and longer.
② The more longer and longer the daytime is.
③ The daytime is getting more longer.
④ The daytime is the more longer.

03

get + 비교급 and 비교급 : 점점 더 ~하다
longer and longer 더욱더 긴

ANSWER
01. ④ 02. ② 03. ①

※ 다음 중 어법에 맞지 <u>않는</u> 문장을 고르시오. (4~5)

04 ① It's my greatest pleasure to collect old films.
② This is less strong than others.
③ This is the more difficult of my books.
④ He had no more than 10 dollars.

05 ① More than 10 percent of the students want to become computer programmers.
② The effects of laughter are much greater than you think.
③ He runs fastest than any other boy in his class.
④ He studied three times as much as the average students.

※ 다음 빈칸에 들어갈 말로 적절한 것을 고르시오. (6~7)

06 기출

A : Which fruit do you like better, bananas or grapes?
B : _____.

① I hope so
② No, you can't go
③ Yes, I will
④ I like grapes better

07

He and I are the same age.
= He is _____ I.

① as old as
② older than
③ the oldest
④ old as

04

more는 비교급에 쓰이는 표현이다. 최상급 표현은 'the + most'의 형태를 취한다.

This is the most difficult of my books.
이 책이 나의 책들 중에서 가장 어렵다.

① 고전 영화 수집이 나의 가장 큰 즐거움이다.
② 이것은 다른 것들보다 덜 강하다.
④ 그는 10달러 이상 없다.

05

비교급의 최상급 표현 : 비교급 + than + any other + 단수

He runs faster than any other boy in his class. 그는 반에서 어떤 다른 소년보다도 빨리 달린다.

① 학생들의 10% 이상이 컴퓨터 프로그래머가 되기를 원한다.
② 웃음의 효과는 생각보다 더 대단하다.
④ 그는 평균 학생들보다 3배나 더 공부했다.

06

better는 good의 비교급으로 쓰여 '~보다 좋은, ~보다 맛있는' 등의 의미로 쓰인다. A가 바나나와 포도 중 어느 것을 더 좋아하느냐고 물었으므로 B의 대답도 둘 중 어느 것을 더 좋아한다는 식으로 해야 할 것이다.

① 그랬으면 좋겠어
② 아니, 너는 갈 수 없어
③ 응, 그렇게
④ 포도를 더 좋아해

07

as + 원급 + as : ~만큼 ~한

He and I are the same age.
그와 나는 같은 나이이다.
= He is as old as I.
그는 나만큼 나이를 먹었다.

ANSWER

04. ③   05. ③   06. ④   07. ①

NOTE

08 관계사 · 접속사 · 전치사

 관계대명사, 관계부사, 접속사와 전치사는 출제 비중이 높다. 관계대명사와 관계부사의 종류, 용법, 역할에 대해 이해한다. 접속사와 전치사의 종류와 그 기능을 구분하여야 한다.

01 관계사

1 관계대명사 중요⁺

(1) 관계대명사의 역할

관계대명사는 두 문장을 이어 주는 접속사 역할과 대명사 역할을 동시에 한다.

My teacher gave a prize to the student. The student got the highest grade.

→ My teacher gave a prize to the student who got the highest grade.
선생님께서는 최고 성적을 받은 학생에게 상을 주셨다.

잠깐! who는 두 문장을 연결하면서 who 이하의 절이 앞의 선행사(the student)를 수식하는 형용사절을 이끈다.

(2) 관계대명사의 종류

① **종류 및 격 변화** : 관계대명사는 선행사에 따라 다음과 같이 구별해 쓰며, 문장 속(형용사절)에서의 역할에 따라 주격, 소유격, 목적격으로 나뉘어 사용된다.

종 류	선행사 \ 격	주 격	소유격	목적격
who	사람	who	whose	whom
which	동물 · 사물	which	whose(of which)	which
that	사람 · 동물 · 사물	that	–	that
what	사물(선행사 포함)	what	–	what

② 주격 관계대명사 : 문장 내에서 주어 역할을 하는 who, which, that을 말하며,
「who(which, that) + 동사」의 모양이다.

　　㉠ 선행사가 사람일 경우 : who

> He was an old man. He fished alone in a small boat.　　[an old man = he]
> → He was an old man who fished alone in a small boat.
> 　　　　　　　　　　선행사
> 그는 작은 보트에서 홀로 낚시를 하는 노인이었다.

　　㉡ 선행사가 사물, 동물일 경우 : which

> There is a river. It runs through the town.　　[a river = It]
> → There is a river which runs through the town.　마을을 통해 흐르는 강이 있다.
> 　　　　　　　　선행사

　　㉢ 선행사가 사람, 사물, 동물일 때 모두 사용할 수 있는 경우 : that

> I can't find the book that(= which) was here a minute ago.
> 조금 전에 여기 있던 책을 못 찾겠다.

> The people that(= who) live next door will move out tomorrow.
> 옆집에 사는 사람들이 내일 이사 갈 것이다.

> Do you know the man that(= who) is good at golf.
> 당신은 골프를 잘 치는 사람을 알고 있습니까?

심화학습

❖ 주격 관계대명사 뒤의 동사는 선행사의 인칭과 수에 일치를 시킨다.

Do you know the children who are playing over there?　저기서 놀고 있는 아이들을 아니?
　　　　　　　　복수　　　be동사의 복수

I have a cousin who lives in Seoul.　서울에 사는 사촌이 한 명 있다.
　　　　　단수　　　동사+s

I have cousins who live in Jejudo.　제주도에 사는 사촌들이 있다.
　　　　복수　　　동사원형

③ 소유격 관계대명사 : 소유격(~의)을 대신하기 때문에 반드시 뒤에 명사가 온다.

I met an old man. His hair was snow-white.   [an old man = his]

→ I met an old man whose hair was snow-white.   나는 백발의 노인을 만났다.
                       소유격   명사

We saw several houses. Their roofs were broken.   [several house = their]

→ We saw several houses ┌ whose roofs were broken.
                              └ the roofs of which were broken.

우리는 지붕이 파괴된 몇몇 집들을 보았다.

④ 목적격 관계대명사 : 타동사나 전치사의 목적어로 사용되므로 「주어＋동사」가 뒤에 온다.

Mr. Brown is a teacher. Everyone likes him.   [a teacher = him]

→ Mr. Brown is a teacher whom(that) everyone likes.   브라운 씨는 모두가 좋아하는 선생님이다.

Have you seen the umbrella which(that) John bought for me?
존이 나에게 사 준 우산 본 적 있니?

Here's the book which(that) you asked for.   여기 네가 부탁한 책이다.

> **(감깐)** whom, which, that은 모두 likes, bought, asked for의 목적어이다.
> 목적격 관계대명사(whom, which, that)는 생략할 수 있다.

⑤ 관계대명사 what : what은 자체 내에 선행사를 포함하고 있으므로 the thing(s) which, that(those) which, all that 등으로 나타낼 수 있다.

Do what is right.   올바른 것을 하시오.

Never put off till tomorrow what you can do today.   오늘 할 수 있는 일을 내일로 미루지 마라.

(심화학습)

❖ what은 문장 내에서 주어, 보어, 목적어로 사용되어 명사절을 이끈다.

- 주어로 쓰이는 경우
  What is necessary for you is courage.   너에게 필요한 것은 용기이다.
     주어(명사절)   동사 보어

- 보어로 쓰이는 경우
  Those are what you have to buy.   그것들은 당신이 사야만 하는 것이다.
             보어(명사절)

- 목적어로 쓰이는 경우
  I'll give you what I have.   내가 가진 것을 너에게 주겠다.
           목적어(명사절)

(3) 관계대명사의 용법

① 관계대명사의 용법

㉠ 제한적 용법 : 형용사절을 이끌어 앞의 선행사(명사)를 직접 꾸며 주는 경우이다. 관계대명사 앞에 콤마(,)가 없으며, 뒤에서부터 앞으로 해석한다.

He had three sons who became doctors.　그는 의사가 된 세 아들이 있다.
　　　　② 세 아들이 ←　　　　　　　① 의사가 된　　　　　　　　　[아들들 중 셋이 의사]

㉡ 계속적 용법 : 관계대명사 앞에 콤마(,)가 있는 경우로 앞 문장과 연결하기 위한 「접속사 + 대명사」 대신 관계대명사가 사용된 경우이다. 이때, 관계대명사는 that을 사용할 수도 생략할 수도 없고, 앞에서부터 차례대로 해석한다.

He had three sons, who became doctors.　　　　[아들이 세 명 있는데 모두 의사]
= He had three sons, and they became doctors.

그는 아들이 셋 있었는데, 그들은 의사가 되었다.

심화학습

❖ 계속적 용법은 「접속사(and, but, for, though, because) + 대명사」로 풀어 쓸 수 있다.
I'll buy this book, which looks interesting.　　　　　　　　　　[which = for it]
나는 이 책을 살 것이다. 왜냐하면 그것은 재밌어 보이기 때문이다.

🔵잠깐 for는 접속사로 쓰일 경우 because의 뜻

I called on him, who was not at home.　　　　　　　　　　　　[who = but he]
나는 그를 방문했지만, 그는 집에 없었다.
I took some pictures, which I gave to her.　　　　　　　　　[which = and then]
나는 몇 장의 사진을 찍어서 그녀에게 주었다.
The farmer, who is poor, is honest.　　　　　　　　　　　　[who = though he]
그 농부는 가난하기는 하지만 정직하다.

---

② 관계대명사의 생략

㉠ 선행사가 타동사의 목적어인 경우 생략 가능

She is a beautiful woman. All the men want her.　[a beautiful woman = her]

→ She is a beautiful woman (whom) all the men want (her).
　　　　　　　　　　　　　　목적격 관계대명사 생략

→ She is a beautiful woman all the men want.
　　그녀는 모든 남성들이 원하는 아름다운 여성이다.

ⓛ 전치사의 목적어인 경우 생략 가능

He is the man. I went to movie with him before.　　　　　[the man = him]

→ He is the man (whom) I went to movie with (him) before.

목적격 관계대명사 생략

→ He is the man I went to movie with before.　그는 전에 나랑 영화를 본 남자이다.

ⓒ 「주격 관계대명사 + be동사」는 생략 가능

I love this wrist watch (which is) on the table.

주격 관계대명사 + be동사

→ I love this wrist watch on the table.　나는 책상 위의 이 손목시계를 좋아한다.

③ 관계대명사 that의 특별용법

㉠ 관계대명사 that은 콤마(,)가 있을 때는 사용할 수 없다.

He had a daughter, [who (○) / that (×)] became a teacher.
그는 딸이 있는데, 그녀는 선생님이 되었다.

ⓛ 특별히 that만 사용하는 경우

• 선행사에 서수사, 최상급 형용사, the only, the very, the same 등의 수식어가 붙어 있는 경우

The last scene that I saw was very impressive.
내가 본 마지막 장면은 매우 인상 깊었다.

This is the most exciting story that I have ever heard.
이것은 이제까지 들어본 이야기 중 가장 흥미 있는 것이다.

You are the only student that knows the answer to this question.
이 문제를 풀 수 있는 학생은 오직 너뿐이다.

I know the very person that will help you.　나는 너를 돕기에 적합한 사람을 안다.

비교 ....

This is the same watch that I lost the other day.　　　　　[동일 사물]
이것은 지난번에 내가 잃어버린 바로 그 시계이다.

This is the same watch as I lost the other day.　　　　　[같은 종류]
이것은 지난번에 내가 잃어버린 것과 같은 종류의 시계이다.

....

- 선행사에 all, every, no, any 등의 수식어가 붙어 있는 경우

  <u>All</u> the students that passed the exam were happy.

  시험에 합격했던 모든 학생들은 행복했다.

  <u>Any</u> man that speaks French will be employed.

  불어를 하는 사람은 누구든지 고용될 것이다.

- 선행사가 사람과 사물(동물)로 이루어진 경우

  Look at <u>the boy and his dog</u> that are crossing the street.

  거리를 가로질러 건너가고 있는 소년과 개를 보아라.

- 선행사가 everything, anything, nothing일 때

  I'll tell you <u>everything</u> that I know.

  내가 아는 모든 것을 네게 말해 주겠다.

  She bought her son <u>anything</u> that he wanted.

  그녀는 아들이 원하는 거라면 뭐든지 사 주었다.

- 의문대명사 who가 선행사일 때

  <u>Who</u> that knows her will believe her?

  그녀를 아는 누가 그녀를 믿겠어?

심화학습 전치사 + 목적격 관계대명사

목적격 관계대명사는 앞에 전치사가 올 수 있으며, 이때 생략은 할 수 없다.

This is the place (which) I was born in.   이곳이 내가 태어난 곳이다.

= This is the place in which I was born. (O)

= This is the place (that) I was born in. (O)

→ This is the place in that I was born. (×)

잠깐 관계대명사 that 앞에는 전치사를 쓸 수 없다. 선행사가 사람일 경우 전치사 다음에 관계대명사는 whom만 가능하다(who는 쓸 수 없다).

2 관계부사

의문부사로 사용되는 when, where, how, why 등은 관계부사로도 사용된다.

(1) 관계부사의 역할

관계대명사가 「접속사 + 대명사」의 역할을 하는 반면, 관계부사는 「접속사 + 부사」의 역할을 하여 앞의 명사(선행사)를 수식하는 형용사절로 쓰인다.

> I remember the place. We first met at the place.
>   선행사

선행사가 장소를 나타내므로 which를 쓴다.

> I remember the place at which we first met (the place).

> I remember the place at which we first met.

at which(전치사 + 관계대명사)는 관계부사 where로 사용할 수 있다.

> I remember the place where we first met. 나는 우리가 처음 만났던 곳을 기억한다.

(2) 관계부사의 종류

선행사에 따라 when, where, how, why 등으로 구분되며 「전치사 + 관계대명사(which)」로 바꿀 수도 있다.

용 도	선행사	관계부사	전치사 + 관계대명사
장소	the place	where	in(at) which
시간	the time	when	on(at) which
이유	the reason	why	for which
방법	(the way)	how	in which

바로 바로 CHECK✓

❖ 방법을 나타내는 관계부사를 쓸 경우에는 the way와 how 둘 중 하나만 쓴다.

I know the way. He succeeded in the way.
        선행사 ; 방법

I know the way how he succeeded. (×)

I know how he succeeded. (○)　나는 그가 어떻게 성공했는지 안다.

(3) 관계부사의 쓰임

① when

의문부사	When did you get up? 언제 일어났니?
종속접속사	When I came here, the rain stopped. 내가 여기 왔을 때 비가 그쳤다.
관계부사	Do you know the time when he will come? 그가 언제 오는지 아니?

② where

의문부사	Where were you born? 어디에서 태어나셨어요?
관계부사	This is the house where I was born. 이곳이 내가 태어난 집이다.

③ why

의문부사	Why did he go away? 그는 왜 떠났는가?
관계부사	I know the reason why he left. 나는 그가 왜 떠났는지 안다.

④ how

의문부사	How do you go to school? 학교에는 어떻게 가니?
관계부사	This is how I solved the problem. 이것이 내가 문제를 푼 방법이다.

(4) 관계부사의 용법

앞의 명사(선행사)를 수식하는 제한적 용법과 관계부사 앞에 콤마(,)가 있는 계속적 용법이 있다.

① **제한적 용법** : 관계부사가 이끄는 형용사절이 선행사를 수식·제한하며, 관계부사 앞에 콤마(,)가 없고, 선행사나 관계부사가 생략된 경우가 많다. 뒤에서부터 앞으로 해석한다.

　　㉠ when : 선행사가 시간, 때를 나타낼 때

　　He was born on the day when the earthquake happened.
　　그는 지진이 발생한 날에 태어났다.

　　㉡ where : 선행사가 장소를 나타낼 때

　　He visited the village where (= at which) he had lived for six years.
　　그는 6년 동안 살았던 마을을 방문했다.

ⓒ why : 선행사가 이유를 나타낼 때

I know the reason. She is crying for that reason.

→ I know <u>the reason</u> why (= for which) she is crying.   나는 그녀가 왜 우는지 안다.

ⓓ how : 선행사 없이 쓰이므로 명사절을 이끌 때

Do you know how <u>fish swim</u>?   물고기가 헤엄치는 방법을 아십니까?

② 계속적 용법 : 관계부사 앞에 콤마(,)가 있으며 「접속사 + 부사」로 바꿀 수 있다. 앞에
서부터 순서대로 해석한다.

I went to a store, where (= and there) I bought some cheese.
상점에 갔는데, 거기에서 치즈를 약간 샀다.

We stayed in Paris for a month, when (= and then) we heard the news.
우리는 한 달간 파리에 머물렀는데, 그때 그 소식을 들었다.

3 복합관계대명사와 복합관계부사

(1) 복합관계대명사의 종류

관계대명사 who, which, what의 어미에 −ever를 붙인 것으로 자체 내에 선행사를 포함
한다.

주 격	소유격	목적격
whoever	whosever	whomever
whichever	−	whichever
whatever	−	whatever

(2) 복합관계대명사의 의미

복합관계대명사는 「any~ + 관계대명사」의 뜻으로 명사절 또는 부사절을 이끈다.

Whoever takes part in the meeting may get on the bus.   [Whoever = Anyone who]
그 회의에 참석하는 사람은 누구든지 버스에 타도 된다.

Whatever you say is true.   너의 말은 무엇이든지 다 사실이다.   [Whatever = Anything that]

(3) 복합관계부사의 종류 : when, where, how에 -ever를 붙인 것이다.

① **whenever** : 언제든지, 언제 ~ 할지라도

Whenever he visits me, he brings me flowers.　　　　　　[시간 부사절]

= Every time he visits me, he brings me flowers.
그는 날 찾아올 때면 언제나 나에게 꽃을 가져다준다.

Whenever you may call me, I will be okay.　　　　　　[양보 부사절]

= No matter when you may call me, I will be okay.
네가 나에게 언제 전화를 하든 나는 괜찮다.

② **however** : 아무리 ~일지라도

However hard you may try, you can't do it.　　　　　　[양보 부사절]

= No matter how hard you may try, you can't do it.
네가 아무리 열심히 노력했더라도 너는 그것을 할 수 없다.

③ **wherever** : ~인 곳은 어디든지, 어디라 할지라도

You can sit wherever you like.　　　　　　[장소 부사절]

= You can sit at any place where you like.
네가 원하는 곳은 어디든 앉을 수 있다.

Wherever he may go, I will follow him.　　　　　　[양보 부사절]

= No matter where he may go, I will follow him.
그가 가는 곳은 어디라 할지라도 그를 따를 것이다.

다음 안내문이 게시될 장소로 알맞은 것은?

Fasten Your Seat Belt.

① in the park　　　　　② in a library

③ on an airplane　　　④ in a subway station

정답 165쪽

※ 다음 빈칸에 들어갈 말로 알맞은 것을 고르시오. (1~3)

01 기출

- Can you explain _____ to use the copy machine?
- I can't understand _____ he solved the problem.

① what
② that
③ who
④ how

02 기출

- I remember the day _____ I first met him.
- I don't know _____ she will come back.

① who
② what
③ when
④ which

03

I will give the ticket to _____ wants it.

① whatever
② whenever
③ however
④ whoever

04 다음 두 문장을 한 문장으로 만들 때 빈칸에 알맞은 것은?

> • I know the girl.
> • She is wearing a red skirt.
>   → I know the girl _____ is wearing a red skirt.

① who　　　　　② whom
③ what　　　　　④ whose

※ 다음 빈칸에 공통으로 들어갈 말로 가장 적절한 것을 고르시오. (5~6)

05

> • My sister ask me _____ he was.
> • I know the man _____ lives across the street.

① who　　　　　② why
③ what　　　　　④ when

06

> • _____ don't you take a rest tonight?
> • _____ do you think people enjoy watching sports?

① How　　　　　② Why
③ Where　　　　④ Which

02 접속사

단어와 단어, 구와 구, 절과 절을 연결시키는 역할을 하는 것을 접속사라 하고, 크게 등위접속사와 종속접속사로 나뉜다.

1 등위접속사

(1) 등위접속사 : 단어, 구, 절을 대등한 관계로 이어 주는 접속사이다.

① and : ~와, 그리고

People build new buildings and bridges.
사람들은 새로운 건물과 다리를 짓는다.

Some of them wear uniforms and some of them wear everyday clothes.
그들 중 몇몇은 유니폼을 입고 몇몇은 평상복을 입는다.

② but : 그러나

She is young but wise.   그녀는 어리지만 현명하다.

I'm sorry, but it wasn't my fault.   미안하지만, 그것은 제 잘못이 아닙니다.

③ or : 또는

Which season do you like better, spring or autumn?
봄 또는 가을 중에서 어느 계절을 더 좋아하니?

Tony swims or plays golf.   토니는 수영을 하거나 골프를 친다.

④ for : 왜냐하면

It may rain, for it's getting dark.
비가 올 거야, 왜냐하면 점점 어두워지고 있거든.

⑤ so : 그래서

They do rough work, so they need strong and tough pants.
그들은 거친 일을 한다. 그래서 튼튼하고 질긴 바지를 필요로 한다.

> **심화학습** 등위접속사의 주의용법

• and

go, come과 함께 쓰여 '~하러 가다(오다)'	I think he'd better go home and rest. 내 생각에 그는 집에 가서 쉬어야 할 것 같다.
같은 단어를 연결하여 강조와 반복을 표시	We talked and talked. 우리는 계속 이야기했다.
단수에 대한 두 가지 설명	He was a great poet and doctor. 그는 훌륭한 시인이며 의사였다.
명령문 뒤에서 '그러면'의 뜻	Work hard, and you will succeed. 열심히 공부해라. 그러면 너는 성공할 것이다.
밀접한 관계	bread and butter 버터 바른 빵 curry and rice 카레라이스

• or

양보의 뜻	Rain or shine, the farmer worked hard in the field. 비가 오나 날이 맑으나 농부는 밭에서 열심히 일했다.
명령문 뒤에서 '그렇지 않으면(If ~not)'	Start at once, or you will be late. 즉시 출발해라. 그렇지 않으면 늦을 것이다. = If you don't start at once, you will be late.

• but

~외에는	All but he are present. 그 외에는 모두가 출석했다.
부사로서 '~일 뿐'(= only)	He is but a child. 그는 어린아이에 불과하다.

(2) 등위상관접속사

단독으로 쓰이지 못하고 서로 관련되어 쓰이는 접속사를 등위상관접속사라 한다.

① both A and B : A와 B 둘 다

Both you and I are wrong. 너와 나 둘 다 잘못이다.
→ 복수 취급

② not A but B : A가 아니고 B

I didn't study but played outside. 나는 공부하지 않고 밖에서 놀았다.

③ not only A but also B(= B as well as A) : A뿐만 아니라 B도

Not only <u>he</u> but also <u>his students</u> (are) diligent.　그뿐만 아니라 그의 제자들도 근면하다.
　　　　　A　　　　　　　B

　→ 동사의 성과 수는 B에 일치

= <u>His students</u> as well as <u>he</u> (are) diligent.
　　　B　　　　　　　　A

CF as well as : ～만큼 잘(동등비교)
　She can speak English as well as you.　그녀는 당신만큼 영어를 잘 말할 수 있다.

④ either A or B : A나 B 둘 중 하나(양자 택일)

Either <u>you</u> or <u>he</u> (is) wrong.　너나 그 중 하나는 틀렸다.
　　　A　　　B
　　　　→ 동사의 성과 수는 B에 일치

⑤ neither A nor B : A도 B도 둘 다 아닌(A, B 모두 부정)

My husband neither <u>drinks</u> nor <u>smokes</u>.　내 남편은 술도 안 마시고, 담배도 피우지 않는다.
　　　　　　　　　A　　　　B

2 종속접속사

(1) **명사절을 이끄는 접속사** : 접속사 that, if, whether가 이끄는 절이 문장의 주어, 보어, 목적어 구실을 할 때를 말하며 '～하는 것, ～하기'의 뜻으로 해석된다.

① that

<u>That he will come here</u> is certain.　그가 여기에 올 것은 확실하다.
　　　주어(명사절)

= <u>It</u> is certain <u>that he will come here</u>.
　가주어　　　　　　　진주어

잠깐 that절이 문장의 주어가 되는 경우 그 자리에 형식 주어 it을 쓰고 that절은 문장 뒤에 놓는다.

The truth is <u>that I have never seen you before</u>.
　　　　　　　보어(명사절)
내가 당신을 전에 본 적이 없는 것은 사실이다.

I think <u>that using an English-English dictionary is helpful</u>.
　　　　　　　　목적어(명사절)
영영 사전을 사용하는 것은 도움이 된다고 생각한다.

She told me <u>that he was a liar</u>. 그녀는 나에게 그가 거짓말쟁이라고 말했다.
　　　간접목적어　　직접목적어(명사절)

╭─ **심화학습** ─────────────────────────────

❖ **that의 생략**

that이 이끄는 절이 문장의 목적어일 경우 흔히 생략된다. say, think, know, hope, hear, believe 등의 동사의 목적어인 경우에 많다.

I know (that) she is deaf and blind. 나는 그녀가 귀머거리이고 장님인 것을 알고 있다.

❖ **동격의 that절**

that절이 명사 뒤에 쓰여서 그 명사와 동격을 이루는 경우로 명사의 내용을 부가적으로 설명한다.

I realized <u>the fact</u> <u>that I made a mistake</u>. 나는 실수했다는 사실을 깨달았다.
　　　　　　　　↑　　　　　　　　↑
　　　　　　　　　동격(명사절)

──────────────────────────────────────

② if, whether : '~인지 아닌지'의 뜻으로 명사절도 이끈다.

Ask <u>him</u> <u>if he will come tomorrow</u>. 그에게 내일 올 것인지 아닌지를 물어보아라.
　　간접목적어　　　직접목적어(명사절)

ᴄꜰ Let's play soccer <u>if it is fine tomorrow</u>. 만일 내일 날이 좋으면 축구하자.
　　　　　　　　　　조건의 부사절

I wonder <u>whether they will pick me up at 2 (or not)</u>.
　　　　　　　　　　　목적어(명사절)

나는 그들이 2시에 날 태워다 줄지(아닐지) 궁금하다.

<u>Whether she will come (or not)</u> is uncertain. 그녀가 올지 안 올지는 불확실하다.
　　　　　주어(명사절)

= <u>It</u> is uncertain <u>whether she will come (or not)</u>.
　 가주어　　　　　　　　진주어

(2) 부사절을 이끄는 접속사

① 시간을 나타내는 종속접속사 : when, while, as, till, before, after, since 등

When we go abroad, we can use English. 해외로 나갈 때, 우리는 영어를 사용할 수 있다.

While I was sleeping, I had a strange dream. 나는 자는 동안 이상한 꿈을 꿨다.

As time goes on, we are learning more and more about the sea.
시간이 지남에 따라 우리는 바다에 대해 더 배우고 있다.

There is an hour till the plane takes off. 비행기가 이륙하려면 한 시간 남았다.

I have known him since he was a child. 나는 그가 어렸을 때부터 그를 알아왔다.

② 이유를 나타내는 종속접속사 : because, as, since

Don't laugh at a man because he is poorly dressed. 그가 행색이 초라하다고 비웃지 마라.

As she was one of the youngest girls to win, she appeared in a newspaper.
그녀는 승리한 가장 나이 어린 소녀여서 신문에 났다.

Since he was a king, he couldn't tell a lie. 그는 왕이었으므로 거짓말을 할 수 없었다.

③ 조건을 나타내는 접속사 : if, unless(= if ~ not 만약 ~가 아니라면)

If we don't do anything, serious disease will sweep the country.

= Unless we do something, serious disease will sweep the country.
우리가 아무것도 하지 않는다면 심각한 질병이 전국에 퍼질 것이다.

④ 양보를 나타내는 접속사 : though, although

Though she is blind, she still does many things.
비록 그녀는 맹인이지만 여전히 많은 것을 한다.

⑤ 비교를 나타내는 접속사 : as, than

She can run as fast as I can. 그녀는 나만큼 빨리 뛸 수 있다.

You will get there earlier than he. 너는 그보다 더 일찍 거기에 도착할 것이다.

바로 바로 CHECK√

❖ as ~ as 주어 + can(= as ~ as possible) : 가능한 한 ~하게

Please write to me as soon as you can. 가능한 한 빨리 편지 써 주세요.
= Please write to me as soon as possible.

---

(3) 종속 상관접속사

① so + 형용사(부사) + that, such + 명사 + that : 너무 ~해서 ~한

I was so curious about the woman that I went up to her.
나는 그 여자에 대해 너무 호기심이 생겨서 그녀에게 다가갔다.

She had such a fright that she fainted. 그녀는 너무 놀라서 기절했다.

② (so) that + 주어 + may(can, will) ~, in order that + 주어 + may(can, will)~ : ~하기 위해서

You must work hard so that you may succeed.

성공하기 위해 당신은 열심히 일해야 한다.

We eat in order that we may live.   우리는 살기 위해 먹는다.

③ whether ~ or : ~하든 간에

I will speak frankly, whether you like it or not.

나는 네가 좋아하든 안 하든 솔직하게 말하겠다.

바로 바로 CHECK√

❖ as soon as : ~하자마자(시간) 중요+

I'll phone you as soon as I hear any news.   어떤 소식이라도 들으면 바로 네게 전화할게.

❖ as long as : ~하는 한, ~하는 동안(시간)

You can sit as long as you want, sipping a coke or eating french fries.

당신은 콜라를 홀짝이거나 감자튀김을 먹으면서 원하는 만큼 앉아 있을 수 있다.

❖ even if(though) : 비록 ~일지라도(양보)

Even if you see it, you will not believe it.   네가 그것을 볼지라도, 너는 그것을 믿지 못할 것이다.

74쪽 정답

나는 하얗고 까만 새입니다.
나는 매우 작은 날개를 가지고 있습니다.
나는 수영은 잘 하지만 날지는 못합니다.
나는 누구일까요?

157쪽 정답 ③

Fasten Your Seat Belt. 안전벨트를 착용하세요.

※ 다음 중 어법상 맞지 <u>않는</u> 것을 고르시오. (1~2)

01
① Either Bill and Jack must do the work.
② He is not only fluent in English but also French.
③ She can speak neither English nor French.
④ Both you and I have responsibility to them.

02
① He talks as if he were an old man.
② He worked hard so that he might succeed.
③ You may come whenever you like.
④ Do your best, or you will succeed.

※ 다음 밑줄 친 부분에 들어갈 말로 가장 적절한 것을 고르시오. (3~8)

03
• Now, I am working _____ a fashion designer.
• I feel confident now _____ I have practiced a lot.

① as   ② to
③ by   ④ on

04 고난도
She could place the big book shelf _____ there is room to spare.

① after   ② as soon as
③ while   ④ since

01
either A or B : A와 B 중 하나

Either Bill or Jack must do the work.
빌이나 잭 중 한 사람은 일을 해야만 한다.

② 그는 영어뿐 아니라 불어도 능통하다.
③ 그녀는 영어, 불어 모두 못한다.
④ 너와 나 둘 다 그들에 대한 책임이 있다.

02
명령문 + and : ~해라, 그러면

Do your best, and you will succeed.
최선을 다해라. 그러면 성공할 것이다.

① 그는 마치 노인처럼 말을 한다.
② 그는 성공하기 위해 열심히 일했다.
③ 오고 싶으면 언제든지 와도 좋다.

03
• 지금, 나는 패션 디자이너로서 일하고 있다.
전치사 as로 쓰여 '~(으)로서'의 뜻으로 해석된다.

• 나는 많이 연습을 했기 때문에 지금 자신감이 있다.
이유를 나타내는 종속접속사 as로 쓰였다.

04
이유·원인을 나타내는 접속사에는 since, because, for, as 등이 있다.

She could place the big book shelf since there is room to spare.
방에 공간이 많아서 그녀는 큰 책장을 놓을 수 있었다.

ANSWER
01. ① 02. ④ 03. ① 04. ④

05

She works hard _____ she may succeed.

① unless ② as long as
③ although ④ so that

so that + 주어 + may~ : ~하기 위해서
She works hard so that she may succeed.
그녀는 성공하기 위해 열심히 일한다.

06

He took his umbrella _____ it was raining outside.

① because ② before
③ while ④ after

06

첫 번째 문장이 결과가 되고, 두 번째 문장이 원인이 되므로, 이유를 나타내는 because가 적절하다.

He took his umbrella because it was raining outside. 밖에 비가 와서 그는 우산을 챙겼다.

07

He was often absent from school _____ he was a child.

① since ② during
③ when ④ after

07

대등한 문장을 연결하는 접속사로 ①, ③, ④가 가능한데 의미상으로는 ③이 가장 적절하다.

He was often absent from school when he was a child. 그가 아이였을 때 그는 종종 학교에 결석했다.

08
기출

• It has been a long time _____ I saw you.
• You should wear a coat _____ it is cold.

① to ② by
③ then ④ since

08

• 내가 너를 본 이후로 오랜 시간이 있었다.
전치사 since로 쓰여 '~이후로'의 뜻으로 해석된다.

• 날씨가 춥기 때문에 너는 코트를 입어야 한다.
이유를 나타내는 종속접속사 since로 쓰였다.

ANSWER
05. ④ 06. ① 07. ③ 08. ④

03 전치사

1 전치사의 역할

전치사는 명사, 대명사, 동명사, 기타 명사 상당어구 앞에 놓여 공간적, 시간적인 관계를 나타내는 형용사구 또는 부사구를 만든다.

① 전치사는 명사 혹은 대명사를 받아야 하므로 동사는 동명사의 형태가 된다.

Thank you for helping me. 나를 도와줘서 감사합니다.   [동명사]

② 전치사 다음에는 목적격이 온다.

Can you close the window for me? 나를 위해 창문을 닫아 줄 수 있겠니?   [목적격]

> **기초학습** — 전치사 + 목적어
>
> 전치사 뒤에 오는 명사, 대명사, 동명사 등을 전치사의 목적어라 한다.
> Were rabbits living on the moon? 토끼가 달에서 살았나요?   [명사]
> What did Jiyeon do for him? 지연이는 그를 위해 무엇을 했니?   [대명사의 목적격]
> They use computers for collecting information.   [동명사]
> 그들은 정보 수집을 위해 컴퓨터를 이용한다.

③ 형용사구 : 「전치사 + 명사」인 구가 앞의 명사(대명사)를 수식한다.

They came from Jindo, a small island in the southwest.

그것들은 남서쪽에 위치한 작은 섬 진도에서 생산된 것들이다.

④ 부사구 : 「전치사 + (대)명사」인 구가 동사, 형용사, 부사 또는 문장 전체를 수식하는 부사 역할을 하는 경우이다.

She will stop playing in ten minutes. 그녀는 십 분 후에 연주를 끝낼 것이다.
　　　　　　　　　　　　　　　　부사구(동사 수식)

He is interested in soccer. 그는 축구에 흥미를 가지고 있다.
　　　　　　　　　　　부사구(형용사 수식)

To my surprise she decided to get married at last. 놀랍게도 그녀는 결국 결혼하기로 결정했다.
　　　　　　　　　　　　　　　　　　부사구(문장 전체 수식)

심화학습 　주의할 전치사의 위치 : 전치사가 목적어인 (대)명사와 분리되는 경우

- 의문사가 목적어인 경우
  Where are you from?　어느 나라에서 왔니?
- 관계대명사가 목적어인 경우
  He is the man whom I spoke of.　그는 내가 말한 사람이다.
- 「명사 + to부정사 + 전치사」인 경우
  Let's find something to sit on.　앉을 것 좀 찾아보자.

---

2 시간 전치사

(1) 특정한 시점을 나타내는 전치사

① at : 시각, 시점　**예** at six, at noon, at that time, at night

He can make an appointment at 2 o'clock p.m.　그는 2시에 약속을 잡을 수 있다. [시간]

② in : 긴 시간(월, 연도, 계절)　**예** in June, in summer, in 2020, in the morning

I was born in 1985.　나는 1985년에 태어났습니다. [연도]

③ on : 날짜, 요일, 특정한 날　**예** on Friday, on April first

I want to meet you on Sunday.　나는 일요일에 당신을 만나고 싶다. [요일]

I was born on August 24, 1985.　나는 1985년 8월 24일에 태어났습니다. [특정한 날짜]

(2) before ~전에, after ~후에

I am going to do my homework before bedtime.　나는 잠자기 전에 숙제를 할 것이다.

My sister usually plays cyber games after school.
나의 누이는 대개 방과 후에 사이버 게임을 한다.

(3) from ~부터, ~에서(출발점), since ~이래 계속(과거의 출발점)

I worked hard from morning till night.　나는 아침부터 저녁까지 열심히 일했다.

I have lived in Seoul since 2000.　나는 2000년 이래로 서울에서 살고 있다.

(4) until(till) ~까지(계속), **by** ~까지(완료)

You have to stay here until I come.　내가 올 때까지 여기 있어야 한다.

You have to finish the work by 6 p.m.　오후 6시까지는 일을 끝내야 한다.

(5) for 동안, **during** (계속되는) 동안(기간), **through** ~내내

I stayed in Seoul for 2 years.　나는 2년 동안 서울에 머물렀다.　　　　　[숫자로 나타내는 기간]

I stayed in Seoul during school days.　나는 학창 시절에 서울에 머물렀다.　　　[특정한 기간]

The wind blew hard through the night.　밤새 바람이 심하게 불었다.　　　[그 기간 내내]

(6) in ~이 지나면, **within** ~이내에

The snow will be gone in a week or so.　눈은 일주일 정도면 사라질 것입니다.　　[시간의 경과]

You can get there within an hour.　너는 1시간 이내에 그곳에 도착할 수 있다.　　　[기간 내]

(7) about, around 대략, ~경에, **toward(s)** ~무렵에

It would take about 15 minutes.　15분쯤 걸릴 거예요.

It was toward noon.　정오가 다 되었을 무렵이었다.

3　장소와 방향 전치사

(1) at ~에(좁은 장소), **in** ~에(넓은 장소)

They arrived <u>at</u> the airport.　그들은 공항에 도착했다.
　　　　　　좁은 장소

They lived <u>in</u> a small town <u>in</u> Brazil.　그들은 브라질의 작은 마을에 살았다.
　　　　　넓은 장소　　　　　넓은 장소

(2) 위를 나타내는 전치사 : on, above, over, up

An oil painting was on the wall.　유화가 벽에 걸려 있다.

My parents live in the apartment above mine.　부모님께서는 내가 사는 아파트 위층에서 사신다.

She put a blanket over her child. 그녀는 그녀의 아이에게 담요를 덮어 주었다.

He goes up the steps. 그는 계단을 오른다.

(3) 아래를 나타내는 전치사 : beneath, under, below, down

Many valuable resources exist beneath the surface of the South Pole.
많은 가치 있는 자원들이 남극면 아래에 존재한다.

Let's take a rest under the tree. 나무 아래에서 좀 쉬자.

The sun has set below the horizon. 태양이 수평선 아래로 졌다.

Tears ran down her face. 눈물이 그녀의 얼굴을 타고 아래로 흘렀다.

(4) from ~에서(출신지), **to** ~로(도달지점), **for** ~을 향해(행선지), **toward** ~를 향해(방향)

He is from Jejudo. 그는 제주도 출신이다.

He went to the airport to meet her. 그는 그녀를 만나기 위해 공항으로 갔다.

We started for home late at night. 우리는 저녁 늦게 집으로 출발했다.

The train ran toward my hometown. 기차는 나의 고향을 향해 달렸다.

(5) across 가로질러, **through** ~을 통해, **along** ~을 따라

They hiked across beautiful deserts. 그들은 아름다운 사막을 가로질러 하이킹했다.

The train ran through the tunnel. 기차가 터널을 통과했다.

Walking along the bridge, he saw a policeman. 다리를 따라서 걷다가 그는 경찰을 보았다.

(6) between (둘) 사이에, **among** (셋 이상) 사이에

The Middle East is located between India and Europe. 중동은 인도와 유럽 사이에 위치해 있다.

They are the symbol of peace among nations. 그것들은 국가 간 평화의 상징이다.

(7) by 옆에, **beside** (가까운) 옆에, **near** ~근처에

The train passed by the seaside. 기차는 해변을 지났다.

Come and sit beside me. 와서 내 옆에 앉아.

We lived near the hospital. 우리는 병원 근처에 살았다.

(8) round, around ～주위에, **about** ～주위에, ～의 여기저기

They thought (that) the sun went round the earth. 그들은 태양이 지구 주위를 돈다고 생각했다.

We walked about the town. 우리는 도시 주변을 여기저기 걸었다.

(9) before ～앞에(= in front of), **behind** ～뒤에(= at the back of), **off** ～에서 떨어져서(분리)

What did you see before the factory? 공장 앞에서 무엇을 본 거니?

They went up the hill behind the building. 그들은 건물 뒤의 언덕에 올라갔다.

A squirrel never falls off a branch. 다람쥐는 가지에서 절대 떨어지지 않는다.

(10) into ～안(속)으로, **out of** ～밖으로

He jumped into the air. 그는 공중으로 뛰어들었다.

Don't put your hand out of the window. 창 밖으로 손 내밀지 마라.

4 기 타

(1) 원인, 이유 전치사

① at : ～에, ～을 보고(듣고)(감각적인 원인)

I was surprised at the sad news. 나는 슬픈 뉴스를 듣고 놀랐다.

② over : ～때문에(감정의 원인)

She is crying over the death of her son. 그녀는 아들의 죽음에 울부짖고 있다.

③ for : ～로, ～하여, ～때문에

I can't sleep for the storm. 폭풍 때문에 잠을 잘 수 없다.

④ with : ～로(표면적인 이유)

She has long been sick with a cold. 그녀는 오랫동안 감기로 아파 왔다.

⑤ from : ~때문에(직접적인 원인)

My father is in bed from overwork.　나의 아버지는 과로로 누워 있다.

바로 바로 CHECK√

❖ **다양한 의미를 지닌 with** : ~와 함께, ~을 가지고, ~을 가진, ~에게, ~으로
I live with my grandmother.　나는 할머니와 함께 산다.
He wrote a letter with a pencil.　그는 연필로 편지를 썼다.
There is a man with blue eyes.　푸른 눈을 가진 남자가 있다.
Don't be angry with me.　나에게 화내지 마라.
He shivered with fear.　그는 공포로 덜덜 떨었다.

---

(2) 수단, 도구 전치사

① by : ~(으)로, ~에 의하여(수단, 신체 기관과 함께)

This train goes by steam.　이 기차는 증기로 간다.

② with : ~(으)로, ~을 가지고(도구・연장)

Don't cut bread with that knife.　그 칼로 빵을 자르지 마라.

③ through : ~을 통해, ~에 의해(중개 표현)

Through books we learn a lot about the world.

책을 통해 우리는 세상에 대한 많은 것을 배운다.

④ in : (언어)~로

Please speak in Korean.　한국어로 말하세요.　　　　　　　　　[언어를 수단으로 표현]

(3) 원료, 재료 전치사

① of : (물리적)~로

This is a table made of wood.　이 탁자는 나무로 만들어진 것이다.　　　[물리적 변화]

② from : (화학적)~로

Wine is made from grapes.　포도주는 포도로 만들어진다.　　　　　[화학적 변화]

(4) 목적, 추구 전치사

① for : ~하기 위해

I went out for a walk.　나는 산책하러 나갔다.

② on : (근거 · 목적) ~의 용건으로

She went to Seoul on business.　그녀는 사업차 서울에 갔다.

(5) 관련, 주제 전치사

① about : ~에 대해

He knows a lot about Lincoln.　그는 링컨에 대해 많은 것을 알고 있다.

② of : ~에 대해

What do you think of the plan?　넌 그 계획에 대해 어떻게 생각하니?

③ on : ~에 관한

He wrote a report on education.　그는 교육에 관한 보고서를 썼다.

(6) 단위, 표준, 척도 전치사 : by, at, for

They sell sugar by the pound.　그들은 설탕을 파운드로 판다.　　　　　　　[단위]

We sold the store at a good price.　우리는 좋은 가격으로 그 가게를 팔았다.　[가격]

I bought the dress for 30 dollars.　나는 30달러에 그 옷을 샀다.　　　　[교환]

바로 바로 CHECK√

- without ~없이
  He thought he would protest these laws without violence.
  그는 폭력 없이 이 법들에 대항해야겠다고 생각했다.

- except ~을 제외하고, ~없이
  Students may have a pet except dogs.　학생들은 개를 제외한 애완동물을 하나 기를 수 있다.

- against ~에 대항하여
  The soldiers fought against the enemy.　군인들은 적에 대항하여 싸웠다.

01 다음 중 어법상 맞지 <u>않는</u> 문장은?

① The desk is made of wood.

② Tom has been studying since two hours.

③ The baby was born on the morning of May 3rd.

④ The train leaves at 7 : 30.

※ 다음 빈칸에 들어갈 말로 알맞은 것을 고르시오. (2~4)

02

What has happened _____ him?

① for   ② of

③ to   ④ at

03 고난도

The computers in the office access our intranet _____ a single server.

① to   ② at

③ through   ④ upon

04

He ran into the room without _____ me.

① greet   ② greeted

③ greeting   ④ being greeted

01

기간(동안)을 나타내는 전치사는 for이다. since는 뒤에 정확한 날짜나 시각이 와야 한다(~부터).

Tom has been studying for two hours.
탐은 두 시간 동안 공부를 하고 있다.

① 책상은 나무로 만든다.
③ 그 아기는 5월 3일 아침에 태어났다.
④ 그 기차는 7시 30분에 떠난다.

02

happen to + 목적격 : ~에게 일어나다

What has happened to him?
그에게 무엇이 일어났니?

03

방법을 나타내는 전치사는 through이다.

The computers in the office access our intranet through a single server.
사무실의 컴퓨터는 하나의 서버를 통해 회사의 인트라넷에 접속한다.

04

전치사 뒤에는 항상 목적격의 명사가 와야 하므로, 동사의 명사형인 동명사가 올 수 있는데, 밑줄 뒤에 1인칭 목적인 me가 뒤따르고 있으므로 목적어를 취하는 동명사 greeting이 정답이다.

He ran into the room without greeting me. 그는 나에게 인사도 하지 않고, 방으로 달려 들어갔다.

ANSWER

01. ②   02. ③   03. ③   04. ③

※ 다음 빈칸에 공통으로 들어갈 말로 적절한 것을 고르시오. (5~7)

05
기출

- She looks ____ to her parents the most.
- You shouldn't give ____ in the middle of doing something.

① up
② off
③ out
④ away

05
• 그녀는 그녀의 부모를 가장 존경한다.
• 너는 무언가를 하는 도중에 포기해서는 안 된다.

look up to 존경하다
give up 포기하다

06

- We decided to go ____ Switzerland.
- This vaccine is necessary for the children aged from 6 ____ 10.

① on
② to
③ since
④ into

06
'~에'라는 의미와 기간의 끝을 나타내는 전치사는 to이다.

• We decided to go to Switzerland.
우리는 스위스에 가기로 결정했다.
• This vaccine is necessary for the children aged from 6 to 10. 이 백신은 6세부터 10세까지의 아이들에게 필요합니다.

from A to B A에서부터 B까지

07

- I go to church ____ Sundays.
- Abraham Lincoln was born ____ February 12th, 1809.

① on
② in
③ since
④ every

07
일 이상의 시간(날짜, 요일), 혹은 특정한 날을 나타낼 때 전치사 on을 쓴다.

• I go to church on Sundays.
나는 일요일마다 교회에 간다.
• Abraham Lincoln was born on February 12th, 1809. 에이브러햄 링컨은 1809년 2월 12일에 태어났다.

on 요일s 요일마다(= every 요일)

08 다음 주어진 우리말을 영어로 옮길 때 알맞은 것은?

우리는 그 경기에 참여하겠다.

① We'll take part in the race.
② We'll have effect on the race.
③ We'll pride ourselves on the race.
④ We'll take advantage of the race.

08
take part in 참가하다
have effect on 영향을 미치다
pride oneself on 자부심을 갖다
take advantage of ~를 이용하다

ANSWER
05. ① 06. ② 07. ① 08. ①

PART

II

독 해

01 기본 독해

01 주제 찾기

학습 point⁺

보통 글의 주제와 요지는 주제문 안에 있다. 따라서 글을 읽고 제일 먼저 주제문을 찾아야 한다. 주제문은 주로 글의 첫 문장, 중간, 마지막 문장에 위치한다. 특히, 요지를 찾는 문제는 글의 마지막에 나올 경우가 많은데, Therefore, So, Thus, In conclusion, Consequently, In brief, In short, In the end, As a result가 나오면 요약문임을 쉽게 알 수 있다.

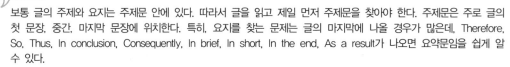

Necessity is the mother of invention

❶ We all invented something really wonderful when we needed it most. ❷ So if you continue thinking about what you need most in everyday life, you also could be a great inventor.

┃ 문장분석 ┃

❶ We all invented **something** really wonderful / when we needed it most.
> -thing, -body, -one 등으로 끝나는 명사를 수식할 때는 형용사가 뒤에 온다.

우리는 모두 진정으로 훌륭한 것을 발명했다 / 우리가 그것을 가장 필요로 할 때

❷ So if you **continue** thinking / about what you need most in everyday life, /
> to부정사와 동명사를 모두 취하는 동사: continue, love, like, begin, start 등

따라서 당신이 계속 생각한다면 / 당신이 일상생활에서 가장 필요로 하는 것에 대해 /

you also could be a great inventor.

당신도 훌륭한 발명가가 될 수 있을 것이다

TiP! 이 글에서 가장 중심이 되는 동사는 need와 invent이다. 사람들이 가장 필요(need)로 할 때, 발명(invent)이 이루어진다는 내용이다. 주가 되는 동사는 문장의 성격을 대변한다.

[필요는 발명의 어머니]
❶ 우리는 모두 우리가 무엇인가를 가장 필요로 할 때 진정으로 훌륭한 것을 발명했다. ❷ 따라서, 만약 당신이 일상생활에서 가장 필요로 한 것이 무엇인지 계속 생각해 본다면, 당신 역시 훌륭한 발명가가 될 수 있을 것이다.

Laughter is the best medicine

❶ The effects of laughter are much greater than you think. ❷ When you laugh, the blood circulation in your whole body increases and your whole body becomes stronger. ❸ In addition, when you laugh, your physical condition gets better.

effect [명] 결과, 효과, 영향 [동] 영향을 미치다
blood [명] 피, 혈액
whole [형] 전체의, 온전한 [명] 전체, 전부
in addition 더구나, 게다가
condition [명] 조건, 상태, 지위
laughter [명] 웃음, 웃음소리 [CF] laugh 웃다
circulation [명] 순환, 유통
increase [동] 늘리다, 증가하다, 늘다 ↔ decrease 감소
physical [형] 신체의, 물질의, 물리적인

문장분석

❶ The effects of laughter / are much greater / than you think.

웃음의 효과는 / 훨씬 굉장하다 / 당신이 생각하는 것보다

NOTES
much는 비교급, 최상급을 수식하여 '훨씬, 단연'의 의미로 사용된다.
✦ 비교급을 강조하는 부사
much, still, even, far, by far, a lot 등

❷ When you laugh, / the blood circulation in your whole body increases /

당신이 웃을 때 / 당신 전신의 혈액순환이 증가한다 /

and your whole body becomes stronger.

그리고 당신의 몸은 더 튼튼해진다

→ become(get) + 비교급 : 더 ~하게 되다

❸ In addition, when you laugh, / your physical condition gets better.

게다가, 당신이 웃을 때 / 당신의 몸 상태는 더 좋아진다

TIP! effect(효과), much greater(훨씬 좋은) 등의 단어를 통해 주제를 찾을 수 있다. 이 글의 주제는 웃음이 우리의 건강에 미치는 긍정적인 영향이 매우 크다는 것이다.

[웃음은 최고의 보약]

❶ 웃음의 효과는 당신이 생각하는 것보다 훨씬 크다. ❷ 당신이 웃을 때, 당신의 온몸의 혈액순환이 원활해지고, 당신의 몸은 더 튼튼해진다. ❸ 게다가, 당신이 웃으면 당신의 신체적 (건강)상태는 더 좋아진다.

The functions of the left and right sides of the brain

❶ The brain has two sides : the right side and the left side. ❷ Each side controls different things. ❸ The left side of the brain affects our language and math skills, while the right side affects our creativity.

brain [명] 뇌, 두뇌, 지능
control [동] 통제하다, 조정하다
affect [동] 영향을 주다, 감동시키다, 작용하다
skill [명] 기술, 기능, 숙련
side [명] 쪽, 측, 면
different [형] 서로 다른, 여러 가지의, 독특한
math [명] 수학(= mathematics)
creativity [명] 창조성, 독창력

❙ 문장분석 ❙

❶ The brain has two sides : / the right side and the left side.

뇌는 두 부분을 갖고 있다 / 우뇌와 좌뇌

❷ Each[1] side controls / different things.

각 부분은 관할한다 / 서로 다른 것들을

❸ The left side of the brain affects / our language and math skills, /

좌뇌는 영향을 미친다 / 우리의 언어와 수학적 기능에 /

while the right side affects / our creativity.

반면에 우뇌는 영향을 미친다 / 우리의 창의력에

NOTES
접속사 while
1. ~하는 동안
2. 그런데, 한편
3. (문장 앞에서) ~할지라도, 하지만

NOTES
1) Each는 명사 앞에서 '각각의'라는 의미로 쓰이기도 하지만, 그 자신이 '각각'이라는 의미의 부정대명사로도 쓰인다.
[예] Each side controls ~ 각 측면은 ~을 관할한다
Each controls ~ 각각은 ~을 관할한다

I'm 쌤 TIP! 뇌는 두 부분이 있고, 각각 다른 역할을 한다는 내용이므로 이 글의 주제는 좌뇌와 우뇌의 기능이다.

[좌뇌와 우뇌의 기능]
❶ 뇌는 우뇌와 좌뇌, 즉 두 부분의 뇌를 가지고 있다. ❷ 각각의 뇌는 서로 다른 것들을 관할한다. ❸ 좌뇌는 우리의 언어와 수학적 기능에 영향을 미치는 반면 우뇌는 창의력에 영향을 미친다.

The reason why stars twinkle

❶ The light from a star has to pass through air for people to see the star. ❷ Air is all around the earth. ❸ As starlight travels through the air, the air moves and changes. ❹ So the starlight bends, and the star is said to twinkle.

light [명] 빛, 광선, 불꽃
[형] 밝은, 연한, 가벼운
[동] 불이 붙다, 빛을 비추다
as ~할 때, ~하면서, ~하자마자(= when)
bend [동] 구부리다, 굽히다 [명] 굽은 곳, 굽이
twinkle [동] 반짝이다, 빛나다 [명] 반짝임
has(have) to ~해야만 한다(= must)
pass through ~을 통과하다
all around 도처에
travel [동] 여행하다, 다니다 [명] 여행, 출장, 이동
be said to ~로 불리어진다, ~라고 한다(수동태)

| 문장분석 |

❶ The light from a star / has to pass through air / for people to see the star.
별로부터 발생한 빛은 / 대기를 통과해야만 한다 / 사람들이 별을 보기 위해서

❷ Air is all around the earth.
대기는 지구 도처에 있다
→ 유일무이한 사물에는 정관사 the를 붙인다.

❸ As starlight travels through the air, / the air moves and changes.
별빛이 대기를 통과할 때 / 대기는 움직이고 변화한다

❹ So the starlight bends, / and the star is said to twinkle.
따라서 별빛은 굴절하고 / 별은 반짝거린다고 한다

NOTES
수동태(be동사 + 과거분사)에서 'by + 목적격'의 생략 : 행위자가 불분명하거나 일반인인 경우

TIP! 별빛이 반짝이는 이유에 대해 설명하고 있다. 결론을 언급할 때 자주 사용하는 'so, therefore, consequently, thus' 등의 접속사나 부사를 유심히 살펴본다.

[별이 반짝이는 이유]
❶ 사람들이 별을 보기 위해서는 별로부터 발생한 빛이 대기를 지나야만 한다. ❷ 대기는 지구를 둘러싸고 있다. ❸ 별빛이 대기를 지나갈 때, 대기는 움직이며 변화한다. ❹ 따라서 별빛은 굴절하고, 별은 반짝반짝 빛난다고 한다.

The food crisis

❶ At present, two-thirds of the people in the world are not getting enough to eat. ❷ More than 15,000 people die of starvation every day. ❸ If the world's food production does not keep pace with the rapid increase in population, the problem can only get worse.

crisis [명] 위기, 중대한 기로	two-thirds 3분의 2
at present 현재(= now, currently)	more than ~이상의 ↔ less than ~이하의
starvation [명] 기아, 아사	production [명] 생산, 제작, 제품
keep(hold) pace with ~와 보조를 맞추다, ~에 따라가다	rapid [형] 급속한, 빠른
increase [명] 증가 [동] 증가하다	population [명] 인구, 주민

| 문장분석 |

❶ At present, two-thirds of the people[1] in the world / are not getting enough to eat.

현재, 세계 인구의 3분의 2는 / 먹을 것을 충분히 얻지 못하고 있다

❷ More than 15,000 people / die of starvation / every day.

↳ ~때문에 죽다 – die 뒤에 이유를 나타낼 때 전치사 of가 쓰인다.

만 오천 명 이상의 사람들이 / 기아로 인해 죽는다 / 매일

❸ If the world's food production / does not keep pace with /

만약 세계의 식량 생산이 / ~와 속도를 맞추지 않는다면 /

the rapid increase in population, / the problem can only get worse.

인구의 급격한 증가 / 문제는 더 악화될 수밖에 없다

NOTES
get + 비교급 : 점점 더 ~하다 [CF] worse : bad의 비교급

NOTES

1) • 분수 + 복수 → 복수 취급 [예] Two-thirds of the people are ~
(people: 복수)

• 분수 + 단수(추상 · 고유명사) → 단수 취급 [예] Two-thirds of the time is ~
(time: 단수)

TIP! 이 글의 주제는 식량 문제이다. die, starvation 등을 통해 식량에 관한 문제점을 지적하고 있음을 유추할 수 있다.

[식량 문제]

❶ 현재, 세계 인구의 3분의 2가 충분히 먹지 못하고 있다. ❷ 15,000명 이상의 사람들이 매일 굶어 죽는다. ❸ 만약 세계의 식량 생산이 인구의 급격한 증가와 속도를 맞추지 않는다면, 문제는 심각해질 수밖에 없다.

Cars in the Future

❶ In 100 years cars will use new, clean fuels and they will go very fast. ❷ Cars will have computers to control their speed and there won't be any accidents. ❸ Cars will be able to fly all over the world and you will see them on the sea, too.

---

fuel 명 연료 동 기름을 넣다, 연료를 공급하다
speed 명 속도, 빠르기, 속력
　　　동 더 빠르게 하다, 빨리 가다

control 동 조종하다, 통제하다 명 지배, 통제, 제어
accident 명 사건, 사고, 재난

▌ 문장분석 ▌

❶ In 100 years / cars will use new, clean fuels / and they will go very fast.
　↳ 전치사 in은 시간의 경과를 나타낼 경우에는 after의 의미를 나타낸다.
백 년 후에 / 자동차는 새롭고 깨끗한 연료를 사용할 것이다 / 그리고 매우 빠르게 달릴 것이다

❷ Cars will have computers / to control their speed /
자동차는 컴퓨터를 갖게 될 것이다 / 속도를 조절하기 위한 /

and there won't be any accidents.
　　　↳ 부정문에 쓰일 경우에는 '어떤(어느) ~도'
그리고 어떤 사고도 일어나지 않을 것이다

> **NOTES**
> won't = will not
> 조동사가 일반동사를 꾸며줄 때 부정을 나타내는 not은 조동사 뒤에 위치한다.

❸ Cars will be able to fly / all over the world /
자동차는 날 수 있을 것이다 / 세계곳곳을 /

and you will see them / on the sea, too.
그리고 당신은 그것들을 보게 될 것이다 / 바다에서도

> **NOTES**
> ~할 수 있다 (= can)
> 조동사는 조동사와 함께 쓸 수 없기 때문에 will can 대신 will be able to를 쓴다.

TIP! 각 문장에서 반복적으로 나오는 주어는 자동차(cars)이고, 미래를 나타내는 조동사 will을 사용하고 있다. 이 글의 제목은 미래의 자동차가 적절하다.

[미래의 자동차]
❶ 백 년 후에 자동차는 새롭고 깨끗한 연료를 사용하고, 매우 빠르게 달릴 것이다. ❷ 자동차에는 속도를 조절하는 컴퓨터가 장착되어 어떤 사고도 일어나지 않을 것이다. ❸ 자동차는 세계 곳곳을 날아다닐 수 있을 것이고, 당신은 또한, 바다에서도 자동차들을 볼 수 있게 될 것이다.

Prevention is better than cure

❶ Koreans say that healthy teeth are one of the five blessings. ❷ Losing a tooth means losing health during one's life. ❸ Once a tooth has gone bad, it is very hard to bring it back to normal. ❹ So the best way is to take care of your teeth in advance!

healthy [형] 건강한, 건전한
losing 잃어버리는 것(동명사) [명] 실패, 손실
during [전] …동안, ~사이에
bring back to ~로 돌려놓다
take care of ~을 돌보다, 신경을 쓰다
blessing [명] 축복, 은총
mean [동] 의미하다, 의도하다 [CF] means [명] 수단, 방법
once [접] 한번 ~하면 [부] 이전에, 한번
normal [형] 정상의, 표준의
in advance 사전에

| 문장분석 |

❶ Koreans say that / healthy teeth are one of the five blessings.
한국인들은 ~라고 말한다 / 건강한 치아가 다섯 가지 복 중의 하나이다

❷ Losing a tooth / means losing health 1) / during one's life.
치아를 잃는 것은 / 건강을 잃는 것을 의미한다 / 한 사람의 인생에서

(it은 가주어로 to 이하의 구문이 진주어)
❸ Once a tooth has gone bad, 2) / it is very hard / to bring it back to normal.
한번 이가 나빠지면 / 그것은 매우 어렵다 / 정상으로 돌리기가

(최상급(best)의 표현에는 정관사 'the'를 붙인다.)
❹ So the best way is / to take care of your teeth / in advance!
따라서 최상의 방법은 / 당신의 치아를 잘 돌보는 것이다 / 사전에

NOTES
1) 동명사는 동사의 성격이 남아 있는 준동사라 타동사처럼 목적어(a tooth, health)를 취하면서 하나의 명사구로서 주어(losing a tooth)와 목적어(losing health)로 쓸 수 있다.
2) go bad는 '썩다, 나빠지다'라는 의미로서 현재완료(has + 과거분사)형태로 사용되어 결과를 강조한다.

I'm 쌤 TIP! 이 글의 주제는 맨 마지막 문장이다. So 이하의 문장은 사전에 치아를 관리해야 한다는 결론적인 내용임을 알 수 있다.

[치료보다 예방이 낫다]
❶ 한국인들은 건강한 치아가 오복 중 하나라고 말한다. ❷ 치아를 잃는 것은 한 사람의 일생 동안 건강을 잃는다는 의미이다. ❸ 한번 치아가 썩으면 다시 정상으로 돌려놓기 매우 어렵다. ❹ 그래서, 사전에 치아를 관리하는 것이 최상의 방법이다.

실력 탄탄 다지기 실전 예상문제

01 [기출] 글의 주제로 가장 적절한 것은?

> Your hair can be damaged in many ways, such as by coloring or heat from hair dryers. To keep your hair healthy, you can try some of the following tips. First, get a haircut once a month. This will remove damaged hair. Second, use a low heat on your hair dryer. Third, find a shampoo that is good for your hair.

① 세차를 효율적으로 하는 방법
② 직업을 선택할 때의 유의사항
③ 가장 좋은 샴푸를 고르는 방법
④ 머리카락을 건강하게 유지하는 방법

✔ 정답 및 해설

'To keep your hair healthy' 즉 '머리카락을 건강하게 유지하기 위해서' 시도해 볼만한 방법 3가지를 소개하고 있다.

[해석] 당신의 머리카락은 염색이나 드라이어의 열과 같은 것에 의해 여러 방면에서 손상을 입을 수 있습니다. 당신의 머리카락을 건강하게 지키기 위해, 당신은 다음의 충고들을 시도해 볼 수 있습니다. 첫째, 한 달에 한 번 머리카락을 자르세요. 이것은 손상된 머리카락을 제거할 것입니다. 두 번째, 당신의 드라이어를 낮은 열로 사용하세요. 세 번째, 당신의 머리카락에 좋은 샴푸를 찾으세요.

[단어]
damage [명] 손상, 손해, 피해
coloring [명] 염색, 착색, 색소
tip [명] 비밀정보, 조언, 방법
such as ~같은, 예를 들면
remove [동] 제거하다, 삭제하다

[문장분석]
Your hair can be damaged in many ways, / such as by coloring or heat from hair dryers.
당신의 머리카락은 여러 방면에서 손상을 입을 수 있습니다. / 염색이나 드라이어의 열과 같은 것에 의해

To keep your hair healthy, / you can try some of the following tips.
당신의 머리카락을 건강하게 지키기 위해, / 당신은 다음의 충고들을 시도해 볼 수 있습니다.

First, get a haircut once a month. / This will remove damaged hair.
첫째, 한 달에 한 번 머리카락을 자르세요. / 이것은 손상된 머리카락을 제거할 것입니다.

Second, use a low heat on your hair dryer. / Third, find a shampoo that is good for your hair.
두 번째, 당신의 드라이어를 낮은 열로 사용하세요. / 세 번째, 당신의 머리카락에 좋은 샴푸를 찾으세요.

[답] ④

02 다음 글의 주제로 적절한 것은?

기출

The process of aging includes several changes in our bodies. Our hair becomes thinner and wrinkles in the skin increase. Further, blood pressure tends to go up, the brain loses cells and internal organs tend to work slowly. Finally, hearing and eyesight gradually weaken.

① 노화 진행 현상　② 피부 관리 방법
③ 건강 관리 방법　④ 노인 복지 정책

✔ 정답 및 해설

첫 문장 'The process of aging(노화의 과정)~'에서 글의 주제를 파악할 수 있다. 이 글의 주제는 '노화 진행 현상'이 적절하다.

해석 노화의 과정은 우리 몸에 몇 가지 변화들을 포함한다. 우리의 머리카락은 더 얇아지고, 피부의 주름은 늘어간다. 게다가, 혈압은 상승하는 경향이 있으며, 뇌세포는 줄어들고, 내부 장기들은 천천히 활동한다. 마지막으로, 청력과 시력이 점점 약해진다.

단어
- **process** [명] 진행, 경과, 과정 [동] 처리하다, 가공하다
- **aging** [명] 노화
- **include** [동] 포함하다, 함유하다
- **thinner** 더 얇은 ↔ thicker 더 두꺼운
- **wrinkle** [명] 주름(살)
- **further**(far의 비교급) 더 멀리, 더구나, 게다가
- **pressure** [명] 압력, 압축, 압박
- **tend to** ~하는 경향이 있다(= be apt to)
- **cell** [명] 세포, 칸, 감방
- **internal** [형] 내부의, 체내의, 국내의
- **organ** [명] 장기, 기관
- **gradually** [부] 점진적으로, 차차
- **weaken** [동] 약하게 하다, 약해지다

문장분석

The process of aging / includes several 1) changes / in our bodies.
노화의 과정은 / 몇 가지 변화들을 포함한다 / 우리의 몸에

Our hair becomes 2) thinner / and wrinkles in the skin increase.
우리의 머리카락은 얇아지고 / 피부에 주름들은 증가한다

Further, / blood pressure tends to go up, / the brain loses cells / and internal organs tend to work slowly.
게다가 / 혈압은 상승하는 경향이 있으며 / 뇌세포가 줄어들고 / 내부의 장기들은 천천히 활동한다

Finally,3) / hearing and eyesight gradually weaken.
결국 / 청력과 시력이 점점 약해진다

Notes
1) several(몇몇의)과 같이 복수를 나타내는 형용사가 수식하는 명사는 복수형(changes)이어야 한다.
2) become(get) + 비교급 : 점점 더 ~하다
3) Finally는 결론을 언급할 때 자주 쓰는 부사로, 이 부사가 수식하는 문장은 일반적으로 글의 맨 마지막에 위치한다.
= eventually(결국), in conclusion(끝으로), in the end(마침내), ultimately(결국)

[답] ①

03 글의 제목으로 가장 알맞은 것은?

[기출]

It helps to talk to someone about your problem. Perhaps friends, family members, or teachers can help you see your problem in a different way. By sharing your problem, it can be solved easily.

① Read a Good Book
② Share Your Problem
③ Make a Lot of Money
④ Keep Your Room Clean

정답 및 해설

제목은 글의 주제를 요약한 것과 같다. 따라서 문제를 여러 사람이 공유함으로써 쉽게 해결할 수 있다는 내용이므로 ② 가 제목으로 가장 적절하다.

[해] [석] 당신의 문제에 대해 누군가와 이야기하는 것은 도움이 된다. 아마도 친구, 가족, 또는 선생님은 다른 방식으로 당신이 당신의 문제를 바라볼 수 있도록 도와줄 수 있을 것이다. 당신의 문제를 공유함으로써, 문제는 쉽게 해결될 수 있다.

① 좋은 책을 읽어라
② 당신의 문제를 공유해라
③ 많은 돈을 벌어라
④ 당신의 방을 깨끗이 해라

[단] [어] problem [명] 문제
perhaps [부] 아마, 어쩌면
share [명] 몫, 지분 [동] 공유하다, 나누다
solve [동] 해결하다, 풀다

[문장분석] It helps / to talk to someone / about your problem.
그것은 도움이 된다 / 누군가에게 말하는 것은 / 당신의 문제에 대해

Perhaps friends, family members, or teachers can help you / see your problem in a different way.
아마 친구, 가족 또는 선생님은 당신을 도와줄 수 있다 / 당신의 문제를 다른 방식으로 바라보는 것

By sharing your problem, / it can be solved easily.
당신의 문제를 공유함으로써, / 그것은 쉽게 해결할 수 있다

[답] ②

퍼즐을 완성한 후 색칠해진 부분의 철자를 차례대로 모으면?

• 활동 :	a					t	y
• 여행 :	t			v	e		
• 선물 :	p			s	e		t

정답 284쪽

04 다음 글의 요지로 적절한 것은?

Marine animals are dying from garbage in the sea. Fish swim into plastic bags and lost fishing nets. Hungry birds dive for the fish, only to get trapped themselves. We must work now to protect them, or they may become extinct.

① 해양생물들은 인간이 버리는 쓰레기에 관심을 보이지 않는다.
② 해양생물들을 보호해야 한다.
③ 물고기가 많이 잡히지 않는다.
④ 바다 속에 버려진 쓰레기는 썩지 않는다.

✔ 정답 및 해설

[해] [석] 해양생물들이 바다 위의 쓰레기 때문에 죽어 가고 있다. 물고기들은 플라스틱 가방들과 버려진 어망 속을 헤엄친다. 배고픈 새들은 물고기를 잡으려고 뛰어들지만 결국 그들 스스로 덫에 걸리고 만다. 우리는 반드시 지금 그들을 보호해야 한다. 그렇지 않으면 그들은 사라지고 말 것이다.

[단] [어]
- marine [형] 해안의, 바다의
- garbage [명] 쓰레기
- net [명] 그물 [동] 그물로 잡다
- dive [동] 물속에 뛰어들다, 잠기다
- protect [동] 보호하다, 지키다
- extinct [형] 꺼진, 사라진, 멸종된
- die from ~때문에 죽다
- fishing net 낚시 그물, 어망
- lost [형] 잃은, 분실한, 헛된
- trap [명] 덫 [동] 덫으로 잡다(= catch)
- only to 그 결과는 ~뿐이다

[문장분석]
Marine animals are dying from / garbage in the sea.
해양생물들이 ~로 인해 죽어 가고 있다 / 바다의 쓰레기

Fish[1] swim / into plastic bags and lost fishing nets.
물고기들은 헤엄친다 / 플라스틱 가방과 버려진 어망들 속으로

Hungry birds dive / for the fish, / only to get trapped / themselves.
배고픈 새들은 뛰어든다 / 물고기를 잡기 위해 / 결국 덫에 걸려든다 / 그들 스스로

We must work now / to protect them, / or they may become extinct.
우리는 지금 일해야만 한다 / 그들을 보호하기 위해 / 그렇지 않으면 그들은 사라지고 말 것이다

Notes 1) 단수, 복수의 형태가 같은 명사: fish(물고기), salmon(연어), deer(사슴), sheep(양)

[답] ②

05 다음 글의 주제로 알맞은 것은?

Sometime in the 21st century, you may be able to travel to other planets. You'll ride in a spaceship. From a base on the moon, you can see the bright-colored earth. It will look like a jewel. If you want to travel farther, you have to stop at a space station.

① 우주선의 발달 ② 미래의 우주여행
③ 우주기지의 발명 ④ 아름다운 지구

정답 및 해설

지문에서 travel이라는 단어를 통해 여행임을 알 수 있고, space, spaceship, moon과 같은 단어를 통해 우주여행에 관한 내용임을 파악할 수 있다.

[해] [석] 21세기 언젠가, 당신은 다른 행성으로 여행을 갈 수도 있습니다. 당신은 우주선에 탑승할 것입니다. 달의 기지로부터 당신은 밝은색의 지구를 볼 수 있습니다. 그것은 보석처럼 보일 것입니다. 만약 당신이 더 멀리 여행하기를 원한다면, 당신은 우주정거장에 정차해야 합니다.

[단] [어]
sometime [부] 언젠가(미래) [CF] sometimes 때때로
may ~할지도 모른다(추측을 나타내는 조동사)
spaceship [명] 우주선
base [명] 기초, 기지, 바탕, 사물의 아래 부분
[동] 바탕을 두다, 기초로 하다
space station 우주정거장
century [명] 1세기(100년)
planet [명] 행성
bright-colored 밝은색의
jewel [명] 보석
farther(far의 비교급) [부] 더 멀리 [형] 더 먼

[문장분석] Sometime in the 21st century[1], / you may be able to travel / to other planets.
21세기 언젠가에 / 당신은 여행할지도 모른다 / 다른 행성들로

You'll ride / in a spaceship.
당신은 탈 것이다 / 우주선에

From a base on the moon, / you can see / the bright-colored earth.
달 위의 기지로부터 / 당신은 볼 수 있다 / 밝은색의 지구를

It will look like / a jewel.
그것들은 ~처럼 보일 것이다 / 보석

If you want to travel farther, / you have to stop at a space station.
만일 당신이 더 멀리 여행하기를 원한다면 / 당신은 우주정거장에 멈춰야 한다

Notes 1) 100년이라는 의미이므로 21세기를 의미한다.

[답] ②

06 다음 글의 주제로 알맞은 것은?

기출

Rain is a wonderful gift of nature. It helps to grow food in many areas of the world. This rainwater supports the life of human beings, animals and plants. With enough rain, you can drink water at home when you are thirsty.

① 비의 유용성 ② 갈증 해소법
③ 농작물 재배 ④ 빗물의 오염

정답 및 해설

첫 번째 문장(비는 자연의 훌륭한 선물이다)을 통해서 비의 유용성에 대해 언급하고 있음을 알 수 있다.

[해석] 비는 자연의 훌륭한 선물이다. 그것은 세계 여러 지역에서 식량을 재배하는 데 도움이 된다. 이 빗물은 인간, 동물 그리고 식물의 생명을 유지한다. 충분한 비로, 당신은 목마를 때 집에서 물을 마실 수 있다.

[단어] area [명] 지역, 구역, 부분, 분야
human being [명] 인간, 인류
rainwater [명] 빗물
thirsty [형] 목마른, 갈증이 나는

[문장분석] Rain / is a wonderful gift / of nature.
비는 / 훌륭한 선물이다 / 자연의

It helps / to grow food / in many areas / of the world.
그것은 도움이 된다 / 식량을 재배하는 데 / 많은 지역에서 / 세계의

This rainwater / supports / the life of human beings, animals and plants.
이 빗물은 / 유지한다 / 인간, 동물 그리고 식물의 생명을

With enough rain, / you can drink water / at home / when you are thirsty.
충분한 비로 / 당신은 물을 마실 수 있다 / 집에서 / 당신이 목마를 때

[답] ①

퍼즐을 완성한 후 색칠해진 부분의 철자를 차례대로 모으면?

• 이성 :			a	s		n	
• 지배 :	c				r	o	l
• 평면 :			a	t			
• 자연 :	n	a					

정답 284쪽

02 글의 내용

학습 point+

글의 내용을 묻는 문제는 다른 지문들에 비해 문장이 짧거나 쉽게 나오는 편이다. 대신 지문의 내용과 일치하거나 다른 내용을 골라내야 하므로 꼼꼼하게 읽어야 한다. 제시된 선택지를 읽어보면 내용에 대한 단서를 얻을 수 있다.

Directions for the use of medicine

❶ Take 2 tablets every 4 hours.
❷ Tablets can be chewed or swallowed with water.
❸ Keep out of reach of children.

tablet [명] 정제(錠劑), 평판(平板)
reach [동] 도착하다, 닿다 [명] 거리, (세력의) 범위
keep out of ~를 멀리하다, ~을 피하다

문장분석

❶ Take 2 tablets / every 4 hours.
↳ every + 기수 + 복수명사 : ~마다, ~간격으로(= every + 서수 + 단수명사)
2알을 복용해라 / 4시간마다

❷ Tablets can / be chewed or / swallowed with water.
→ 수동태에서 행위자가 you일 경우에는 by + 행위자를 생략할 수 있다.
약은 ~수 있다 / 씹혀지거나 / 물과 함께 삼켜질

❸ Keep out of reach / of children.
손이 미치는 범위에서 멀리 해라 / 아이들의

TIP! 약의 복용량, 복용방법 및 주의사항에 대해 설명하고 있다.

[약 사용상의 주의사항]
❶ 4시간마다 2알씩 복용하십시오.
❷ 약은 씹거나 물과 삼킬 수 있습니다.
❸ 아이들의 손이 닿지 않는 곳에 보관하십시오.

Lessons from my parents

❶ My parents had a great influence on me. ❷ My mother taught me to work hard. ❸ She tried to teach me that happiness comes from doing my best. ❹ From my father, I learned to look on the bright side of things. ❺ He also taught me that I should be honest.

influence [명] 영향, 세력 [동] 영향을 끼치다
happiness(happy의 명사형) [명] 행복
[CF] darkness [명] 어둠, weakness [명] 약점
bright [형] 밝은, 빛나는, 선명한
try to 노력하다, ~하려고 애쓰다
do one's best 최선을 다하다
look on 방관하다, 지켜보다, 구경하다
honest [형] 정직한, 성실한

| 문장분석 |

❶ My parents had / a great influence / on me.
나의 부모님들은 끼쳤다 / 큰 영향을 / 나에게
→ have an influence(effect) on ~에 영향을 미치다

❷ My mother taught me / to work hard.
나의 어머니는 나에게 가르치셨다 / 일을 열심히 하도록

❸ She tried to / teach me that / happiness comes from doing my best.
그녀는 노력하셨다 / 나에게 ~는 걸 가르치려고 / 행복은 최선을 다하는 것에서 온다

❹ From my father, / I learned to / look on the bright side of things.
나의 아버지로부터, / 나는 배웠다 / 사물의 밝은 면을 바라보는 것을

❺ He also taught me / that I should be honest.
그는 또한 내게 가르치셨다 / 내가 정직해야 한다는 것을

I'm 쌤 ABC

TIP! 부모님이 자신에게 미친 영향에 대해 쓴 글이다. 글쓴이가 어머니에게 배운 점은 성실한 태도이고, 아버지께 배운 점은 긍정적인 마음가짐과 정직이다.

[나의 부모님으로부터의 교훈]
❶ 나의 부모님께서는 나에게 큰 영향을 미치셨다. ❷ 나의 어머니는 일을 열심히 하라고 가르치셨다. ❸ 그녀는 최선을 다하는 데서 행복이 찾아온다는 것을 가르쳐 주시기 위해 노력하셨다. ❹ 나의 아버지로부터는 사물의 밝은 면을 바라보는 방법을 배웠다. ❺ 그는 또한 정직해야 한다고 가르치셨다.

The Tourist Information Center

❶ Location : near Victoria Station
❷ Hours
March~October 09:00 ~ 18:00
November~February 09:30 ~ 17:00
❸ All services are free of charge.

tourist [명] 여행자, 관광객
location [명] 지역, 장소, 위치
free of charge 무료의
information [명] 정보, 지식 [CF] inform [동] 알리다, 통지하다
near [부] 가까이, 근접하여

| 문장분석 |

❶ Location : / near Victoria Station 위치 : / 빅토리아역 근처

❷ Hours 시간

March ~ October 09:00 ~ 18:00
3월 ~ 10월 오전 9시 ~ 오후 6시
November ~ February 09:30 ~ 17:00
11월 ~ 2월 오전 9시 30분 ~ 오후 5시

NOTES
고유명사는 항상 대문자로 시작한다.
달(month)도 항상 대문자로 시작한다.

❸ All services / are free of charge.
모든 서비스는 / 무료이다

TIP! 위치, 운영시간, 서비스 가격 등 여행자 정보센터에 대한 정보를 알려 주는 글이다.

[여행자 정보센터]
❶ 위치 : 빅토리아 역 근처
❷ 시간
3월~10월 9:00 ~ 18:00
11월~2월 9:30 ~ 17:00
❸ 모든 서비스는 무료입니다.

The hummingbird, an amazing animal

❶ The hummingbird is an amazing animal! ❷ It can actually flap its wings back and forth seventy-five times a second! ❸ This fast movement helps it stay in the air while feeding from flowers.

---

hummingbird 똉 벌새
actually 뜀 실지로, 실제로(= in fact)
back and forth 앞뒤로
stay 똉 머무르다, 있다
feed 똉 먹이를 주다, 공급하다

amazing 똉 놀라운, 굉장한, 놀랄 만한
flap 똉 퍼덕거리다, 날갯짓하다
movement 똉 움직임, 동작
while 젭 ~하는 동안, ~하는 사이

┃ 문장분석 ┃ ··

❶ The hummingbird / is an amazing animal!

벌새는 / 놀라운 동물이다

❷ It can actually flap its wings back and forth / seventy-five times a second!

횟수를 나타낼 때는 일반적으로 수 뒤에 'time'을 붙여 준다. ←

그것은 정말로 날갯짓을 할 수 있다 / 1초에 75번

❸ This fast movement helps[1] / it stay in the air / while feeding from flowers.

이 빠른 움직임은 돕는다 / 그것이 공중에 머무르는 것을 / 꽃으로부터 먹이를 먹는 동안

NOTES
1) help(준사역동사) : 목적어(it) 다음의 목적격보어로 원형부정사(stay), to부정사(to stay)가 모두 올 수 있다.

 TIP! 벌새가 초당 75회의 날갯짓을 하고 빠른 날갯짓 덕분에 공중에 멈추어 있을 수 있다는 사실을 설명하고 있다.

[벌새, 놀라운 동물]
❶ 벌새는 놀라운 동물이다! ❷ 벌새는 1초에 75번이나 날갯짓을 한다. ❸ 이 빠른 움직임은 벌새가 꽃에서 먹이를 먹는 동안 공중에 멈추어 있는 것을 도와준다.

Republic of South Africa

❶ The official name of South Africa is the Republic of South Africa. ❷ It is located at the southern tip of Africa. ❸ Its population is about 40 million. ❹ It uses English and Afrikaans as their official languages.

official [형] 공식적인, 공인된 [명] 공무원, 임원
be located at ~에 위치하다
tip [명] 끝, 첨단(= point, end) [동] 기울어지다, 팁을 주다
40 million 4천만 [CF] million [명] 백만
official languages 공용어
republic [명] 공화국
southern [형] 남쪽의, 남향의
population [명] 인구
Afrikaans 아프리칸스어(남아프리카의 공용 네덜란드 말)

문장분석

❶ The official name of South Africa / is the Republic of South Africa.

남아프리카의 공식 이름은 / 남아프리카 공화국이다

❷ It is located / at the southern tip of Africa.

그것은 ~에 위치한다 / 아프리카의 남쪽 끝에

❸ Its population is / about 40 million.

그것의 인구는 / 약 4천만 명이다

❹ It uses English and Afrikaans / as their official languages.

그것은 영어와 아프리칸스어를 사용한다 / 그들의 공용어로서

I'm 쌤

TIP! 남아프리카 공화국의 공식 명칭, 위치, 인구, 언어에 대해 설명하고 있다.

[남아프리카 공화국]
❶ 남아프리카의 공식 이름은 남아프리카 공화국이다. ❷ 남아프리카 공화국은 아프리카의 남단에 위치한다. ❸ 인구는 약 4천만 명 정도이다. ❹ 공용어로 영어와 아프리칸스어를 사용한다.

Driving license

❶ I did not learn to drive a car until I was thirty. ❷ At last I took lessons and passed the driving test on the second attempt. ❸ But I still can't park well. ❹ Tomorrow I will drive into town by myself.

drive [동] 운전하다
learn to drive 운전연수를 받다
attempt [명] 시도, 기도
[동] 시도하다, 기도하다(= try)
town [명] 마을, 읍
at last 드디어, 마침내, 결국
take lessons 수업을 받다, ~를 배우다
pass [동] 통과하다, 합격하다
park [동] 주차하다 [명] 공원, 지역
by oneself 스스로, 혼자 [CF] for oneself 혼자 힘으로

문장분석

❶ I did not learn / to drive a car / until[1] I was thirty.
↳ to부정사만을 목적어로 취하는 동사 : learn, expect, hope, wish, want, need, ask, afford 등
나는 배우지 못했다 / 자동차 운전하는 것을 / 내가 서른 살이 될 때까지

❷ At last / I took lessons / and passed the driving test / on the second attempt.
마침내 / 나는 수업을 받았다 / 그리고 운전시험에 통과했다 / 두 번째 시도에서

❸ But I still can't park well.
하지만 나는 여전히 주차를 잘 못한다

❹ Tomorrow / I will drive into town / by myself.
내일 / 나는 운전을 해서 마을로 갈 것이다 / 혼자서

NOTES
1) until과 by의 차이점 : until은 때의 계속의 뜻으로 쓰이지만, by는 시한을 나타내므로 계속의 의미가 없다.

I'm 쌤

TIP! 글쓴이가 몇 살까지 운전을 배우지 않았는지, 몇 번의 시도만에 시험에 붙었는지, 언제 마을로 운전을 할 것인지 등을 정확히 파악해야 한다.

[운전면허]
❶ 나는 서른 살이 될 때까지 운전을 배우지 못했다. ❷ 마침내 나는 강의를 들었고, 두 번째 시도에서 운전시험을 통과했다. ❸ 하지만 나는 여전히 주차를 잘 못한다. ❹ 내일 혼자 마을로 드라이브를 나갈 것이다.

Advertisement

❶ WANTED
Clerk at a Convenience Store
❷ Must have experience.
❸ Must be willing to work weekends.
❹ Send resume to : Robert, P.O. BOX 7221, Seoul, Korea

advertisement [명] 광고, 고지
[CF] advertise [동] 광고하다, 선전하다
convenience store [명] 편의점
be willing to 기꺼이 ~하려 하다
resume [명] 이력서
[동] 다시 시작하다, 다시 차지하다, 요약하다
wanted [형] …을 구함, …모집, 지명 수배의
clerk [명] 점원, 사무원, 판매원
experience [명] 경험 [동] 경험하다
[CF] have experience 경험이 있다
send [동] 보내다, 전하다
P.O. Box 사서함(post-office box)

문장분석

❶ WANTED 구함

Clerk / at a Convenience Store

판매원 / 편의점에서

❷ Must have / experience.

반드시 …있어야 한다 / 경험

❸ Must be willing / to work weekends.

기꺼이 ~해야 한다 / 주말에 일을 하다

❹ Send resume /

이력서를 보내라 /

to : Robert, P.O. BOX 7221, Seoul, Korea

대한민국 서울시 사서함 7221 로버트 씨에게

NOTES
서양에서는 주소가 작은 범위에서 큰 범위로 나아가게 쓴다.
[예] 대한민국 서울시 중구 필동2가
[큰 범위] ⟶ [작은 범위]
Pildong2-ga, Jung-gu, Seoul, Korea
[작은 범위] ⟶ [큰 범위]

TIP! 편의점 아르바이트를 모집한다는 광고문으로, 글쓴이가 전달하려는 내용이 무엇인지 정확히 파악해야 한다.

[광고]
❶ 구함 / 편의점 판매원
❷ 경험이 있어야 합니다.
❸ 주말 시간에도 기꺼이 일을 하셔야 합니다.
❹ 서울시 사서함 7221 로버트 씨에게 이력서를 보내 주세요.

실력 탄탄 다지기

실전 예상문제

01 [기출] Andy Warhol에 관한 다음 글에서 언급되지 <u>않은</u> 것은?

> Andy Warhol was born in Pittsburgh, Pennsylvania. He moved to New York in 1949, where he started his career as a commercial artist. In the early 1960s, he began to paint common things like cans of soup. His works inspired many contemporary* artists.
>
> *contemporary : 동시대의

① New York에서 태어났다.
② 상업 예술가로 활동했다.
③ 평범한 대상을 그림의 소재로 사용했다.
④ 그의 작품은 동시대의 예술가들에게 영향을 주었다.

정답 및 해설

앤디 워홀은 펜실베니아주 피츠버그에서 태어났다(Andy Warhol was born in Pittsburgh, Pennsylvania.)고 첫 문장에 제시되어 있다.

[해석] 앤디 워홀은 펜실베니아주 피츠버그에서 태어났다. 그는 1949년 뉴욕으로 이사했고 거기서 그는 상업화가로서의 일을 시작했다. 1960년대 초에 그는 수프 캔과 같은 흔한 물건들을 그리기 시작했다. 그의 작품들은 많은 동시대 화가들에게 영향을 주었다.

[단어]
be born in ~에서 태어나다
career [명] 일, 직업, 경력
commercial [형] 상업적인, 민간의
inspire [동] 영감을 주다, 불러일으키다

[문장분석]
Andy Warhol was born in Pittsburgh, Pennsylvania.
앤디 워홀은 펜실베니아주 피츠버그에서 태어났다.

He moved to New York in 1949, / where he started his career / as a commercial artist.
그는 1949년 뉴욕으로 이사했다 / 거기서 그는 일을 시작했다 / 상업화가로서

In the early 1960s, / he began to paint common things / like cans of soup.
1960년대 초에 / 그는 흔한 물건들을 그리기 시작했다 / 수프 캔과 같은

His works inspired / many contemporary artists.
그의 작품들은 영향을 주었다 / 많은 동시대 화가들에게

[답] ①

02 다음 글의 내용과 맞지 않는 것은?

> John is pretty weak when it comes to history, but he knows what to do when his bicycle has a hole in the tire. Bill is poor at foreign language, but he runs faster than any other boy in his class.

① 존은 역사 공부를 잘하지 못한다.
② 존은 자전거 바퀴를 고칠 수 있다.
③ 빌은 반에서 가장 빨리 달린다.
④ 빌은 영어를 잘한다.

정답 및 해설

빌은 외국어(foreign language)에 취약하다고(be poor at) 했다.

해석 존은 역사에 관해서는 약하지만 자전거 바퀴에 구멍이 났을 때 무엇을 해야 할지를 안다. 빌은 외국어는 못하지만 그는 학급에서 가장 빨리 달린다.

단어
pretty [형] 예쁜 [부] 꽤, 상당히, 매우
weak [형] 약한
when it comes to ~에 관해서라면
hole [명] 구멍, 틈
be poor at ~에 서투르다, …을 못하다
foreign [형] 외국의, 이질적인

문장분석 John is pretty weak / when it comes to history, / but he knows what to do /
존은 매우 약하다 / 역사에 관해서 / 하지만 그는 무엇을 해야 하는지 안다 /
when his bicycle has a hole in the tire.
자전거 바퀴에 구멍이 났을 때
Bill is poor at foreign language, / but he runs faster / than any other boy in his class.
빌은 외국어에 약하다 / 하지만 그는 더 빨리 달린다 / 그의 반에서 어떤 다른 소년보다

[답] ④

03 글의 내용과 일치하지 않는 것은?

[기출]

My family went to Damyang two weeks ago. We went to a 5 day market. There were many local products. My mother bought a hat made of bamboo. We had a great time.

① 우리 가족은 두 달 전에 담양에 갔다. ② 우리 가족은 5일장에 갔다.
③ 시장에는 지역 토산품이 많이 있었다. ④ 어머니는 대나무 모자 하나를 샀다.

정답 및 해설

두 달 전이 아닌 2주 전에 담양에 간 것이다. 따라서 답은 ①이 된다.

[해] [석] 우리 가족은 2주 전에 담양에 갔다. 우리는 5일장에 갔다. 거기에는 많은 지역 토산품들이 있었다. 엄마는 대나무로 만든 모자를 하나 샀다. 우리는 즐거운 시간을 보냈다.

[단] [어] market [명] 시장 local product 토산품
made of ~로 만든 bamboo [명] 대나무

[문장분석] My family went to Damyang / two weeks ago.
우리 가족은 담양에 갔다 / 2주 전에

We went to a 5 day market.
우리는 5일장에 갔다

There were many local products.
많은 토산품들이 있었다

My mother bought a hat / made of bamboo.
엄마는 모자를 샀다 / 대나무로 만든

We had a great time.
우리는 좋은 시간을 보냈다

[답] ①

04 글의 내용으로 알맞은 것은?

Another reason why young people prefer city life is to have more free time. A farmer's work is never done, but a job in the city is over at quitting time. The rest of the time is free time.

① 젊은이들이 최근 교외로 빠져나가고 있다.
② 젊은이들은 자유시간이 많다.

③ 농부의 일은 끝이 없다.

④ 젊은이들은 요즘 취업난으로 직업을 구하기 어렵다.

정답 및 해설

농부의 일이 끝이 없으므로 젊은이들이 더 많은 자유시간을 얻기 위해 도시로 떠난다고 한다.

[해] [석] 젊은 사람들이 도시생활을 좋아하는 또 다른 이유는 자유시간을 더 가질 수 있다는 점이다. 농부의 일은 끝이 없다. 하지만 도시의 일은 퇴근시간에 끝난다. 남는 시간은 자유시간이다.

[단] [어]
another [대] 또 하나의, 다른
prefer [동] ~을 더 좋아하다, 선호하다
job [명] 직업, 일
rest [명] 나머지, 휴식
[동] 쉬다, 휴식을 취하다
reason [명] 이유, 이성
be done 끝나다(= be over)
quit [동] 그만두다, 중지하다
quitting time 퇴근시간

[문장분석] Another reason why young people prefer city life / is to have more free time.
젊은이들이 도시생활을 선호하는 또다른 이유는 / 자유시간을 더 가질 수 있다는 것이다

A farmer's work is never done, / but a job in the city is over / at quitting time.
농부의 일은 끝이 없다 / 하지만 도시의 일은 끝난다 / 퇴근시간에

The rest of the time / is free time.
나머지 시간은 / 자유시간이다

[답] ③

05 다음 글의 내용으로 적절한 것은?

Dormitory Rules For Students

All students must
- get up at 6:30 a.m.
- go to bed at 9:00 p.m.

Students may
- have visitors twice a month.
- have a personal computer.

Students may not
- go outside after 7:00 p.m.
- have cellular phones.

① 학생들은 6시에 기상해야 한다.

② 학생들은 한 달에 한번 친구의 방문이 허가된다.

③ 학생들은 휴대전화를 소지할 수 없다.

④ 학생들은 컴퓨터를 소지할 수 없다.

[정답 및 해설]

휴대전화는 소지할 수 없으나, 개인용 컴퓨터는 소지할 수 있다.

[해 석] 학생들을 위한 기숙사 규칙
모든 학생들은 반드시 아침 6시 30분에 일어나야 하고, 저녁 9시에 자러 가야 합니다.
학생들은 한 달에 두 번 친구의 방문이 허락되고, 개인용 컴퓨터를 소지할 수 있습니다.
학생들은 저녁 7시 이후에는 밖에 나갈 수 없고, 휴대전화를 소지할 수 없습니다.

[단 어]
dormitory [명] 기숙사
get up 일어나다, 깨우다(= awake)
visitor [명] 방문객 [CF] visit [동] 방문하다
cellular phone 휴대전화(= mobile phone)
rule [명] 규칙, 규정 [동] 통치하다, 지배하다
go to bed 잠자다, 취침하다
go outside 밖으로 나가다, 외출하다

[문장분석] Dormitory Rules For Students
학생들을 위한 기숙사 규칙

All students must
모든 학생들은 반드시

1. get up at 6:30 a.m.
   아침 6시 30분에 일어나야 합니다
2. go to bed at 9:00 p.m.
   저녁 9시에 잠 자야 합니다

Students may
학생들은 할 수 있습니다

1. have visitors twice a month[1).]
   한 달에 두 번 방문자를 맞을 수 있습니다
2. have a personal computer.
   개인용 컴퓨터를 소지할 수 있습니다

Students may not
학생들은 할 수 없습니다.

1. go outside after 7:00 p.m.
   오후 7시 이후에 외출할 수 없습니다
2. have cellular phones.
   휴대전화를 소지할 수 없습니다

Notes 1) 수/횟수 + a day(week, month, year) : 하루에(1주에, 한 달에, 1년에) 몇 번

[답] ③

03 글의 목적

학습 point+

글의 목적을 물어보는 문제는 글을 쓴 이유나 글쓴이의 의도를 파악하는 유형으로, 실용문 중에서 편지글이나 광고문이 자주 출제된다. 이 유형은 제시문의 첫 문장이나 제목을 살펴보면 해답을 쉽게 찾을 수 있다. 또한 글의 목적에 따라 사용하는 단어가 다르므로 편지글(dear, sincerely), 광고문(wanted, sale, advertisement), 공고문(inform, notice), 안내문(guide), 초대장(invite) 등에 자주 등장하는 단어들은 알고 있어야 한다.

Rose Festival at Fantasy Land

❶ This year's Rose Festival will start May 1st at Fantasy Land. ❷ You can enjoy many kinds of roses in full bloom. ❸ You can also enjoy food and entertainment here. ❹ We're expecting to see you at Fantasy Land!

festival [명] 축제, 잔치
enjoy [동] 즐기다, 향유하다
entertainment [명] 환대, 연예, 오락
fantasy [명] 상상, 공상, 환상
in full bloom 활짝 핀, 만개하여
expect [동] 기대하다, 예상하다(= anticipate, look forward to)

문장분석

❶ This year's Rose Festival / will start / May 1st at Fantasy Land.
올해의 장미꽃 축제가 / 시작할 것이다 / 5월 1일에 판타지랜드에서

❷ You can enjoy / many kinds of roses / in full bloom.
→ 많은 종류의 [CF] kind of(약간, 어느 정도), a kind of(~같은, 비슷한, 일종의)
당신은 즐길 수 있다 / 다양한 종류의 장미들을 / 만개한

❸ You can also enjoy / food and entertainment / here.
→ 빈도부사의 위치 : 조동사, be동사의 뒤, 일반동사의 앞에 위치
당신은 역시 즐길 수 있다 / 음식과 오락을 / 여기에서

❹ We're(= We are) expecting / to see you / at Fantasy Land!
우리는 기대하고 있다 / 당신을 보다 / 판타지랜드에서

I'm 쌤 TIP! 판타지랜드에서 펼쳐지는 장미축제에 대한 광고문이다.

[판타지랜드의 장미꽃 축제]
❶ 올해의 장미 축제가 5월 1일 판타지랜드에서 시작할 예정입니다. ❷ 당신은 만개한 다양한 종류의 장미들을 관람할 수 있습니다. ❸ 당신은 또한 여기서 음식과 오락을 즐길 수도 있습니다. ❹ 우리는 판타지랜드에서 당신을 만나기를 기대하고 있습니다.

Counsel

❶ Dear Amy
❷ My problem is that I am shy. ❸ I have a few friends in my class. ❹ But there is one other student I want to make friends with. ❺ He is outgoing and has many friends. ❻ How can I start a conversation with him?

---

counsel ⓜ 상담, 조언 ⓥ 충고하다, 상담을 하다
class ⓜ 종류, 계층, 학급, 수업
      ⓥ 분류하다, 등급을 나누다
outgoing ⓐ 외향적인, 사교적인

dear ⓐ 친애하는, 소중한 ⓜ 친절한 사람
shy ⓐ 수줍은, 부끄럼 타는
make friends with ~와 친해지다, 사귀다
conversation ⓜ 대화, 회화, 담화

▌문장분석▌

❶ Dear Amy
   ↳ 편지글의 맨 앞에 주로 사용
친애하는 에이미에게

❷ My problem is / that I am shy.
나의 문제는 ~이다 / 내가 부끄러움을 탄다는 것

> **NOTES**
> • a few : 조금 ⓔ There are a few customers in the store. 가게에 손님이 조금 있다.
> • few : 거의 없는 ⓔ There are few customers in the store. 가게에 손님이 거의 없다.

❸ I have a few friends / in my class.
나는 몇 명의 친구들을 가지고 있다 / 나의 학급에
     ↳ 굳이 해석할 필요×

❹ But there is one other student / I want to make friends with.
         ↳ 목적격 관계대명사 whom이 생략된 문장 = one other student (whom) I want to~
하지만, 다른 학생이 한 명 있다 / 내가 친구가 되고 싶다

❺ He is outgoing / and has many friends.
그는 외향적이다 / 그리고 친구가 많다

❻ How can I start a conversation with him?
내가 어떻게 그와 이야기를 시작할 수 있을까?

 TIP! 내성적인 아이가 외향적인 반 아이와 친구가 되고 싶다는 고민을 담은 편지이다. 따라서 글의 목적은 친구를 사귀는 방법에 대해 Amy에게 조언을 구하는 것이다.

[상담]
❶ 친애하는 에이미에게 ❷ 제 문제는 부끄러움을 탄다는 거예요. ❸ 저는 반 친구가 몇 명밖에 없어요. ❹ 하지만 제가 친구 삼고 싶은 학생이 한 명 있어요. ❺ 그는 외향적이고, 친구가 많아요. ❻ 제가 어떻게 그 아이와 이야기를 시작해야 할까요?

Changing an appointment

❶ Hello, Yumi, this is Sujin. ❷ I'm sorry to change our appointment. ❸ My mother had a traffic accident and I have to take care of her. ❹ I can't meet you at 10 o'clock tomorrow, but I can see you at 12 o'clock this Sunday. ❺ I hope that's O.K. with you.

sorry to ~해서 미안하다, ~되어 유감스럽다 traffic accident 교통사고
appointment [명] 약속, 예약(= meeting, date, engagement)
take care of ~을 돌보다, 신경쓰다(= look after, care for)

문장분석

❶ Hello, Yumi, / this is[1] Sujin.

안녕, 유미야 / 나 수진이야

❷ I'm sorry / to change our appointment.

나는 -미안하다 / 우리의 약속을 변경하다

❸ My mother had a traffic accident / and I have to take care of her.

나의 어머니가 교통사고를 당하셨다 / 그리고 나는 그녀를 돌봐드려야 한다

❹ I can't meet you / at 10 o'clock tomorrow, / but I can see you / at 12 o'clock this Sunday.

↳ 현재시제의 동사(cannot meet)가 미래를 나타내는 부사(tomorrow)의 영향을 받아 미래를 나타낸다.

나는 너를 만날 수 없다 / 내일 아침 10시에 / 하지만 나는 너를 볼 수 있다 / 이번 일요일 12시에

❺ I hope / that's O.K. with you.

나는 바란다 / 너에게 그것이 괜찮기를

NOTES

1) 일반적으로 영어권 국가에서는 상대방이 인식하지 못하는 상황([예] 전화 통화상)에서 누군가를 소개하고자 할 때 this is를 쓰는 경향이 있다. 구어체에서는 It's를 쓰기도 한다.

TIP! 친구 유미와 다음날 10시에 계획했던 약속을 일요일 12시로 미루어야 한다는 내용의 글이다.

[약속 시간의 변경]

❶ 안녕, 유미야. 나 수진이야. ❷ 미안한데, 약속을 변경해야겠어. ❸ 어머니께서 교통사고를 당하셔서 내가 어머니를 돌봐야만 하거든. ❹ 내일 10시에 너를 만날 수가 없어. 하지만 이번 일요일 12시에는 만날 수 있어. ❺ 그렇게 됐으면 좋겠어.

Advertisement

❶ Developing your listening skills is an important part of your English course. ❷ Here in the Listening Center you can develop many different skills. ❸ There are hundreds of videotapes for you. ❹ You will find it very helpful to use these materials.

listening skill 청취 능력
course [명] 과정, 진행, 경과, 강의, 과목
hundreds of 무수한, 수많은 [CF] hundred 백
material [명] 자료, 물질, 도구 [형] 물질적인, 중요한
important [형] 중요한
find [동] 찾다, 알아내다, 알게 되다
helpful [형] 유용한, 도움이 되는

문장분석

❶ Developing your listening skills / is[1] an important part of your English course.
당신의 청취 능력을 향상시키는 것은 / 당신의 영어공부 과정의 중요한 부분이다

❷ Here in the Listening Center / you can develop / many different skills.
여기 듣기 센터에서 / 당신은 개발할 수 있다 / 많은 다양한 능력들을

❸ There are hundreds of videotapes / for you.
거기에는 수많은 비디오테이프들이 있다 / 당신을 위한

→ 5형식 문장 : 주어(you) + 동사(will find) + 목적어(it) + 목적격보어(helpful)
❹ You will find it / very helpful to use / these materials.
당신은 알게 될 것이다 / 사용하기에 매우 유용하다 / 이 자료들이

NOTES
1) 동명사가 하나일 경우 단수취급하고 접속사로 이어진 '동명사 and 동명사'일 경우 복수 취급한다.

TIP! 영어듣기학원(Listening Center)의 광고글이다.

[광 고]
❶ 당신의 청취 능력을 향상시키는 것은 영어를 공부하는 과정에서 중요한 부분입니다. ❷ 여기 듣기센터에서 당신은 많은 다양한 능력을 개발할 수 있습니다. ❸ 그곳에는 수많은 비디오테이프들이 있습니다. ❹ 당신은 이 자료들을 사용하는 것이 매우 유용하다는 사실을 알게 될 것입니다.

탄탄 실력 다지기

실전 예상문제

※ 다음 글을 쓴 목적으로 알맞은 것을 고르시오. (1~5)

01 [기출]

Get a new backpack for half price!

I have a backpack for sale. I won it as a quiz prize, but I already have a similar one. It is a medium-sized blue backpack with many pockets. I haven't even opened the wrapping. If you're interested, please contact me.

① 수선 신청 ② 물건 판매
③ 환불 요청 ④ 주문 취소

정답 및 해설

'반값에 새 배낭을 가지세요!'라는 제목과 본문의 'for sale(팔려고 내놓은)'이라는 것만 보아도 이 글은 물건(배낭)을 판매할 목적으로 쓰였음을 알 수 있다.

[해] [석] 반값에 새 배낭을 가지세요!
나는 세일 중인 배낭을 가지고 있습니다. 나는 퀴즈 상으로 그것을 받았지만, 나는 이미 비슷한 것이 하나 있습니다. 그것은 주머니가 많은 중간 크기의 파란색 가방입니다. 나는 심지어 포장도 뜯지 않았습니다. 만약 당신이 관심이 있다면, 저에게 연락주세요.

[단] [어]
backpack [명] 배낭
similar [형] 비슷한
contact [명] 연락, 접촉
for sale 판매하는, 팔려고 내놓은
wrapping [명] 포장(지)

[문장분석]
Get a new backpack for half price!
반값에 새 배낭을 가지세요!

I have a backpack for sale. / I won it as a quiz prize, / but I already have a similar one.
나는 판매중인 배낭이 있습니다 / 나는 퀴즈 상으로 그것을 받았습니다 / 그러나 이미 비슷한 것이 있습니다

It is a medium-sized blue backpack / with many pockets. / I haven't even opened the wrapping.
그것은 중간 크기의 파란색 배낭입니다 / 많은 주머니를 가진 / 나는 심지어 포장도 뜯지 않았습니다

If you're interested, / please contact me.
만약 당신이 관심 있다면, / 저에게 연락주세요

[답] ②

02

Dear Kevin

Hello! My name is Hyeonjeong and I am a freshman at a girls' high school. I would like to become your friend. I got your address from my friend. This is my first letter in English. That's why I am a little nervous now. I hope you will understand.

① 영어공부를 하려고
② Kevin과 친구가 되려고
③ Kevin을 설득하려고
④ Kevin에게 상담을 받으려고

정답 및 해설

두 번째 문장에서 Kevin과 친구가 되고자 편지를 적었음을 확인할 수 있다.

[해] [석] 친애하는 케빈에게
안녕! 내 이름은 현정이고, 여고 신입생이야. 나는 네 친구가 되고 싶어. 나는 나의 친구로부터 너의 주소를 받았어. 이번이 영어로 쓰는 나의 첫 번째 편지야. 그래서 지금 조금 떨려. 네가 이해해 주길 바라.

[단] [어]
freshman [명] 신입생
would like to ~하고 싶다
address [명] 주소, 인사말, 연설
[동] 연설하다, 주소를 쓰다
girls' high school 여자고등학교
in English 영어로
a little 조금, 약간
nervous [형] 신경질의, 겁내는, 불안한

[문장분석] Dear Kevin 케빈에게

Hello! My name is Hyeonjeong / and I am a freshman / at a girls' high school.
안녕! 내 이름은 현정이야 / 그리고 나는 신입생이야 / 여자고등학교에서

I would like to / become your friend.
나는 ~하고 싶어 / 너의 친구가 되다

I got your address / from my friend.
나는 너의 주소를 받았어 / 내 친구로부터

This is my first letter / in English.
이번이 나의 첫 번째 편지야 / 영어로 쓰다

That's why / I am a little nervous now.
그게 이유야 / 내가 지금 조금 긴장하다

I hope / you will understand.
나는 바라 / 네가 이해해 주길

[답] ②

03

> You're Invited
>
> Please come to my birthday party on August 24, 2020.

① 불평 ② 초대
③ 사과 ④ 감사

정답 및 해설

'invited'라는 단어만 보더라도 초대에 관한 글임을 알 수 있다.

[해석] 당신은 초대되었습니다.
2020년 8월 24일에 있을 제 생일파티에 부디 와 주세요.

[단어] be invited 초대되다
please [동] 기쁘게 하다, 즐겁게 하다
[부] 부디, 제발, 죄송하지만

[문장분석] You are invited.
당신을 초대합니다
Please come / to my birthday party / on [1] August 24, 2020.
부디 와 주세요 / 내 생일파티에 / 2020년 8월 24일에

Notes 1) on : 달, 월, 요일과 같이 하루 이상의 시간을 나타낼 때는 전치사 on을 쓰고 연도를 나타낼 때는 전치사 in을 사용한다.

[답] ②

04

> • No smoking in the building.
> • Absence must be reported a day in advance.
> • No personal calls are allowed during business hours.

① 설명서 ② 초대문
③ 주의사항 ④ 광고문

정답 및 해설

금연이나 결근, 업무시간과 같은 단어들을 통해서 사무실에서 해서는 안 될 주의사항에 대한 내용임을 알 수 있다.

[해석] 건물 내에서 금연하세요.
결근은 하루 전에 보고되어야 합니다.
업무시간 중에 사적인 전화는 허용되지 않습니다.

[단] [어] no smoking 금연
report [명] 보고서, 소문, 리포트, 보도, 기사
[동] 보고하다, 기록하다
allow [동] 허락하다, 주다, 인정하다
no personal calls 사적인 통화는 금지
absence [명] 결석, 결근, 부재
in advance 사전에, 전방에, 선두에
business hours 업무시간

[문장분석] No smoking [1)] / in the building. 금연하세요 / 건물 내에서는

Absences must be [2)] reported / a day in advance.
결근은 반드시 보고되어야 한다 / 하루 전에

No personal calls are allowed / during business hours.
사적인 전화는 허용되지 않는다 / 업무시간 동안

Notes
1) 동사에 not을 붙이는 대신 명사에 'no'를 붙여서 부정의 의미를 강하게 한다.
2) 조동사 must의 영향을 받으므로 be동사는 원형인 be를 쓴다.

[답] ③

05

MILK Boys & Girls

We are looking for healthy students to deliver milk.

- 10,000 won per 50 homes a day
- From Monday to Saturday

① 구인광고
② 우유광고
③ 주의사항
④ 캠페인

정답 및 해설

우유배달부를 모집하는 구인광고이다.

[해] [석] 우유 배달원
우리는 우유를 배달할 건강한 학생들을 구합니다.
하루 50가구당 1만 원
월요일부터 토요일까지

[단] [어] look for 찾다, 구하다(= wanted, seek)
deliver [동] 배달하다, 인도하다, 의견을 말하다
from A to B A부터 B까지
healthy [형] 건강한, 건전한
per [전] 당, 매, 마다

[문장분석] MILK Boys & Girls 우유 소년과 소녀

We are looking for / healthy students / to deliver milk.
우리는 찾고 있다 / 건강한 학생들 / 우유를 배달할

10,000 won / per 50 homes / a day 1만 원 / 50가구마다 / 하루에

From Monday / to Saturday 월요일부터 / 토요일까지

[답] ①

04 글의 분위기와 작가의 심정

학습 point⁺

글의 분위기를 전체적으로 파악하기 위하여 우선 형용사나 부사, 동사의 어조에 유의한다. 긍정문일 경우에는 긍정적인 단어가 많이 나오는 반면, 반대의 경우에는 부정적인 단어가 등장할 가능성이 높다.

- 긍정적 단어 : happy, pleased, funny, favorable, relieved 등
- 부정적 단어 : sad, sorrowful, desperate, angry, annoyed, frightened, depressed 등

Feeling jealous

❶ My best friend has a new boyfriend. ❷ When I am with her and her boyfriend, I just don't feel comfortable. ❸ When she says she doesn't have any time to spend with me, I feel jealous.

feel comfortable 편하게 느끼다 [CF] feel jealous 질투심을 느끼다
spend [동] 쓰다, 소비하다, 들이다

| 문장분석 |

❶ My best friend / has a new boyfriend.

나의 가장 친한 친구는 / 새 남자친구가 있다

❷ When I am with her and her boyfriend, / I just don't feel comfortable.

→ 종속접속사 → 주절

내가 그녀와 그녀의 남자친구와 있을 때 / 나는 정말 편안함을 느끼지 않는다

❸ When she says / she doesn't have any time / to spend with me, / I feel jealous.

→ 어떤 시간도 없다, any는 부정문에서 '어떤 ~도'

그녀가 말할 때 / 그녀는 시간이 없다 / 나와 함께 보낼 / 나는 질투를 느낀다

I'm 쌤 ABC

TIP! 마지막 문장을 통해 글쓴이가 남자친구와만 시간을 보내는 친구를 질투하고 있음을 알 수 있다.

[질투를 느낌]

❶ 나의 가장 친한 친구에게 새로운 남자친구가 생겼어요. ❷ 내가 그녀와 그녀의 남자친구와 있을 때, 나는 정말 편하지 않아요. ❸ 그녀가 나와 보낼 시간이 없다고 말할 땐, 정말 질투납니다.

Hopeless situation

❶ When I heard the sound of fire engines, I ran to the window and saw several fire engines in front of my apartment. ❷ Then the fire alarm went off, I rushed out to the stairs but I couldn't go down because of the smoke.

fire engines 소방차
in front of ~앞에
rush out 뛰쳐나오다, 급히 달려나오다
go down 내려가다
smoke [명] 연기 [동] 훈제하다, 연기를 내다, 담배를 피우다
several [형] 몇몇의, 여러 개의
fire alarm 화재경보기
stair [명] 계단(= steps)
because of ~때문에

문장분석

❶ When[1] I heard the sound of fire engines, / I ran to the window /
내가 소방차의 소리를 들었을 때 / 나는 창문으로 달려갔다 /
and saw several fire engines / in front of my apartment.
그리고 몇 대의 소방차를 보았다 / 내 아파트 앞에서

❷ Then the fire alarm went off, / I rushed out to the stairs /
그러자 화재경보기가 울렸다 / 나는 계단으로 뛰쳐나갔다 /
but I couldn't go down / because of the smoke.
그러나 나는 내려갈 수 없었다 / 연기 때문에

NOTES

1) when은 시간을 나타내는 부사절을 이끄는 종속접속사로 문두에 위치하기도 한다.
✦ 시간의 부사절을 이끄는 종속접속사
when(~할 때), which(~하는 동안), before(~전에), as soon as(~하자마자), since(~이래로), until(~까지), once(~하자마자)

I'm 쌤 TIP! 불이 나서 대피하려 했으나, 연기 때문에 대피를 하지 못하므로 절망적인 상황에 처해 있음을 알 수 있다.

[절망적인 상황]
❶ 소방차의 사이렌을 들었을 때, 나는 창문으로 달려갔고 아파트 앞에서 몇 대의 소방차를 보았다. ❷ 그러자 화재경보기가 울렸고, 나는 계단으로 뛰쳐나갔지만 연기 때문에 아래로 내려갈 수 없었다.

What comes after 'T'?

❶ The first grade class was learning the letters of the alphabet. ❷ "What comes after T?" the teacher asked. ❸ One little boy replied quickly : "V".

come after ~를 뒤쫓다, ~를 따르다

reply [동] 대답하다, 대응하다(= respond, answer)
[명] 대답, 답장, 대응

문장분석

❶ The first grade class was learning / the letters of the alphabet.

1학년 학생들이 배우고 있었다 / 알파벳 글자들을

❷ "What comes after T?" / the teacher asked.

"T 다음에 오는 글자는 무엇일까요?" / 선생님이 질문했다

❸ One little boy replied quickly : "V".

한 작은 소년이 재빨리 "V"라고 대답했다

TiP! T 다음에 올 알파벳은 U이지만, TV에 익숙한 한 학생이 T 다음에 오는 알파벳을 V라고 하여 웃음을 자아내게 하는 글이다.

[T 다음에 오는 말]

❶ 1학년생들이 알파벳을 배우고 있었다. ❷ "T 다음에 오는 글자는 무엇이지?"라고 선생님이 물었다. ❸ 한 소년이 "V"라고 재빨리 대답하였다.

01 대화에서 알 수 있는 B의 심정으로 가장 적절한 것은?

기출

> A : Sumi, are you ready for the dance contest?
> B : Jim, I don't think I can go on the stage. I'm so nervous.
> A : Calm down. You've been practicing for months! You'll do fine.
> B : I don't know. My hands are even shaking now.

① 지루한   ② 긴장한

③ 만족스러운   ④ 자랑스러운

✔ 정답 및 해설

총 경연대회를 앞두고 너무 긴장하고(nervous) 있고, 심지어 손까지 떨고 있는 상황임을 보여주고 있다.

해석   A : 수미야, 너는 춤 경연대회를 위한 준비가 되었니?
        B : 짐, 나는 내가 무대에 올라갈 수 있을 거라고 생각되지 않아. 나 너무 긴장돼.
        A : 진정해. 너는 수개월 동안 연습해 왔잖아! 너는 잘 할거야.
        B : 모르겠어. 심지어 지금 내 손도 떨리고 있어.

단어   ready for ～에 대해 준비된   nervous ⓐ 긴장되는, 신경성의
        calm down 진정하다   practice ⓥ 연습하다 ⓝ 연습, 관행, 실행
        shake ⓥ 떨다, 악수하다, 흔들다

문장분석   A : Sumi, are you ready for / the dance contest?
            수미야 준비되었니 / 춤 경연대회

            B : Jim, I don't think / I can go on the stage. / I'm so nervous.
            짐, 나는 생각이 안 돼 / 나는 무대에 올라갈 수 있다 / 나 너무 긴장돼

            A : Calm down. / You've been practicing / for months! / You'll do fine.
            진정해 / 너는 연습해 왔다 / 몇 달 동안 / 너는 잘 할거야

            B : I don't know. / My hands are even shaking now.
            모르겠어 / 심지어 지금 내 손도 떨리고 있어

답 ②

---

02 다음 'John'의 성격으로 알맞은 것은?

Mary : Hi, John. What are you doing?
John : I am just relaxing.
Mary : Again? Oh, you are a worker hardly working.
John : Hey, just take it easy. We are not working animals.

① lazy
② sincere
③ sociable
④ humorous

정답 및 해설

빈둥거리고 있는 John에게 Mary가 한마디 하고 있는 상황으로 John의 성격은 게으르다.

[해석] 마리 : 안녕, 존. 뭐 하니?
존 : 나 그냥 쉬고 있어.
마리 : 또? 오, 너는 거의 일하지 않는 일꾼이구나.
존 : 이봐, 좀 느긋해 봐. 우리가 일하는 동물은 아니잖아?

[단어] **relax** [동] 완화하다, 휴식을 취하다, 긴장을 풀다
hardly [부] 거의 ~않다 [CF] hard [형] 단단한, 곤란한, 열심인
take it easy 일을 쉬엄쉬엄하다, 서두르지 않다, 진정해라, 걱정 마라(명령문)
sincere [형] 성실한, 진실한, 거짓 없는
sociable [형] 사교적인, 친목적인
humorous [형] 익살스러운
lazy [형] 게으른, 여유로운

[문장분석] Mary : Hi, John. / What are you doing?
마리 : 안녕, 존 / 무엇을 하고 있니?

John : I am just relaxing.
존 : 나 그냥 쉬고 있어.

Mary : Again? / Oh, you are a worker / hardly working.
마리 : 또? / 오, 너는 노동자야 / 거의 일하지 않는

John : Hey, just take it easy. / We are not working[1] animals.
존 : 이봐, 느긋하게 생각해 / 우리는 일하는 동물이 아니야

Notes 1) working은 animals를 수식하는 현재분사이다. 현재진행형(are not working)이 아니다.

[답] ①

03 다음 글의 분위기로 적절한 것은?

Teacher : Yesterday, I asked you to make your family happy. Michael, would you?
Michael : Sure, look at this picture. This is my grandmother.
Teacher : She looks so graceful. Then, tell us how you made her glad?
Michael : I went to see her yesterday, and stayed with her for three hours. Then said to her, "Grandma, I'm going home." and she said, "Well, I'm very glad!"

① exciting ② sad
③ happy ④ funny

정답 및 해설

[해] [석] 선생님 : 어제 내가 가족을 기쁘게 해 드리라고 말했죠. 마이클, 말해 볼래?
마이클 : 물론이에요. 이 사진을 보세요. 이분이 제 할머니입니다.
선생님 : 할머님이 매우 우아하시구나. 그럼 우리에게 그녀를 어떻게 기쁘게 해 드렸는지 말해 보렴.
마이클 : 저는 어제 할머니를 뵈러 갔어요. 그리고 그녀와 3시간을 같이 있었죠. 그런 다음 그녀에게 "할머니, 저 집에 갈래요."라고 하자, 그녀는 "오, 정말 기쁘구나."라고 했어요.

[단] [어] **grandmother** [명] 할머니(= grandam, grandma) **glad** [형] 기쁜, 반가운, 즐거운
stay [동] 머무르다, 가만히 있다 **exciting** [형] 흥분시키는, 자극적인

[문장분석] Teacher : Yesterday, / I asked you / to make your family happy.
어제 / 내가 너에게 요구했다 / 너의 가족을 행복하게 만들라고
Michael, / would you?
마이클 / 말해 볼래?

Michael : Sure, / look at this picture. / This is my grandmother.
물론이죠 / 이 사진을 보세요 / 이분은 나의 할머니입니다

Teacher : She looks so graceful. / Then, tell us / how you made[1] her glad?
그녀는 매우 우아해 보인다 / 그럼 말해봐 / 네가 어떻게 행복하게 만들었지?

Michael : I went to see her yesterday, / and stayed with her for three hours.
나는 어제 그녀를 만나러 갔다 / 그리고 그녀와 3시간 동안 같이 있었다
Then said to her, / "Grandma, I'm going home." / and she said,
그리고 그녀에게 말했다 / "할머니, 나 집에 갈래요." / 그리고 그녀가 말했다
"Well, I'm very glad!"
"그래, 나는 정말 기쁘구나."

Notes 1) made : make의 과거형으로 단순히 '만들다'라는 의미 외에도 '시키다, 되게 만들다'의 의미가 있다.

[답] ④

04 글 속 인물의 심정으로 적절한 것은?

Even though the economic recovery wasn't achieved and unemployment didn't end, Mr. Jeong didn't give up seeking a job. Finally he got it. The last step of the pleasant walk took him to a large building. This building would be his work place.

① surprise

② pleased

③ sorrow

④ worried

✔ 정답 및 해설

힘든 경제 상황에서도 취직을 한 상황으로 'pleasant walk'를 통해 저자의 심정이 기쁘다는 것을 알 수 있다.

해 석 비록 경제 회복이 이루어지지 않았고, 실업이 끝나지 않았지만, 정씨는 일자리를 알아보는 것을 포기하지 않았다. 결국 그는 취업했다. 그의 즐거운 발걸음이 그를 큰 빌딩으로 데려갔다. 이 건물이 그의 일터가 될 것이다.

단 어 even though 비록 ~일지라도(= even if)
recovery 몡 회복
achieve 동 달성하다, 이루다
give up 포기하다
step 몡 걸음, 수단 동 걷다, 나아가다
　　　 CF steps 계단(= stairs)
surprise 몡 놀람, 경악

economic 혱 경제상의, 경제의, 경제학의
　　　 CF economics 몡 경제학(s가 있지만 단수 취급)
unemployment 몡 실업, 실직
seek 동 구하다, 찾다
pleasant 혱 즐거운, 유쾌한
sorrow 몡 슬픔

문장분석 Even though / the economic recovery wasn't achieved / and unemployment didn't end, /
비록 ~지만 / 경제 회복이 이루어지지 않았다 / 그리고 실업이 끝나지 않았다 /

Mr. Jeong didn't give up / seeking a job.
정씨는 포기하지 않았다 / 일자리 찾는 것을

Finally he got it.
결국 그는 구했다

The last step of the pleasant walk [1] / took him / to a large building.
즐거운 걸음의 마지막 발걸음은 / 그를 데려갔다 / 큰 빌딩으로

This building / would be his work place.
이 빌딩이 / 그의 일터가 될 것이다

Notes
1) 직역하면 의미가 어색한 문장이다. 이 문장은 의역해서 '즐거운 마음으로' 또는 전체적인 해석을 '그는 즐거운 마음으로 큰 빌딩 안으로 마지막 걸음을 내딛었다'라고 함이 적당하다.

답 ②

05 도표 해석

학습 point+

도표 해석 문제는 주제를 찾거나 내용을 묻는 지문에 비해 문장의 내용과 길이가 간략하므로 쉽게 풀 수 있다. 서술식의 문장에 비해서 숨어 있는 정보의 사실 유무를 정확히 판단해야 하므로 비록 문장이 짧더라도 하나하나 꼼꼼히 확인한다.

[규칙적으로 운동을 하는 사람]

Habits \ Name	Ann	Jane	John	Kate
❶ I don't usually have breakfast.	✓			✓
❷ I exercise regularly.			✓	
❸ I usually go to bed early.		✓		

habit [명] 버릇, 습관, 관습(= custom)
exercise [명] 운동, 연습, 훈련
[동] 운동하다, 운동시키다
usually [부] 보통, 일반적으로, 늘, 평상시
regularly [부] 규칙적으로, 정기적으로

문장분석

Habits(습관) \ Name(이름)	Ann(앤)	Jane(제인)	John(존)	Kate(케이트)
❶ I don't usually have breakfast. 나는 보통 아침을 먹지 않는다	✓			✓
❷ I exercise regularly. 나는 정기적으로 운동한다			✓	
❸ I usually go to bed early. 나는 보통 일찍 취침한다		✓		

NOTES
✦ go to bed와 go to the bed의 차이점
bed에 정관사를 붙이지 않는 것은 침대 본연의 목적(수면)을 이미 알고 있기 때문이다. 만약, 정관사 the를 붙일 경우 수면의 목적이 아닌 다른 의도로 침대에 간다고 본다. [CF] go to school, go to church

I'm 쌤

Tip! I exercise regularly에서 체크가 되어 있는 사람은 John뿐이다. 따라서 규칙적으로 운동을 하는 사람은 Jonh이다.

[규칙적으로 운동을 하는 사람]
❶ 나는 보통 아침을 먹지 않는다. ❷ 나는 정기적으로 운동한다. ❸ 나는 보통 일찍 취침한다.

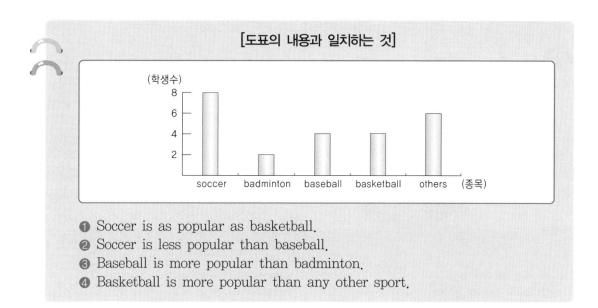

[도표의 내용과 일치하는 것]

❶ Soccer is as popular as basketball.
❷ Soccer is less popular than baseball.
❸ Baseball is more popular than badminton.
❹ Basketball is more popular than any other sport.

| 문장분석 |

❶ Soccer is as popular as basketball.
→ as + 원급 + as : ~만큼 -한
축구는 농구만큼 인기가 있다

❷ Soccer is less popular than baseball.
→ less + 원급 + than : ~보다 덜 -하다
축구는 야구보다 인기가 적다

❸ Baseball is more popular than badminton.
→ more + 원급 + than : ~보다 더 -하다
야구는 배드민턴보다 인기가 있다

❹ Basketball is more popular than any other sport.
농구는 다른 운동들보다 인기가 있다

> NOTES
> 비교급의 최상급 표현
> 비교급 + than + any other + 단수명사
> 비교급 + than + all the other + 복수명사

 TIP! 야구를 좋아하는 학생은 4명임에 반해 배드민턴은 2명으로 야구가 배드민턴보다 인기가 좋다는 걸 알 수 있다.

[표의 내용과 일치하는 것]
❶ 축구는 농구만큼 인기가 있다. (✕) → 축구가 농구보다 두 배 더 인기가 좋다.
❷ 축구는 야구보다 인기가 적다. (✕) → 축구가 야구보다 두 배 더 인기가 좋다.
❸ 야구는 배드민턴보다 인기가 있다. (○)
❹ 농구가 다른 운동들보다 인기가 있다. (✕) → 축구가 가장 인기가 좋다.

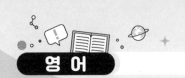

[도표의 내용과 일치하지 않는 것]

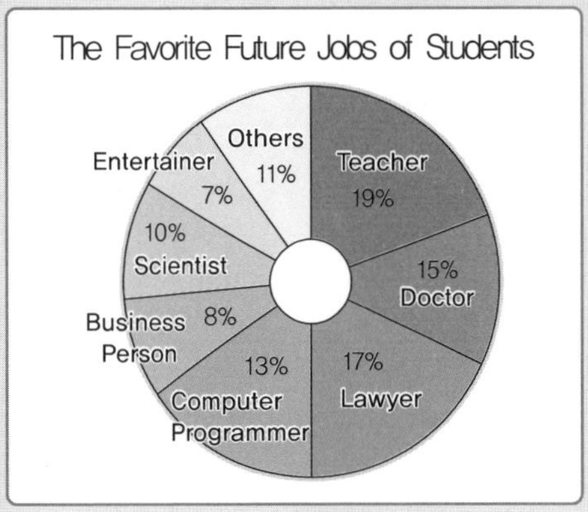
The Favorite Future Jobs of Students
Others 11%
Teacher 19%
Entertainer 7%
10% Scientist
15% Doctor
Business Person 8%
13% Computer Programmer
17% Lawyer

❶ A business person is the least favorite job.
❷ Students prefer becoming a teacher to becoming a scientist.
❸ Less than 10 percent of the students want to become entertainers.
❹ More than 10 percent of the students want to become computer programmers.

favorite [형] 좋아하는, 마음에 드는
business person [명] 사업가
more than ~보다 많은
business [명] 사무, 상업, 장사
entertainer [명] 연예인
computer programmer [명] 컴퓨터 프로그래머

| 문장분석 |

❶ A business person / is the least favorite job.

사업가는 / 가장 적게 선호하는 직업이다

NOTES
최상급(the least)의 표현은 항상 정관사 the를 붙인다.
[예외] 서술적 용법(be동사 + 최상급), 소유격의 뒤(your best friend)

❷ Students prefer / becoming a teacher / to becoming a scientist.

→ prefer A to B : B보다는 A를 좋아하다

학생들은 더 좋아한다 / 선생님이 되는 것을 / 과학자가 되는 것보다

❸ Less than 10 percent of the students / want to become entertainers.

→ to miles, to dollars처럼 복수의 경우 대부분 s를 단위에 붙이지만 percent는 붙이지 않는다.

10% 미만의 학생들이 / 연예인이 되기를 원한다

❹ More than 10 percent of the students / want to become computer programmers.

10% 이상의 학생들이 / 컴퓨터 프로그래머가 되기를 원한다

I'm 쌤

TIP! 연예인은 7%로, 8%인 사업가보다도 선호도가 낮다.

[도표의 내용과 일치하지 않는 것 : 학생들이 선호하는 장래 직업]
❶ 사업가는 가장 선호하지 않는 직업이다. (×)
❷ 학생들은 과학자가 되는 것보다 선생님이 되는 걸 더 선호한다. (○)
❸ 학생들의 10%보다 적은 수가 연예인이 되고 싶어 한다. (○)
❹ 학생들 10% 이상이 컴퓨터 프로그래머가 되고 싶어 한다. (○)

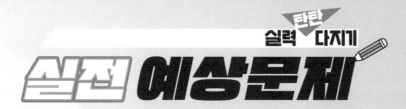

실력 탄탄 다지기

실전 예상문제

01 [기출] 도표의 내용으로 보아 빈칸에 알맞은 것은?

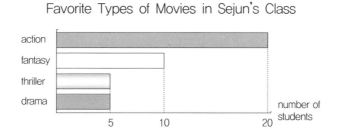

Favorite Types of Movies in Sejun's Class

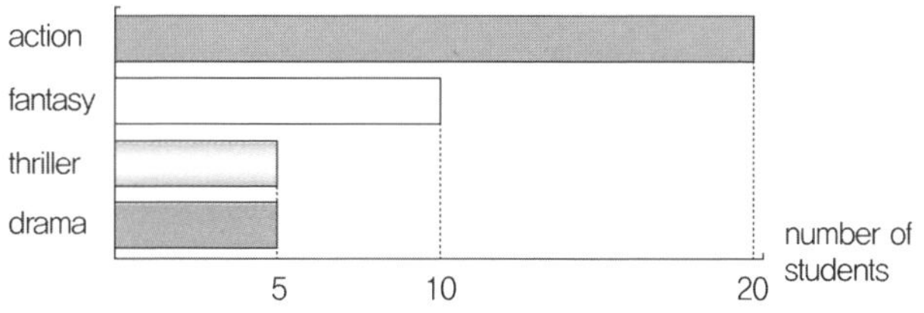

This graph shows what types of movies students in Sejun's class like. The largest number of students said ___________ was their favorite.

① action ② fantasy
③ thriller ④ drama

정답 및 해설

그래프에서 가장 많은 수의 학생들이 좋아하는 영화 유형을 찾으면 된다. action은 20명, fantasy는 10명, thriller와 drama는 각각 5명이다.

[해석] 이 그래프는 세준이의 학급 학생들이 좋아하는 영화 유형을 보여준다. 가장 많은 수의 학생들은 액션이 그들의 가장 좋아하는 것이라고 말했다.

[단어] type [명] 유형, 종류 / class [명] 학습, 수업, 계층(급) / favorite [형] 좋아하는

[문장분석] This graph shows / what types of movies / students in Sejun's class like.
이 그래프는 보여준다 / 어떤 유형의 영화 / 세준이 학급 학생들이 좋아하는

The largest number of students said / action was their favorite.
가장 많은 수의 학생들은 말했다 / 액션이 그들의 좋아하는 것이다.

[답] ①

02 다음 중 표의 내용과 일치하는 것은?

Name	John	Steven	Smith	Kathy
100m/s	12.72(s)	11.93(s)	13.45(s)	16.24(s)

① John is the fastest runner.

② Kathy is faster than Smith.

③ Steven is faster than any other runner.

④ Smith is as fast as John.

✔ **정답 및 해설**

해 설 ① 존은 가장 빨리 달리는 사람이다. (×)

② 캐시는 스미스보다 빠르다. (×)

③ 스티븐은 다른 어떤 선수보다 빠르다. (= 가장 빠르다) (○)

④ 스미스는 존만큼 빠르다. (×)

단 어 **fastest**(fast의 최상급) 가장 빠른

as + 원급(형용사) + as ~만큼 ~한

비교급 + than any other + 단수명사 다른 어떤 ~보다 더 ~한

faster than ~보다 빠른 CF **faster**(fast의 비교급) 더 빠른

문장분석 ① John is the fastest[1] runner.
존은 가장 빨리 달리는 사람이다.

② Kathy is faster than Smith.
캐시는 스미스보다 빠르다.

③ Steven is faster / than any other runner.
스티븐은 더 빠르다 / 다른 어떤 주자보다

④ Smith is as fast as John.
스미스는 존만큼 빠르다.

Notes ➤ 1) 형용사의 최상급 앞에는 정관사 the를 붙인다.

답 ③

03 도표의 내용과 일치하지 않는 것을 모두 고르면?

The percentage of the energy use

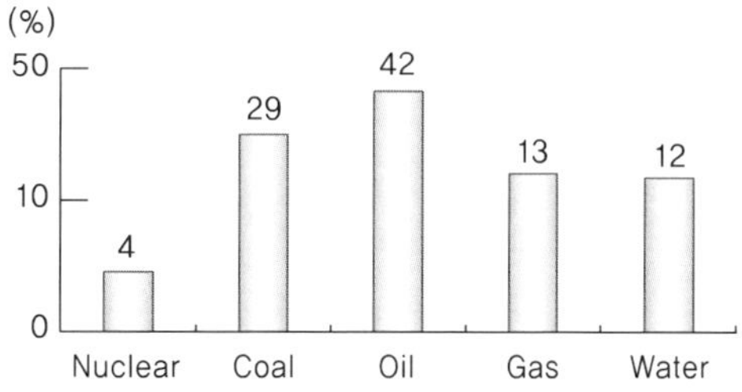

① The lowest percentage of energy use is from nuclear power.
② The percentage of energy use from oil is twice as large as from gas.
③ Water is used as much as gas.
④ The energy use from coal is larger than from water.

정답 및 해설

② 오일의 소비량은 가스 소비량의 3배 이상이다. 따라서 2배만큼 크다는 말은 옳지 않다.
③ 물은 가스보다 적게 사용된다.

[해] [석] ① 가장 낮은 에너지 사용의 비율은 원자력으로부터 나오는 에너지이다. (○)
② 오일로부터 나오는 에너지 사용의 비율은 가스로부터 나오는 것보다 2배 크다. (×)
④ 석탄으로부터 발생하는 에너지 사용은 물에서 나오는 것보다 크다. (○)

[단] [어]
- percentage [명] 백분율, 비율
- use [명] 사용, 이용 [동] 이용하다, 사용하다
- nuclear power 원자력
- as much as ~정도, ~만큼
- energy [명] 에너지, 힘, 세력
- lowest(low의 최상급) 가장 낮은
- twice as + 형용사 + as ~보다 두 배 ~한
- larger than ~보다 큰

[문장분석] The percentage of the energy use
에너지 사용의 비율

① The lowest percentage of energy use / is from nuclear power.
가장 낮은 에너지 사용의 비율은 / 원자력으로부터 나오는 것이다

② The percentage of energy use from oil / is twice as large as from gas.
기름으로부터 나오는 에너지 사용의 비율은 / 가스로부터 나오는 에너지 사용의 2배이다

③ Water is used as much as gas.
물은 가스만큼 사용된다

④ The energy use from coal / is larger than from water.
석탄으로부터 나오는 에너지 사용은 / 물에서 나온 에너지 사용보다 더 크다

[답] ②, ③

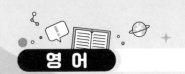

04 다음 표의 내용과 일치하지 않는 것은?

Technology products use among students in Korea

(age, %)

Technology products \ Groups	0~6	7~13	14~20
Personal Computers	60	68	95
Cellular Phones	30	50	80
MP3 players	12	23	56

① The percentage of personal computer use is the highest level.
② Half of students from age 7 to 13 use cell phones.
③ The youngest children don't know how to use MP3 players.
④ The most popular technology product is personal computers.

정답 및 해설

가장 어린 아이들이 MP3 플레이어를 사용할 줄 모른다는 내용은 언급되어 있지 않고, 심지어 0~6세 아이들 중 12%는 MP3 플레이어를 사용하고 있다.

[해석] ① 개인용 컴퓨터 사용의 퍼센트가 가장 높다. (○)
② 7세부터 13세까지의 학생들 절반이 휴대전화를 사용한다. (○)
③ 가장 어린 아이들은 MP3 플레이어를 사용할 줄 모른다. (×)
④ 가장 인기 있는 기술제품은 개인용 컴퓨터이다. (○)

[단어]
technology product 기술제품
group [명] 집단, 무리
level [명] 표준, 수준, 수평
aged [형] … 살의(에)
age [명] 나이, 연령, 시대
[동] 나이를 먹다, 숙성하다
among [전] ~사이에(셋 이상의 사이)
personal computer 개인용 컴퓨터
half of ~의 절반
from ~ to ~ ~로부터 ~까지
[예] from 7 to 13 7~13세까지
youngest 가장 어린

[문장분석] Technology products use / among students in Korea
기술제품의 사용 / 한국의 학생들 사이에서

① The percentage of personal computer use / is the highest level.
개인용 컴퓨터의 사용 비율은 / 가장 높은 수준이다

② Half of students / from age 7 to 13 / use cell phones.
절반 정도의 학생들은 / 7세에서 13세까지의 / 휴대전화를 사용한다

③ The youngest children / don't know / how to use [1] MP3 players.
가장 어린 아이들은 / 알지 못한다 / MP3 플레이어를 사용하는 방법을

④ The most popular technology product / is personal computers.
가장 인기 있는 기술제품은 / 개인용 컴퓨터이다

Notes 1) 의문사 + to부정사 : 명사어구로서 문장 속에서 주어, 목적어, 보어로 쓴다(= 의문사구).

[답] ③

05 표의 내용과 일치하지 않는 것은?

Years＼City	New York	Los Angeles	Philadelphia	Chicago
Population in USA (millions)				
1970s	9	2.5	3	4
1990s	8.7	3	3	3.8

① Los Angeles and Philadelphia had the same population in the 1990s.

② The population of New York was three times larger than Philadelphia in the 1970s.

③ The population of Philadelphia remained the same.

④ All population of the cities decreased between the 1970s and the 1990s.

✔ 정답 및 해설

Los Angeles는 1990년대에 3백만 명으로 증가했다. 따라서 모두 감소했다는 말은 도표의 내용과 맞지 않는다.

해 설
① 1990년대 로스앤젤레스와 필라델피아의 인구는 같았다. (O)
② 1970년대 뉴욕의 인구는 필라델피아보다 3배 더 많았다. (O)
③ 필라델피아의 인구는 같은 수준을 유지했다. (O)
④ 모든 도시들은 1970년과 1990년대 사이에 감소했다. (×)

단 어 population 명 인구, 주민수　　　　　　million 명 백만
years 연도, 시대, 시기, 기간　　　　three times 세 배
the 연도s ―년대　　　　　　　　　remain 동 남다, 여전히 ～이다
　CF 1990s : 1990년대(1990～1999년의 기간)　decrease 동 감소하다

문장분석 Population in USA 미국의 인구

Years(연도)＼City(도시)	New York (뉴욕)	Los Angeles (로스앤젤레스)	Philadelphia (필라델피아)	Chicago (시카고)
(millions : 백만)				
1970s(1970년대)	9(9백만 명)	2.5(2백만 5천 명)	3(3백만 명)	4(4백만 명)
1990s(1990년대)	8.7(8백만 7천 명)	3(3백만 명)	3(3백만 명)	3.8(3백만 8천 명)

① Los Angeles and Philadelphia / had the same population / in the 1990s.
　로스앤젤레스와 필라델피아는 / 같은 인구를 가지고 있었다 / 1990년대에

② The population of New York / was three times larger / than Philadelphia / in the 1970s.
　뉴욕의 인구는 / 3배 더 많았다 / 필라델피아보다 / 1970년대에

③ The population of Philadelphia / remained the same.
　필라델피아의 인구는 / 똑같이 남았다

④ All population of the cities decreased / between the 1970s and the 1990s.
　모든 도시들의 인구는 감소했다 / 1970년대와 1990년대 사이에
　　　　　　　　　　　　　　　　　　　　　　　　　　　　　　　　답 ④

02 글의 전개

01 글의 순서

 학습 point⁺

글의 순서는 글을 읽으면서 사건이 진행되는 과정을 생각해 보거나, 대화의 경우에는 질문과 그에 대한 응답이 적절하게 이루어지는지를 살펴본다. 제시된 문장이 있는 경우에는 제시된 문장을 먼저 파악하고 나머지 문장에서 지시어(대명사)나 연결어를 살펴보면서 글의 순서를 연결해 본다.

• 글의 주제문이나 일반적인 사실을 나타내는 문장은 처음에 오는 경우가 많다.

• 앞 문장에서 다루었던 내용이 대명사로 나오는 경우를 확인하거나, 문장의 연결어에 유의하여 순서를 파악한다.

• 보기 •

• 앞 문장을 뒤 문장의 대명사가 받는 경우
Pizza and hamburgers contain / a lots of calories.
피자와 햄버거는 포함한다 / 많은 칼로리를

That's the reason / why young children these days / are getting fatter.
그것이 그 이유이다 / 왜 요즘 어린아이들이 / 더 살이 찌고 있는지

• 연결어의 사용
Therefore, / if you want your children to be healthier, / feed vegetables and grains / to your children.
그러므로, / 만약 당신이 아이들이 더 건강해지길 원한다면, / 야채와 곡물들을 먹여라 / 당신의 아이들에게

• Therefore, So, Thus, In conclusion, In short, Consequently, In brief 등의 접속부사는 결론에 대한 내용을 언급할 때 주로 쓰인다.

The Use of Cellular phone

❶ For example, careless users of cell phones can hurt the feelings of others.
❷ Nowadays cell phones are very helpful to us.
❸ However, they may cause some problems.

for example 예를 들어(= for instance)
feeling [명] 감정, 감각, 느낌
others [명] 다른 사람들
nowadays [부] 오늘날의, 요즘에는
cell phone [명] 휴대전화
hurt [명] 상처, 고통
[형] 기분이 상한, 상처를 입은
[동] 다치게 하다, 감정을 상하게 하다
cause [명] 원인, 이유
[동] 원인이 되다, 야기하다

문장분석

❷ Nowadays / cell phones are very helpful / to us.

오늘날 / 휴대전화는 매우 유용하다 / 우리에게

❸ However, / they may cause / some problems.

그러나, / 그것들은 야기할지도 모른다 / 몇 가지 문제들을

❶ For example, / careless users of cell phones /

예를 들어, / 휴대전화의 부주의한 사용자들은 /

can hurt / the feelings of others.

상하게 할 수 있다 / 다른 사람들의 감정을

NOTES
부주의한, 조심성 없는(단어의 끝에 '-less'가 붙어 반대의 의미를 나타낼 수 있다)
[예] helpless : 속수무책인, 무력한
hopeless : 희망을 잃은, 절망적인

I'm 쌤

TIP! 첫 번째 문장으로 올 수 있는 글은 일반적인 사실을 나타내는 글이므로, ❷가 올 수 있다. 다음 ❸ 문장 앞에서 언급한 내용과 반대되는 의미를 나타내는 'However'와 휴대전화의 문제점에 대해 언급하고 있으므로, 휴대전화의 유용함에 대해 언급한 ❷ 뒤에 오는 것이 적절하다. 마지막 ❶에서 문제점에 대한 구체적인 예를 들고 있다.

[휴대전화의 이용]
❷ 오늘날, 휴대전화는 우리에게 매우 유용하다.
❸ 그러나, 그것들은 몇 가지 문제를 야기할 수도 있다.
❶ 예를 들어, 휴대전화를 부주의하게 사용하는 사람들은 다른 사람들의 기분을 상하게 할 수 있다.

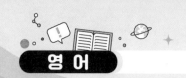

Population explosion

The population explosion gives rise to a number of problems.

❶ Also, this concerns getting proper medical care for all of them, especially the aged.
❷ Thus, we come face to face with more and more difficult problems.
❸ One of them has to do with finding enough food for all the people in the world.

population [명] 인구
rise [명] 증가, 오름, 상승 [동] 떠오르다, 일어서다
a number of 다수의
proper [형] 적절한, 적합한
care [명] 치료, 보호, 걱정 [동] 걱정하다, 돌보다
come face to face 대면하다(= confront)
explosion [명] 폭발
give rise to ~이 생기게 하다, 야기하다
concern [동] ~에 관계하다, 걱정하다, 걱정시키다
medical [형] 의학의
especially [부] 특히, 유달리
have(has) to do with ~와 관련이 있다

| 문장분석 |

The population explosion / gives rise to / a number of problems.
인구 폭발은 / 야기한다 / 많은 문제를

❸ One of them / has to do with / finding enough food for all the people in the world.
그것들 중 하나는 / 관계가 있다 / 전 세계의 모든 사람들을 위한 충분한 식량을 찾는 것

❶ Also, / this concerns / getting proper medical care for all of them, / especially the aged.
정관사 'the'와 같이 쓰일 경우, 명사로 '노인들'을 의미한다.
또한, / 이것은 관계가 있다 / 그들 모두를 위한 적절한 의학적 치료를 찾는 것 / 특히 노인들

❷ Thus, / we come face to face / with more and more difficult problems.
이와 같이, / 우리는 대면한다 / 점점 더 어려운 문제들과

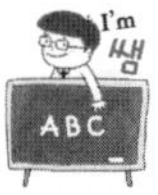

TIP! 글의 순서를 파악하는 문제는 전문에서 다룬 대명사의 의미를 파악하거나 문장 앞의 단어를 통해 유추할 수 있다.

인구 폭발은 많은 문제를 야기한다 → 그 (많은) 문제 중 하나(One of them) → 또 다른 문제(Also ; 또한) → 결과적으로(Thus ; 이리하여, 요컨대)

[인구 폭발]
인구 폭발은 많은 문제를 야기한다.
❸ 그것들(많은 문제들) 중 하나는 전세계의 모든 인구를 위한 충분한 식량을 찾는 일과 관계가 있다.
❶ 또한, 이것은 그들, 특히 노인들 모두를 위한 적절한 의학적 치료를 얻는 것과도 관계가 있다.
❷ 이와 같이, 우리는 점점 더 어려운 문제들과 부딪힌다.

※ 주어진 문장 다음에 이어질 글의 순서로 알맞은 것을 고르시오. (1~4)

01

기출

Let's go to the movie theater this afternoon.

> (A) Then, what about going to the park and riding bicycles instead?
> (B) Sounds good. We need some exercise and fresh air. Let's go to the park, then.
> (C) Oh, I don't want to watch a movie today.

① (A) – (C) – (B)   ② (B) – (A) – (C)
③ (B) – (C) – (A)   ④ (C) – (A) – (B)

✔ 정답 필 해설

(A)의 Then과 instead에 주목하자! 그러면 대신에 공원에 가서 자전거를 타자고 다시 제안하는 것은 제시된 영화관에 가자는 제안을 거부한 내용이 있어야만 가능한 것이다. 따라서 글의 순서는 영화관에 가자는 제안에 대해 (C) 거부 – (A) 역제안 – (B) 동의가 될 것이다.

해 석 오늘 오후에 영화관에 가자.

　(A) 그러면, 대신에 공원에 가서 자전거 타는 것은 어때?
　(B) 좋아. 우리는 운동과 신선한 공기가 필요해. 공원에 가자, 그러면.
　(C) 오, 나는 오늘 영화 보고 싶지 않아.

단 어 the movie theater 영화관　　　　　　　　what[how] about ~은 어때?
　　　　sounds good 좋은 생각이야, 좋아

문장분석 Let's go to the movie theater / this afternoon.
　　　　영화관에 가자 / 오늘 오후에

　(C) Oh, I don't want to watch a movie today.
　　　오, 나는 오늘 영화 보고 싶지 않아.

　(A) Then, / what about going to the park and riding bicycles / instead?
　　　그러면 / 공원에 가서 자전거를 타는 것은 어때 / 대신에

　(B) Sounds good. / We need some exercise and fresh air. / Let's go to the park, then.
　　　좋은 생각이야 / 우리는 운동과 신선한 공기가 필요해 / 공원에 가자, 그러면.

답 ④

02 Hello, Mr. John. My name is Jane.

(A) The problem is that I'm overweight.
(B) I'd like to consult with you about my problem.
(C) So I can't enjoy my meals.

① (A) – (B) – (C)
② (B) – (C) – (A)
③ (B) – (A) – (C)
④ (C) – (A) – (B)

정답 및 해설

[해] [석] 안녕하세요, 존 선생님. 제 이름은 제인이에요.
(B) 제 문제로 선생님과 상의하고 싶어요.
(A) 그 문제는 제가 비만이라는 점이에요.
(C) 그래서 즐겁게 식사를 할 수 없어요.

[단] [어] consult [동] 의견을 묻다, 상담하다
overweight [명] 과체중(= fatness, obesity)
meal [명] 식사, 끼니

[문장분석] Hello, Mr. John. / My name is Jane.
안녕하세요, 존 씨 / 내 이름은 제인입니다
(B) I'd like to consult with you / about my problem.
나는 당신께 상담받고 싶습니다 / 나의 문제에 대해
(A) The problem is that / I'm overweight.
문제는 ~라는 것이다 / 내가 과체중이다
(C) So I can't enjoy my meals.
그래서 나는 식사를 즐길 수가 없다

[답] ③

03 I'm about to give up studying for the test.

(A) Well I was, but now it seems endless. I have to memorize too many things.
(B) I bet you can do it and achieve it! Just believe in yourself.
(C) What's bothering you? I thought you were doing well.

① (A) – (B) – (C) ② (B) – (C) – (A)
③ (B) – (A) – (C) ④ (C) – (A) – (B)

정답 및 해설

[해] [석] 나 시험공부 포기할까 봐.
(C) 무슨 일이야? 나는 네가 잘하고 있는 줄 알았는데.
(A) 그랬지. 그런데 지금은 끝이 없어 보여. 외울 것이 너무 많아.
(B) 나는 네가 해낼 거라고 확신해. 그냥 너 자신을 믿어 봐.

[단] [어] be about to 막 ~하려던 참이다
do well 잘하다, 성공하다
achieve [동] 달성하다, 해내다, 성취하다
bother [동] 괴롭히다, 귀찮게 하다
[명] 귀찮음, 성가신 일
seem [동] … 처럼 보이다, … 인 듯하다
bet [동] 내기하다, 돈을 걸다
[명] 내기, 짐작
endless [형] 끝없는, 무한한(= infinite)

[문장분석] I am about to give up / studying for the test.
나는 막 포기하려던 참이다 / 시험을 위한 공부를
(C) What's bothering you? / I thought / you were doing well.
무엇이 너를 괴롭게 하니? / 나는 생각했다 / 네가 잘 하고 있다고
(A) Well I was, / but now it seems endless.
글쎄, 그랬지 / 하지만 지금은 끝이 없어 보여
I have to memorize / too many things.
나는 암기해야만 해 / 너무 많은 것들을
(B) I bet / you can do it / and achieve it! / Just believe in yourself.
나는 확신해 / 너는 할 수 있어 / 너는 해낼 거야 / 너 스스로를 믿어 봐

[답] ④

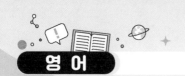

04 Korean people are considered to be one of the healthiest people in the world.

(A) According to these doctors, the most important factors are diet, exercise, and lifestyle.
(B) Many prominent doctors have tried to find out the reason why Korean can live much healthier.
(C) For example, their rates of heart disease and cancer are far lower than those in other countries.

① (A) – (B) – (C)
② (C) – (B) – (A)
③ (B) – (A) – (C)
④ (C) – (A) – (B)

정답 및 해설

문장 앞의 접속사나 대명사가 어떤 대상을 받고 있는지를 살펴 문장의 순서를 유추한다. 한국인들이 세계에서 가장 건강하다는 내용의 증거가 (C)에서 나오므로 (C)가 제시된 문장 다음에 오고, 이에 대한 원인을 규명하기 위해 저명한 의사들이 노력을 기울였다는 내용의 (B)가 (C) 다음에 온다. (B)의 의사를 받는 these doctors라는 단어를 통해 (A)가 맨 마지막에 오는 문장임을 유추할 수 있다.

[해] [석] 한국인들은 세계에서 가장 건강한 사람들 중 하나로 여겨진다.
(C) 예를 들어, 그들의 심장질환과 암 발생률은 다른 나라 사람들에 비해 훨씬 낮다.
(B) 많은 저명한 의사들이 왜 한국인들이 더 건강하게 사는지를 알아내려고 노력해 왔다.
(A) 이들 의사에 따르면, 가장 중요한 요소는 식사, 운동, 생활방식이라고 한다.

[단] [어]
consider [동] 생각하다, 고려하다(= think)
according to ~를 따르면, ~에 따라
factor [명] 요인, 인자, 원인
diet [명] 식사, 식습관, 다이어트 [동] 다이어트를 하다
prominent [형] 중요한, 유명한, 현저한
disease [명] 질병, 병, 질환
cancer [명] 암
for example 예를 들어(= for instance)

[문장분석] Korean people are considered / to be one of the healthiest people in the world.
한국의 사람들은 여겨진다 / 세계에서 가장 건강한 사람들 중 하나라고

(C) For example, / their[1] rates of heart disease and cancer are far lower / than those in other countries.
그 예로 / 심장질환과 암 발생률은 훨씬 낮다 / 다른 나라의 그것들보다

(B) Many prominent doctors have tried / to find out the reason / why Korean can live much healthier.
많은 저명한 의사들이 노력해 왔다 / 그 이유를 찾기 위해 / 왜 한국사람들이 훨씬 더 건강하게 살 수 있는지

(A) According to these doctors, / the most important factors / are diet, exercise, and lifestyle.
그 의사들에 따르면 / 가장 중요한 요소들은 / 식습관, 운동 그리고 생활방식이다

Notes 1) their의 주체는 전 문장의 Korean people이다.

[답] ②

※ 다음 글을 알맞은 순서로 배열한 것을 고르시오. (5~6)

05

(A) Its mountains are covered with snow, but at the beach it is occasionally very hot.
(B) The city of Los Angeles enjoys warm, sunny, and dry days.
(C) On the contrary, it is usually cooler in San Francisco.

① (A) – (B) – (C)
② (B) – (C) – (A)
③ (C) – (B) – (A)
④ (C) – (A) – (B)

정답 및 해설

연결어가 없는 단순 문장은 가장 서두에 올 확률이 높다. 연결어(on the contrary)의 활용에 주의하고 대명사가 지칭하는 단어를 확인하면서 글을 읽으며 순서를 확인한다.

해석 (B) 로스앤젤레스의 도시는 따뜻하고 화창하고 건조한 날씨를 갖추고 있다.
(C) 반면, 샌프란시스코는 보통 더 선선하다.
(A) 샌프란시스코의 산들은 눈으로 덮인다. 하지만 해변에서는 때때로 매우 덥다.

단어
enjoy [동] 즐기다, 만끽하다, ~갖고 있다, 누리다
on the contrary 반대로
cooler 더 시원한 [명] 냉장고
beach [명] 해안가, 해변
dry [형] 마른, 건조한, 가문
usually [부] 보통, 일반적으로
be covered 덮이다(수동태)
occasionally [부] 때때로

문장분석 (B) The city of Los Angeles enjoys / warm, sunny, and dry days.
로스앤젤레스의 도시는 갖고 있다 / 따뜻하고, 화창하고, 건조한 날씨를

(C) On the contrary, / it[1] is usually cooler / in San Francisco.
반대로 / 보통 더 선선하다 / 샌프란시스코에서는

(A) Its mountains are covered with snow, / but at the beach / it is occasionally very hot.
(샌프란시스코의) 산들은 눈으로 덮여 있다 / 하지만 바닷가에서는 / 때때로 매우 덥다

Notes 1) 날씨, 시간, 요일 등을 나타낼 때는 가주어 it용법이 쓰인다.

[답] ②

06

(A) After travelling across time zones by airplane, travellers feel sleepy and tired.
(B) It is a common problem for travellers, and more common in those over 50 than in those under 30.
(C) People call these symptoms 'jet lag'.

① (A) – (C) – (B)
② (B) – (C) – (A)
③ (B) – (A) – (C)
④ (C) – (A) – (B)

정답 및 해설

대명사가 지시하는 단어가 무엇인지를 생각하면서 글의 순서를 연결한다.
(A)의 feel sleepy and tired = (C)의 these symptoms
(C)의 jet lag = (B)의 It

[해] [석] (A) 비행기로 시간대를 지나는 여행 후, 여행자는 졸리고 피곤함을 느낀다.
(C) 사람들은 이런 증상들을 시차증후군이라 부른다.
(B) 여행자에게 이것은 흔한 문제이고, 30대 이전의 여행자들보다는 50대 이후의 여행자들에게 더 흔하다.

[단] [어]
travelling [명] 여행, 출장 [형] 여행용의, 순회하는
sleepy [형] 졸리는
jet lag [명] 시차증후군
jet [명] 제트기, 분사
time zone [명] 시간대
symptom [명] 증후, 증상, 증세, 징조
common [형] 흔한, 공통의, 보통의
lag [동] 처지다, 침체하다

[문장분석] (A) After travelling across time zones by airplane,[1] / travellers feel sleepy[2] and tired.
비행기로 시간대를 지나는 여행을 한 후 / 여행자는 졸리고 피곤함을 느낀다

(C) People call these symptoms 'jet lag'.[3]
사람들은 이런 증상을 '시차증후군'이라고 부른다

(B) It is a common problem for travellers, / and more common in those over 50 /
이것은 여행자들에게 흔한 증상이다 / 그리고 50대 이후의 여행자들에게 더 흔하다 /
than in those under 30.
30대 이전의 여행자들에게보다는

Notes
1) by : 교통수단 앞에서 수단의 의미 [CF] by airplane 비행기로
2) (사람) + feel + 보어(형용사)일 때 : ~한 느낌(기분)이 들다
3) 5형식 문장 : 주어(people) + 동사(call) + 목적어(these symptoms) + 목적격보어(jet lag)

[답] ①

02 문맥에 어울리는 문장 넣기

학습 point+

전체 글의 내용과 논리적인 흐름을 파악하여 제시된 [문장]이 들어갈 곳을 찾아야 한다. 아래 나열된 문장 중에서 접속부사(So, Therefore, Because)가 보이거나, 대명사가 어떤 사실을 받고 있을 때는 보다 명확히 그 위치를 찾을 수 있다.

Diary

[It was fun.]

(❶) It was sunny day. (❷) After school, I went to the park. (❸) I played basketball with my friend there. (❹)

---

park 몡 공원   basketball 몡 농구

┃ 문장분석 ┃ ....

❶ It was sunny day.

오늘은 날씨가 화창했다

❷ After school, / I went to the park.

방과 후에 / 나는 공원에 갔다

❸ I played basketball / with my friend there.

나는 농구를 했다 / 내 친구들과 함께

❹ It was fun.

그것은 재미있었다

TIP! 전체의 문맥으로 보아 친구들과 농구를 하고 난 후 재미있었다(it was fun)는 말이 들어가는 것이 가장 적절하다.

[읽기]

(❶) 오늘은 날씨가 화창했다. (❷) 방과 후에 나는 공원에 갔다. (❸) 그 곳에서 친구들과 농구를 했다. (❹) 재미있었다.

Exciting Discovery

[Entering the cave, they found paintings of various animals on the walls.]

(**❶**) In 1940, four children in France made an exciting discovery. (**❷**) They were playing on some hills when they found a cave they had never seen. (**❸**) Experts said that they had been painted over 20,000 years before. (**❹**)

---

cave 명 동굴

various 형 다양한, 여러 가지의

discovery 명 발견, 발견물

expert 명 전문가(= specialist) 형 전문적인, 숙련된(= skilful, professional)

painting 명 그림(= picture, drawing)

wall 명 벽, 담

hill 명 언덕, 경사로

▌문장분석 ▌

❶ In 1940, / four children in France / made an exciting¹⁾ discovery.

1940년에, / 4명의 프랑스 아이들이 / 흥미로운 발견을 했다

❷ They were playing on some hills / when they found a cave / they had never seen.

목적격 관계대명사 that의 생략: a cave (that) they had never seen ←

그들은 어떤 언덕에서 놀고 있었다 / 그들이 동굴을 발견했을 때 / 그들이 전에 보지 못했던

❸ Entering the cave,²⁾ / they found paintings of various animals / on the walls.

동굴에 들어갈 때 / 그들은 다양한 동물의 그림들을 발견했다 / 벽에서

❹ Experts said / that they had been painted / over 20,000 years before.

전문가들은 말했다 / 그것들이 그려졌다고 / 2만 년도 더 전에

NOTES

1) exciting (사물이) 흥미로운 예 The movie was exciting. 그 영화는 흥미로웠다.
   excited (사람이) 흥분한, 활발한 예 She was excited. 그녀는 흥분했다.
2) 분사구문
   [접속사 + 주어 + 동사]는 접속사를 생략하고 동사를 현재분사 형태로 문장의 맨 앞에 배치
   When(As) they entered the cave = Entering the cave

 TIP! 언덕에서 놀다가 동굴을 발견한 아이들이 동굴 안에 들어가 벽화를 발견하는 내용이다. 문맥의 흐름을 파악하고 사건의 순서를 찾아내는 연습이 필요하다.

[흥미로운 발견]
(**❶**) 1940년에, 프랑스에서 네 명의 아이들이 굉장한 발견을 했다. (**❷**) 그들은 언덕에서 놀다가 그들이 한번도 보지 못했던 동굴을 발견했다. (**❸**) 동굴에 들어가자, 그들은 다양한 동물 벽화를 발견했다. (**❹**) 전문가들은 그것들이 2만 년도 더 전에 그려진 것이라고 말했다.

Harmful Smoking

[Therefore, smoking should not be allowed in public places.]

(❶) Some smokers say that they have the right to smoke. (❷) But the smell of smoke is very harmful to nonsmokers. (❸) It can make some people sick. And smokers sometimes burn other people's clothes. (❹)

therefore ㊙ 그러므로, 그 결과
public ⓗ 공공의, 공중의 ⓜ 대중, 일반 사람들
right ⓗ 옳은, 바른, 정확한
ⓜ 옳은 것, 권리, 오른쪽
㊙ 정확히, 즉시, 완전히
clothes ⓜ 옷, 의복

be allowed 허가되다(수동태)
smoker ⓜ 흡연자 ↔ nonsmoker 비흡연자
smell ⓜ 냄새, 향기 ⓓ 냄새 맡다, 냄새가 나다
harmful ⓗ 유해한
burn ⓓ 태우다 ⓜ 화상
clothe ⓓ ~에게 옷을 입히다, 의복을 지급하다

문장분석

❶ Some smokers say / that they have the right to smoke.
몇몇의 흡연자들은 말한다 / 그들이 담배를 피울 권리를 갖고 있다고

❷ But the smell of smoke / is very harmful / to nonsmokers.
하지만 담배연기의 냄새는 / 매우 유해하다 / 비흡연자들에게

❸ It can make some people sick.
그것은 몇몇 사람들을 병들게 할 수 있다

NOTES
make의 5형식 용법
주어(it) + 동사(can make) + 목적어(some people) + 목적격보어(sick)

And smokers sometimes burn / other people's clothes.
그리고 흡연자들은 때때로 태운다 / 다른 사람들의 옷을

❹ Therefore, / smoking should not be allowed / in public places.
그러므로 / 흡연은 허용되어서는 안 된다 / 공공장소에서

I'm 쌤

TIP! Therefore(그러므로)로 시작하는 문장은 결론을 말하는 부분이다. 따라서 문장의 맨 마지막인 (❹)에 배치되어야 한다.

[유해한 흡연]
(❶) 흡연자 몇몇은 그들이 담배를 피울 권리를 가지고 있다고 말한다. (❷) 하지만 담배연기는 담배를 피우지 않는 사람들에게 매우 유해하다. (❸) 그것은 몇몇 사람들을 병들게 할 수 있다. 그리고 흡연자들은 때때로 다른 사람들의 옷을 태우기도 한다. (❹) 그러므로, 공공장소에서의 흡연은 허가되어서는 안 된다.

※ 주어진 문장이 들어가기에 가장 적절한 곳을 고르시오. (1~5)

01 So he came up with the name, 'Apple' while he was looking at an apple tree.
기출

(①) In order to sell personal computers, Steve Jobs made a special team in 1976. (②) The team put together computers in a garage. Steve Jobs needed a name for his company. (③) This name matched his dream to make computers that felt friendly and familiar. (④)

✔ 정답 콕 해설

so에 착안하자. 스티브 잡스는 회사 이름이 필요했고, 그래서(so) '애플'이라는 이름을 떠올렸다.

해 설 그래서 그는 사과 나무를 보는 동안에 'Apple'이라는 이름을 떠올렸다.
① 개인용 컴퓨터를 팔기 위해서, 스티브 잡스는 1976년에 특별한 팀을 만들었다. ② 그 팀은 차고에 컴퓨터들을 함께 두었다. 스티브 잡스는 그의 회사를 위해 이름이 필요했다. ③ 그래서 그는 사과나무를 보는 동안에 'Apple'이라는 이름을 떠올렸다. 이 이름은 친근하게 느낄 수 있는 컴퓨터를 만들겠다는 그의 꿈과 잘 맞았다. ④

단 어 come up with 떠올리다, 내놓다, 제안하다   In order to ~하기 위하여
garage 몡 차고   match 동 어울리다 몡 성냥, 경기

문장분석 In order to sell personal computers, / Steve Jobs made a special team in 1976.
개인용 컴퓨터를 팔기 위하여 / 스티브 잡스는 1976년에 특별한 팀을 만들었다

The team put together computers / in a garage.
그 팀은 컴퓨터들을 함께 두었다 / 차고에

Steve Jobs needed a name / for his company.
스티브 잡스는 이름이 필요했다 / 그의 회사를 위해

So he came up with the name, 'Apple' / while he was looking at an apple tree.
그래서 그는 'Apple'이라는 이름을 떠올렸다 / 사과나무를 보는 동안에

This name matched his dream / to make computers / that felt friendly and familiar.
이 이름은 그의 꿈과 맞았다 / 컴퓨터를 만들겠다는 / 친근하게 느낄 수 있는

답 ③

02 So she became a secretary instead.

(①) As a child, Jane Goodall loved all kinds of animals. (②) When she grew up, she wanted to become a scientist and go to Africa to study the wild animals there. (③) She wasn't able to go to a university because her parents were poor. (④)

정답 및 해설

So는 결론을 언급할 때 자주 사용한다. 어릴 적에 동물을 사랑했고 자라서는 과학자가 되어 아프리카에서 야생동물을 연구하고자 했던 제인 구달이 부모님이 가난하여 대학에 가지 못했다는 내용이므로 ④에 들어가는 것이 적절하다.

해석 ① 어렸을 때 제인 구달은 모든 종류의 동물을 사랑했다. ② 그녀가 자랐을 때, 그녀는 과학자가 되어 아프리카에서 서식하는 야생동물을 공부하러 아프리카로 떠나고 싶어했다. ③ 그녀는 부모님이 가난하였기 때문에 대학에 갈 수 없었다. ④ 그래서 그녀는 대신 비서가 되었다.

단어
all kind of 모든 종류의
wild [형] 야생의, 자연 그대로의
instead [부] 대신에, 그보다도
become [동] ~이 되다 [CF] became : become의 과거형
grow up 성장하다 [CF] grew : grow의 과거형
secretary [명] 비서, 서기

문장분석
① As 1) a child, / Jane Goodall loved / all kinds of animals.
아이였을 때 / 제인 구달은 사랑했다 / 모든 종류의 동물들을

② When she grew up, / she wanted to become a scientist / and go to Africa /
그녀가 자랐을 때 / 그녀는 과학자가 되기를 원했다 / 그리고 아프리카에 가기를 /
to study the wild animals there.
그곳에서 야생 동물을 연구하기 위해

③ She wasn't able to 2) go to a university / because her parents were poor.
그녀는 대학에 갈 수 없었다 / 그녀의 부모님이 가난했기 때문에

④ So she became a secretary / instead.
그래서 그녀는 비서가 되었다 / 대신에

Notes
1) As : ~할 때, ~일 때 ; when의 의미
2) wasn't able to : was not able to = couldn't ~수 없었다

[답] ④

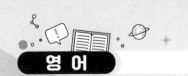

03 Finally, I'm not afraid of engaging foreigners.

> (①) I have my own ways of learning English. (②) First, I try to read as many books or magazines as possible. (③) Second, I keep a diary in English. (④)

정답 및 해설

연결사인 'Finally(마지막으로)'를 통해 마지막 문장으로 적절하다는 사실을 알 수 있다.

[해] [석] ① 영어를 공부하는 나만의 방법이 있다. ② 첫 번째로, 나는 가능한 많은 책이나 잡지를 읽으려고 노력한다. ③ 두 번째, 나는 영어일기를 쓴다. ④ 마지막으로 나는 외국인들과 만나는 것을 두려워하지 않는다.

[단] [어] own 자기 자신의
keep a diary 일기를 쓰다
afraid of ~을 무서워하는
foreigner [명] 외국인
as many ~ as possible 가능한 많은 ~을
in English 영어로
engaging 만나는 것

[문장분석] I have my own ways / of learning English.
나는 나만의 방법을 갖고 있다 / 영어를 공부하는

First, / I try to read / as many books or magazines as possible.
첫 번째, / 나는 읽으려고 노력한다 / 가능한 많은 책이나 잡지를

Second, / I keep a diary / in English.
두 번째, / 나는 일기를 쓴다 / 영어로

Finally, / I'm not afraid of / engaging foreigners.
마지막으로 / 나는 두려워하지 않는다 / 외국인들과 만나는 것을

[답] ④

Fun Fun한 콩글리시

1. '이것은 코다'를 영어로 하면?
2. 아이스크림이 죽으면?
3. 해골이 자는 방은?
4. 'smile mouse'는?
5. 닭이 낳은 알파벳은?

정답
1. 디스코(This 코?)
2. 다이하드(die hard)
3. 골룸(骨 room)
4. 웃기쥐
5. R(알)

04 So there are no waiters or waitresses to ask you to leave after you finish eating.

(①) Fast food restaurants use self-service. (②) You can also sit as long as you want, sipping a coke or eating french fries. (③) Fast food restaurants are good places to meet friends or have dates. (④)

정답 및 해설

문장 맨 앞에 'So(그러므로)'가 들어가 있으므로, 이에 호응하는 문장의 뒤에 배치해야 한다. 적절한 내용을 담은 지문은 첫 번째 문장이고, 따라서 ②에 들어가야 자연스럽다.

[해] [석] ① 패스트푸드점은 셀프서비스를 이용한다. ② 그러므로 그곳에는 당신이 식사를 마치고 나가주기를 요청하는 남자 또는 여자종업원이 없다. 당신은 또한 원하는 만큼 콜라를 홀짝거리거나 프렌치프라이를 먹으면서 앉아 있을 수 있다. ③ 패스트푸드점은 데이트를 하거나 친구를 만나기에 좋은 장소이다. ④

[단] [어]
self-service 셀프서비스, 자급식
waiter [명] 남자종업원 [CF] waitress 여자종업원
as long as ~만큼 오래, ~하는 동안
sip [명] 한 모금, 찔끔 [동] 홀짝이다, 조금씩 마시다
have a date ~와 데이트하다, ~와 만나기로 하다

[문장분석] Fast food restaurants use self-service.
패스트푸드 식당들은 셀프서비스를 이용한다

So there are no waiters or waitresses[1] / to ask you to leave / after you finish eating.
그러므로 남자종업원이나 여자종업원들이 없다 / 당신에게 나가라고 요청하다 / 당신이 식사를 마친 후에

You can also sit / as long as you want, / sipping a coke or eating french fries.
당신은 앉아 있을 수 있다 / 당신이 원하는 만큼 오랫동안 / 콜라를 홀짝이거나 프렌치프라이를 먹으면서

Fast food restaurants are good places / to meet friends or have dates.
패스트푸드점은 좋은 장소이다 / 친구들을 만나거나 데이트를 하기에

Notes
1) so : 절과 절 사이의 접속사 역할을 할 경우, ~함에 따라서, 그래서
no + 명사 : '없다'는 의미의 강조
there + are + no + 명사 : ~가 없다

[답] ②

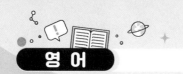

05 Because the world's natural resources are starting to run out.

(①) Just as people do in every other advanced country, Koreans also recycle their garbage. (②) Recycling has become a necessary part of today's world. (③) Therefore, everyone has to help save the earth. (④)

정답 및 해설

재활용이 필요한 이유에 대해서 설명하는 문장이다.

[해] [석] ① 다른 모든 선진국의 사람들이 하는 것처럼, 한국인들도 그들의 쓰레기를 재활용한다. ② 재활용은 오늘날 세계에서 필요한 분야가 되었다. ③ 왜냐하면 세계의 자연자원이 고갈되기 시작했기 때문이다. 그러므로 모든 사람들은 지구를 보전하는 데 일조하여야 한다. ④

[단] [어]
just as ~와 꼭 마찬가지로
advance [동] 나아가게 하다, 제출하다
necessary [명] 필수품, 필요한 것
[형] 필요한, 필연의
save [동] 구하다, 모으다, 아끼다, 저장하다
every other 그 밖의 모든, 하나 걸러
garbage [명] 쓰레기
natural resources 천연자원
run out 고갈되다, 떨어지다(= be exhausted)
recycle [동] 재활용하다

[문장분석] Just as people do / in every other advanced country,[1] / Koreans also recycle their garbage.
사람들이 하는 것처럼 / 다른 모든 선진국에서 / 한국인들 역시 그들의 쓰레기를 재활용한다

Recycling has become / a necessary part of today's world.
재활용은 ~이 되었다 / 오늘날 세계에서의 중요한 부분

Because the world's natural resources / are starting to run out.
왜냐하면 세계의 자연자원이 / 고갈되기 시작했다

Therefore, / everyone has to help[2] / save the earth.
그러므로 / 모든 사람들은 도와야 한다 / 지구를 보전하는 것

Notes
1) advanced country 선진국 ↔ developing country 개발도상국
2) every + one(body) : 의미는 복수이지만 단수 취급
[예] everyone has to help(○)
everyone have to help(×)

[답] ③

03 글의 흐름과 관계없는 문장

학습 point+

각 문장의 단어(동사와 목적어)를 파악하여 전체적인 내용과 관련이 없는 것을 골라낸다. 문장이 글의 전체적인 주제와 일치하는지 확인한다.

Headlines in the newspaper

❶ Headlines are designed to catch your eye and interest in reading a newspaper. ❷ They summarize an article in a few words. ❸ Nowadays, most people rarely read a book. ❹ They help you know the main idea of an article.

design [동] 고안하다 [CF] be designed 고안된(수동태)
interest [동] 관심(흥미)을 끌다
[명] 관심, 흥미, 이자, 이익
in a few words 몇 단어로, 간단히 말하면
catch eye 눈에 띄다, 시선을 끌다
summarize [동] 요약하다
article [명] 기사, 물품, 관사
rarely [부] 좀처럼 …하지 않는, 드물게(= seldom)

문장분석

❶ Headlines are designed / to catch your eye and interest / in reading a newspaper.

머릿기사는 고안되었다 / 당신의 흥미와 시선을 사로잡다 / 신문을 읽는 것에서

❷ They summarize an article / in a few words.

그것들은 기사를 요약한다 / 몇 단어로

❸ Nowadays, / most people rarely read a book.

요즈음, / 대부분의 사람들은 책을 거의 읽지 않는다

NOTES
rarely, seldom, hardly, scarcely와 같이 부정의 의미를 갖고 있는 부사가 있는 경우 강조를 위하여 도치할 수 있다.
= Rarely do most people read a book.

❹ They help / you know the main idea of an article.

그것들은 돕는다 / 당신이 기사의 주요 내용을 알다

I'm 쌤

TIP! ①, ②, ④는 신문의 머릿기사에 관한 내용이 주를 이루고 있는데 반해, ③은 사람들이 책을 읽지 않는다는 내용이므로 흐름에서 벗어나 있다.

[신문의 머리기사]

❶ 머릿기사는 당신의 시선을 사로잡고 신문을 읽는 것에 흥미를 갖게 하기 위해 고안되어졌다. ❷ 그것들은 기사를 몇 단어로 요약한다. ❸ 요즘, 대부분의 사람들은 책을 읽지 않는다. ❹ 그것들은 기사의 주요 내용을 당신이 알 수 있도록 돕는다.

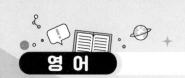

Taekwondo

❶ Taekwondo is one of the most popular martial arts in the world. ❷ It was started by nonviolent people for nonviolent purposes. ❸ There are hundreds of thousands of joggers and runners all over the world. ❹ It is not used for starting fights, but only for defending oneself against attackers.

one of ~중 하나
popular [형] 인기 있는, 대중적인
martial [형] 전쟁의, 호전적인, 호신용의
art [명] 예술, 기술
nonviolent [형] 비폭력적인, 평화적인
purposes [명] 목적, 용도, 결의
hundreds of thousands of 수천수만의, 수많은
jogger [명] 조깅하는 사람
all over the world 세계 도처에
fight [명] 전투, 싸움
attack [동] 공격하다, 습격하다, 폭행하다

❙ 문장분석 ❙

❶ Taekwondo is / one of the most popular martial arts / in the world.
태권도는 ~이다 / 가장 인기있는 무술 중의 하나 / 세계에서

❷ It was started / by nonviolent people /
그것은 시작되었다 / 비폭력적인 사람들에 의해 /
for nonviolent purposes.
평화적인 목적으로

NOTES
수동태 + by 행위자 = 행위자 + 능동태 동사
[예] It was started by nonviolent people.
(그것은 비폭력자들에 의해 시작되었다.)
= Nonviolent people started it.
(비폭력자들은 그것을 시작했다.)

❸ There are hundreds of thousands of joggers and runners / all over the world.
수많은 조깅하는 사람들과 달리는 사람들이 있다 / 세계 도처에

❹ It is not used / for starting fights, / but only for defending oneself against attackers.
not A but B : A가 아니라 B다
공격자 [동사 뒤에 -er은 사람을 지칭]
그것은 사용되지 않았다 / 싸움을 시작하기 위하여 / 오히려 공격자들에 대항하여 자신을 보호하기 위해 사용되었다

TIP! ①, ②, ④는 태권도에 대해 설명하고 있는데, ③은 조깅에 대한 내용이므로 맞지 않다.

[태권도]
❶ 태권도는 세계에서 가장 인기 있는 무술 중 하나이다. ❷ 태권도는 평화적인 목적을 위해 비폭력적인 사람들로부터 시작되었다. ❸ 세계 도처에 수많은 조깅하는 사람들과 달리는 사람들이 있다. ❹ 태권도는 싸움을 하기 위한 것이 아니라 단지 공격자로부터 스스로를 방어하기 위해 이용되었다.

I love basketball

❶ I love to throw the ball into the basket. ❷ I really want to play basketball. ❸ I feel great when the ball passes through the basket-shaped net. ❹ It'd be nice to kick the ball into the goal.

throw into 투척하다, ~로 던져넣다
pass through 통과하다, 거쳐가다
net 몧 그물, 골대, 네트
　　톙 순, 실
　　홍 순이익을 올리다, 그물로 잡다

basket 몧 바구니
basket-shaped 바구니 모양의
shape 몧 모양, 형태
　　홍 형성하다, 모양짓다
kick 홍 차다, 공을 차 넣다

▌문장분석 ▌

❶ I love / to throw the ball / into the basket.

나는 좋아한다 / 공을 던지는 것을 / 바구니(골대) 속으로

❷ I really want / to play basketball.

나는 정말 원한다 / 농구를 하는 것

❸ I feel great / when the ball passes through / the basket-shaped net.

나는 기분이 좋다 / 공이 통과할 때 / 바구니 모양의 그물(골대)을

❹ It'd(= It would) be nice / to kick the ball / into the goal.
　↳ it은 가주어로 진주어는 to 이하의 구문이다.

그것은 좋을 것이다 / 공을 차는 것 / 골대 속으로

 TIP! ①, ②, ③은 농구와 관련된 내용이다. ④는 kick the ball(공을 차다)이라는 문장을 통해 축구에 관한 내용임을 알 수 있다.

[나는 농구를 좋아한다]
❶ 나는 골대에 공을 던져 넣는 것을 좋아한다. ❷ 나는 정말 농구를 하고 싶다. ❸ 나는 농구 골대에 공이 통과할 때 기분이 좋다. ✔ 공을 골대에 차 넣으면 멋질 것이다.

실력 탄탄 다지기

실전 예상문제

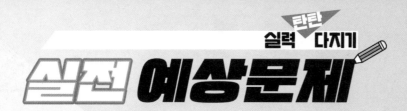

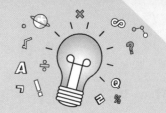

※ 다음 중 글의 흐름과 관계없는 문장을 고르시오. (1~4)

01

① High school days are a time for making decisions about the future. ② They had a happy adolescence when they were high school students. ③ One of the most important decisions high school students have to make is what to major in. ④ For some students deciding on a college major is easy, but for most students this isn't easy.

정답 및 해설

고등학교 시절의 결정에 관한 내용이다. ②는 사춘기 시절에 관한 내용이다.

[해석] ① 고등학교 시절은 미래에 대한 결정을 내리는 시간이다. ② 그들은 고등학생일 때, 행복한 사춘기 시절을 보냈다. ③ 고등학교 학생들이 결정해야 할 가장 중요한 결정 중 하나는 '무엇을 전공할 것인가'이다. ④ 몇몇의 학생들에게 대학전공을 결정하는 것은 쉽지만, 대부분의 학생들에게 이것은 쉽지 않다.

[단어]
- school days 학창 시절
- adolescence [명] 사춘기
- major in 전공하다
- deciding 결정하는 것(동명사)
- college major 대학 전공
- make(take) a decision 결정하다
- decision [명] 결정, 판결, 결심
- some [형] 몇몇의 ↔ most 대다수의
- decide on ~로 결정하다, ~대해 정하다

[문장분석]
① High school days are a time for / making decisions about the future.
고등학교 시절은 ~을 위한 시간이다 / 미래에 대한 결정을 내리다

② They had a happy adolescence / when they were high school students.
그들은 행복한 사춘기를 보냈다 / 그들이 고등학생이었을 때

③ One of the most important decisions / high school students have to make / is what to major in.
가장 중요한 결정들 중의 하나는 / 고등학생들이 해야만 하는 / 무엇을 전공할 것인가이다

④ For some students / deciding on a college major is easy, / but for most students / this isn't easy.
몇몇 학생들에게는 / 대학 전공을 결정하는 것이 쉽다 / 하지만 대부분의 학생들에게 / 이것은 쉽지 않다

[답] ②

02

> ① The airplanes flew back to the airport. ② Within ten years, a very fast airplane may be designed. ③ This airplane will fly 6,700 miles an hour. ④ At that speed it could travel anywhere in the world within two hours.

✔ 정답 및 해설

비행기의 속도에 관한 이야기이다. 따라서 그 비행기가 돌아왔다는 ①은 글의 주제에서 벗어난다.

해 석 ① 그 비행기들이 공항으로 돌아왔다. ② 10년 내로, 매우 빠른 비행기가 제작될 것이다. ③ 이 비행기는 시간당 6,700마일을 날 것이다. ④ 그 속도에서라면 2시간 이내로 세계 어느 곳이든 여행할 수 있다.

단 어
fly back 날아서 돌아오다	**flew** fly(통 날다)의 과거형
within 전 ~안에, ~이내로	**be designed** 고안되다(수동태)
travel 통 여행하다	**anywhere** 부 어디든지, 아무데도

문장분석 ① The airplanes flew back / to the airport.
그 비행기들이 (날아)돌아왔다 / 공항으로

② Within ten years, / a very fast airplane / may be designed.
10년 내로 / 매우 빠른 비행기가 / 제작될 것이다

③ This airplane will fly / 6,700 miles an [1] hour.
이 비행기는 날 것이다 / 시간당 6,700마일을

④ At that speed, / it could travel anywhere in the world / within two hours.
그 속도에서 / 그것은 세계 어느 곳이든 여행할 수 있다 / 2시간 이내에

Notes ▶ 1) an : 부정관사 a는 모음 앞에서 an으로 쓴다. hour의 경우 h가 묵음이므로 an을 쓴다. 여기서는 '당, 매'라는 의미로 쓰였다.

답 ①

쉬는 의 요오조오

- 남자의 웃음 : her her her(허허허)
- 여자의 웃음 : he he he(히히히)
- 축구선수의 웃음 : kick kick kick(킥킥킥)
- 요리사의 웃음 : cook cook cook(쿡쿡쿡)
- 수사반장의 웃음 : who who who(후후후)

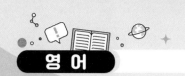

03

① The pink angora sweater you gave me for my birthday is exactly what I need! ② It's so soft and fluffy, and fits me perfectly. ③ But it was disappointing that the sweater was pink. ④ You have great taste. Thank you from the bottom of my heart.

정답 및 해설

분홍색 앙고라 스웨터를 선물해 준 사람에게 고마워하고 있다. 따라서 분홍색 스웨터라서 실망했다는 ③은 글의 흐름과 맞지 않는다.

[해] [석] ① 생일선물로 준 분홍색 앙고라 스웨터는 딱 내가 원하던 거야! ② 매우 부드럽고, 복슬복슬하고 나에게 딱 맞아. ③ 하지만 그 스웨터가 분홍색이라서 실망이야. ④ 대단한 안목이야. 진심으로 고마워.

[단] [어] **exactly** [부] 정확하게, 엄밀하게, 꼭
fit [동] 맞다, 적합하다, 맞게 하다
[형] 건강한, 적합한
[명] 옷, 조화, 발작
fluffy [형] 복슬복슬한, 푹신한
disappoint [동] 실망시키다, 실망하다
taste [명] 미각, 기호, 취미 [동] 맛이 나다, 맛보다
bottom [명] 기초, 밑(바닥), 마음속
from the bottom of one's heart 마음속으로부터, 진심으로

[문장분석] ① The pink angora sweater / you gave me for my birthday / is exactly what I need!
그 분홍색 앙고라 스웨터는 / 네가 내 생일을 위해 준 / 딱 내가 원하는 것이다

② It's so soft and fluffy, / and fits me perfectly.
그것은 매우 부드럽고 복슬복슬하다 / 그리고 나에게 완벽하게 맞는다

③ But it was disappointing / that the sweater was pink.
하지만 그것은 실망스러웠다 / 그 스웨터가 분홍색이라는 것

④ You have great taste.
너는 대단한 안목을 가지고 있다
Thank you from the bottom of my heart.
진심으로 고맙다

[답] ③

다음에 공통적으로 들어가는 알파벳은?

h□ngry 배고픈	r□ler 통치자	s□re 틀림없는
□mbrella 우산	c□p 컵	p□rpose 목적

정답 u

04 [기출]

① The newspaper is one of the best places to learn about current events. ② It gives you the local, national, and international news. ③ It also gives you entertainment, sports, and travel news. ④ These days the Internet etiquette is called netiquette.

정답 및 해설

①, ②, ③은 신문에 관한 내용을 다루고 있는데, ④는 인터넷 예절에 관한 내용이므로 문맥상 어울리지 않는다.

[해] [석] ① 신문은 현재의 사건들에 대해 배울 수 있는 최고의 분야 중 하나이다. ② 신문은 당신에게 지역적, 국가적, 세계적 소식을 제공한다. ③ 신문은 또한 연예, 스포츠, 여행 소식도 제공한다. ④ 오늘날 인터넷의 에티켓은 네티켓으로 불린다.

[단] [어] place [명] 장소, 지위, 기회, 환경 [동] 두다, 놓다, 배치하다
entertainment [명] 오락, 연예, 환대
these days 최근, 요즘(= nowadays)
current [명] 흐름, 경향 [형] 현행의, 지금의
event [명] 사건, 사고, 일어난 일
etiquette [명] 에티켓, 예의 [CF] netiquette 네티켓
be called 불리어진다(수동태)

[문장분석] ① The newspaper is one of the best places / to learn about current events.
신문은 최고의 장소 중의 하나이다 / 최신의 사건들에 대해 배우다

② It gives you / the local, national, and international[1] news.
그것은 당신에게 제공한다 / 지역적, 국가적 그리고 세계적인 뉴스들을

③ It also gives you / entertainment, sports, and travel news.
그것은 또한 당신에게 제공한다 / 연예, 스포츠 그리고 여행에 관한 뉴스들을

④ These days / the Internet etiquette is called netiquette.
오늘날 / 인터넷의 에티켓은 네티켓이라고 불린다

Notes 1) 접미어 '-al'은 형용사를 만든다.
[예] location : 지역, 장소 → local : 지역적
nation : 국가 → national : 국가적
inter-nation : 국가 사이 → international : 세계적

[답] ④

04 빈칸에 들어갈 말 고르기

학습 point⁺

빈칸에 들어갈 단어는 대부분 글의 주제와 관련이 깊은 명사이거나 글의 흐름을 이어주는 부사, 접속사(엡 However, Finally, Therefore)일 경우가 많다.

명사는 글의 주제를 함축하는 단어가 올 확률이 높다. 따라서 글의 전반적인 주제를 나타내는 단어를 찾도록 한다.

부사는 앞의 문장과 반대되는 내용, 조건, 요지나 결과, 내용의 부가, 순서 등을 나타낼 경우에 사용한다.

---

❶ English is the international language. ❷ If you want to go abroad, you have to learn English to _____ with others.

① fight   ② escape
③ conflict   ✔ communicate

---

international 휑 국제적인 명 외국인	**go abroad** 외국에 가다, 외출하다
escape 동 탈출하다, 달아나다, 피하다	**communicate** 동 의사를 소통하다, 연락하다
명 탈출, 도피, 누출	**conflict** 동 충돌하다, 싸우다 명 투쟁, 전투, 충돌

▌문장분석 ▌

❶ English is the international language.

영어는 국제적인 언어이다

❷ If you want to go abroad, / you have to learn English / to communicate¹⁾ with others.

만약 당신이 해외에 가고 싶다면 / 당신은 영어를 배워야만 한다 / 다른 사람들과 소통하기 위해

NOTES

1) communicate with 다음에 대상이 올 경우, '~와 소통하다'라는 의미이지만 소통 방법이 나올 경우에는 '~로 소통하다'라는 의미가 된다.

TIP! 밑줄 친 부분을 유추하기 위해서는 영어라는 언어의 기능에 대해 파악하고 있어야 한다. 본질적으로 영어는 언어이므로 다른 사람들과 의사소통을 하기 위한 수단임을 알고 있다면, 소통(communication)이 정답임을 알 수 있다. 단, to부정사의 뒤에는 동사원형이 와야 하므로 communicate를 쓴다.

❶ 영어는 국제적인 언어이다. ❷ 만약 당신이 해외를 가고자 한다면 당신은 다른 사람들과 대화하기 위해 영어를 배워야만 한다.

❶ For most of human history, people thought the world was ________. ❷ That is, they thought that if you traveled far enough in one direction, you would eventually come to the end of the world. ❸ Then, about two thousand years ago, people started to think that the earth is round.

✔ flat
② small
③ remote
④ beautiful

flat [형] 평평한 [명] 평면
start to ~를 시작하다
in one direction 같은 방향으로
eventually [부] 결국, 마침내(= in the end)

문장분석

❶ For most of human history, / people thought / the world was flat.
주절이 과거(thought)이므로, 접속사로 이어진 that 이하의 절도 과거형(was flat)을 쓴다.
대부분의 인간 역사에서 / 사람들은 생각했다 / 세계가 평평하다고

❷ That is, / they thought that /
즉 / 그들은 ~라고 생각했다 /

NOTES
가정법 과거 [if + S + V(과거), S + would + V(동사원형)]
: -라면 -일 텐데(현재의 사실과 반대되는 가정)

if you traveled far enough[1] in one direction, /
만약 당신이 한 방향으로만 충분히 여행한다면

you would eventually come to the end of the world.
당신은 결국 세계의 끝에 도달할 것이다

❸ Then, / about two thousand years ago, /
그러다가 / 약 2천 년 전에

NOTES
'지구는 둥글다(the earth is round)'는 불변의 진리이므로 주절이 과거형이더라도 현재 시제를 사용한다.

people started to think / that the earth is round.
사람들은 생각하기 시작했다 / 지구가 둥글다고

NOTES
1) enough가 전치사로 쓰일 경우에는 명사 앞에 위치하지만, 부사로 쓰일 경우엔 동사, 형용사, 부사 뒤에 위치한다.

I'm 쌤 ABC

TIP! 옛날 사람들이 잘못 알고 있는 지식이 밑줄 친 부분에 나와 있다. 따라서 마지막 문장의 round(둥근)라는 단어와 반대되는 의미를 가진 flat(평평한)이 정답이다.

❶ 대부분의 역사에서 사람들은 세계가 평평하다고 생각했다. ❷ 즉, 그들은 만약 당신이 한 방향으로만 매우 멀리 여행하면 결국 세상의 끝에 도달할 거라 생각했다. ❸ 그러다가 약 2,000년 전에 사람들은 지구가 둥글다고 생각하기 시작했다.

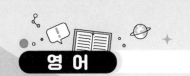

❶ Did you ever try to peel a tomato? ❷ It is difficult, isn't it? ❸ ________, there is an easy way to do it. ❹ Place the tomato under hot water, and the skin comes off quickly.

✔ However ② Besides
③ That is ④ For example

peel [동] 껍질을 벗기다 [명] 껍질
skin [명] 피부, 껍질, 가죽 [동] 껍질을 벗기다(= peel)
quickly [부] 빨리, 신속히
place [명] 공간, 장소 [동] 두다, 배치하다
come off 제거할 수 있다, 떨어지다

문장분석

❶ Did you ever try / to peel a tomato?

당신은 지금까지 시도한 적이 있습니까 / 토마토 껍질을 벗기려고

❷ It is difficult, / isn't it?

그것은 어렵습니다, / 그렇지 않나요?

NOTES
부가의문문 : be동사(조동사) + 주어(대명사)
주절(일반동사) : does/doesn't it?
주절(be 동사) : is/isn't it?
앞절(긍정) → 부가의문문(부정)
앞절(부정) → 부가의문문(긍정)

❸ However, / there is an easy way / to do it.

그렇지만 / 쉬운 방법이 있습니다 / 그것을 하기 위한

❹ Place the tomato under hot water, / and the skin comes off quickly.

토마토를 뜨거운 물 아래에 두세요 / 그러면 껍질이 빨리 벗겨집니다

I'm 쌤

TIP! 빈칸 다음의 문장에서 앞 절의 내용과는 반대로 쉬운 방법이 있다고 한 것으로 보아, 빈칸에는 '그렇지만'의 의미를 가진 접속부사 'however'가 들어가는 것이 적절하다. besides는 '~외에, ~을 제외하고'라는 의미를 지녔지만, 전치사이므로 단독으로 쓰일 수 없다.

❶ 당신은 지금까지 토마토의 껍질을 벗기려고 시도한 적이 있습니까? ❷ 그것은 어렵습니다, 그렇지 않나요? ❸ 그렇지만, 쉽게 하는 방법이 있습니다. ❹ 토마토를 뜨거운 물 속에 두세요, 그러면 껍질이 빨리 벗겨집니다.

❶ Teenagers are very concerned about their ________. ❷ Clothes and hair styles are very important to them. ❸ They usually feel that they have to wear the same kind of clothes and have the same hair styles as their friends.

✔ appearance
② job
③ parents
④ future

concern about 걱정하다, 염려하다, 신경쓰다
clothes [명] 옷 [CF] cloth [명] 천, 옷감
appearance [명] 겉모습, 외모, 등장, 출현
wear [동] 입고 있다, (머리나 수염을) 기르고 있다

문장분석

❶ Teenagers are very concerned / about their appearance.

십대들은 매우 신경 쓴다 / 그들의 외모에 관해

❷ Clothes and hair styles are very important / to them.

의복과 머리모양은 매우 중요하다 / 그들에게 /

❸ They usually feel that /

그들은 보통 ~라고 느낀다 /

they have to wear the same kind of clothes and have the same hair styles /

그들이 같은 종류의 옷을 입고 같은 머리 모양을 해야 한다 /

as their friends.

그들의 친구처럼

I'm 쌤 TIP! Clothes and hair styles(옷과 헤어스타일)과 같은 단어를 통해 외양(appearance)과 관련된 내용임을 알 수 있다.

❶ 십대들은 자신의 외모에 신경을 많이 쓴다. ❷ 옷과 머리 모양은 그들에게 매우 중요하다. ❸ 그들은 보통 친구들처럼 비슷한 종류의 옷을 입고 비슷한 머리 모양을 해야 한다고 생각한다.

실력 탄탄 다지기

실전 예상문제

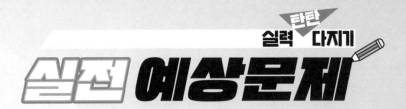

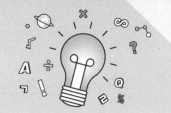

※ 밑줄 친 부분에 들어갈 알맞은 것을 고르시오. (1~5)

01 기출

In Guatemala, parents give their children 'worry dolls,' and the children tell their problems or worries to their dolls. The children put the dolls under their pillows before going to bed. While they are asleep, a parent comes in and takes the doll away. The next day, when the doll is gone, the children think it has taken their worries away, and they feel ________ again.

① sick　　② bored
③ happy　　④ angry

정답 및 해설

아이들은 걱정인형이 사라지면 자신들의 걱정도 함께 가져갔다고 생각하기 때문에, 걱정이 사라진 아이들은 다시 행복을 느낄 것이다.

[해] [석] 과테말라에서는 부모들이 아이들에게 '걱정인형'을 줍니다. 그리고 아이들에게 그들의 문제나 걱정을 인형에게 말하라고 합니다. 아이들은 자기 전에 인형을 자신의 베개 밑에 둡니다. 그들이 자는 동안, 부모님이 와서 그 인형을 가져갑니다. 다음날, 그 인형이 사라졌을 때, 아이들은 그것이 자신의 걱정을 가져갔다고 생각하고, 그들은 다시 행복을 느낍니다.

[단] [어]
parent [명] 부모　　worry dolls 걱정인형
pillow [명] 베개　　take away 치우다, 빼앗다, 떠나다

[문장분석]
In Guatemala, / parents give their children 'worry dolls,'
과테말라에서는, / 부모들이 아이들에게 '걱정인형'을 줍니다

and the children tell their problems or worries / to their dolls.
그리고 아이들에게 그들의 문제나 걱정을 말하라고 합니다 / 인형에게

The children put the dolls under their pillows / before going to bed.
아이들은 인형을 자신의 베게 밑에 둡니다 / 자기 전에

While they are asleep, / a parent comes in and takes the doll away.
그들이 자는 동안, / 부모님이 와서 그 인형을 가져갑니다

The next day, / when the doll is gone, / the children think
다음날, / 그 인형이 사라졌을 때, / 아이들은 생각한다

it has taken their worries away, / and they feel happy again.
그것이 자신의 걱정을 가져갔다고, / 그리고 그들은 다시 행복을 느낍니다

Notes
- 걱정인형 : 과테말라에서 자투리 천과 나뭇조각으로 만든 작은 인형. 잠자기 전 걱정거리 한 가지씩 속삭이고 베개 아래에 넣어두면 자는 동안 이 인형이 걱정을 가져간다고 믿음
- 과테말라 : 중앙아메리카에 위치. 멕시코와 접해 있는 나라

[답] ③

02

We all need _____. Regular _____ temporarily tires the body but then actually gives you more energy. If you do it, you will have a healthy life.

① drink
② exercise
③ reading
④ shopping

✔ 정답 및 해설

뒷 부분의 내용으로 보았을 때 건강과 관련 있는 운동이 적절하다.

해 설 우리는 모두 운동을 필요로 한다. 일정한 운동은 일시적으로 몸을 피곤하게 하지만 반대로 당신에게 더 많은 에너지를 준다. 만일 당신이 운동을 한다면, 당신은 건강한 삶을 누리게 될 것이다.

어 regular ⓗ 규칙적인, 일정한   exercise ⓜ 활동, 운동, 연습
temporarily ⓟ 일시적으로   but then 정반대로
actually ⓟ 정말로, 실제로

문장분석 We all need exercise.
우리는 모두 운동을 필요로 한다

Regular exercise temporarily tires the body / but then actually gives you more energy.
규칙적인 운동은 일시적으로 몸을 피곤하게 한다 / 반대로 실제로는 당신에게 더 많은 에너지를 준다

If you do it, / you will have a healthy life.
만일 당신이 그것을 한다면 / 당신은 건강한 삶을 얻을 것이다   **답** ②

03

To become a better _____, concentrate on what the other person says. Write down the main points. And also pay attention to the person's use of connecting words like 'first', 'next', and 'finally'.

① listener
② doctor
③ singer
④ player

✔ 정답 필 해설

첫 문장에서 사람들이 말하는 것에 집중하라는 내용을 통해 잘 듣기 위한 방법에 대한 글이라는 것을 알 수 있다.

해설 더 잘 듣기 위해서, 다른 사람이 말하는 것에 집중하세요. 중요한 사항을 적으세요. 그리고 또한 '첫 번째로', '다음으로' 그리고 '마지막으로'와 같이 화자가 사용하는 연결어의 사용에 주의를 기울이세요.

단어 listener 뗑 청자, 청취자   concentrate on ～에 집중하다, ～에 전념하다
write down 적다, 기록하다, 써두다   point 뗑 점, 끝, 요점, 핵심, 중점
pay attention to ～에 주의를 기울이다   connecting words 연결어

문장분석 To become ¹⁾ a better listener / concentrate on what the other person says.
잘 듣는 사람이 되기 위해서 / 다른 사람이 말하는 것에 집중하세요

Write down the main points.
중요한 요점들을 적으세요

And also pay attention / to the person's use of connecting words / like 'first', 'next', and 'finally'.
그리고 또한 주의를 기울이세요 / 그 사람의 연결어 사용에 / '첫 번째로', '다음으로' 그리고 '마지막으로'와 같은

Notes ➢ 1) to become : 여기서 to부정사는 목적의 의미를 지니고 있다.

답 ①

04

He was an old man who fished alone in a small boat along the Gulf Stream. Unfortunately he had spent 84 days without catching any _____. The old man had deep wrinkles on the back of his neck.

① gold   ② fish
③ money   ④ boats

✔ 정답 필 해설

노인이 낚시를 했다고 했으므로 물고기(fish)가 적절하다.

해설 그는 멕시코 만류를 따라 홀로 작은 보트에서 낚시를 했던 노인이었다. 불행하게도 그는 한 마리의 물고기도 잡지 못하고 84일을 보냈다. 그 노인은 목 뒤에 깊은 주름이 있었다.

단어 alone 뗑 홀로, 외로운   along 젠 ～을 따라서 접 ～와 함께
stream 뗑 시내, 개울, 흐름   unfortunately 뿌 불행하게도 ↔ fortunately 뿌 운좋게
spent 동 썼다(spend의 과거형)   deep 뗑 깊은
wrinkle 뗑 주름 동 주름을 잡다   the Gulf Stream 멕시코 만류

문장분석 He was an old man / who fished alone in a small boat / along the Gulf Stream.
그는 노인이었다 / 작은 보트에서 홀로 낚시를 했던 / 멕시코 만류를 따라

Unfortunately / he had spent 84 days / without catching any [1] fish.
불행하게도 / 그는 84일을 보냈었다 / 어떤 물고기도 잡은 것 없이

The old man had deep wrinkles / on the back of his neck.
그 노인은 깊은 주름을 가지고 있었다 / 그의 목 뒤에

Notes
1) any는 부정문과 의문문에서만 쓰인다. without이 부정적 의미를 지니고 있으므로 any가 '하나도
없다(없다)'는 의미로 해석된다.

답 ②

05

One of the biggest problems in my city is how to throw away all the _____.
As a suburban residents come to the city, we are creating enormous amount of
wastes. I would like to introduce some ways to solve this problem.

① traffic jam
② noisy
③ pollution
④ garbage

✔ 정답 및 해설

쓰레기를 처리하는 방법에 대한 내용이다.

해 석 우리 도시의 가장 큰 문제 중 하나는 쓰레기를 처리하는 것이다. 교외의 거주자들이 도시로 오게 되면서, 우리
는 엄청난 양의 쓰레기를 생산하고 있다. 나는 이 문제를 해결하기 위한 몇 가지 방안을 소개하고 싶다.

단 어 how to ~하는 방법　　　　　　　　　throw away ~를 던지다, 버리다
garbage 몡 쓰레기(= waste)　　　　　suburban 혱 교외의 ↔ urban 혱 도시의
resident 몡 거주자　혱 거주하는, 고유의　create 동 창조하다, 만들다, 일으키다
enormous 혱 거대한, 엄청난　　　　　introduce 동 소개하다, 창안하다, 발표하다
solve 동 해결하다, 풀다

문장분석 One of the biggest problems in my city / is how to throw away / all the garbage.
나의 도시에서 가장 큰 문제들 중의 하나는 / 버리는 방법이다 / 모든 쓰레기를

As a suburban residents come to the city, / we are creating / enormous amount of wastes.
교외의 거주자들이 도시로 와서 / 우리는 만들고 있다 / 엄청난 양의 쓰레기를

I would like to introduce / some ways to solve this problem.
나는 소개하고 싶다 / 이 문제를 해결하기 위한 몇 가지 방안을

답 ④

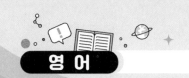

05 대명사가 지칭하는 말

학습 point⁺

대명사를 묻는 질문은 근처에 해답이 있다. 보통은 바로 앞 문장의 주어나 목적어가 해답인 경우가 많은데, 만약 전문이 없다면 문장 내부나 뒤 문장을 확인하도록 한다.

Fierce animal

❶ They are large fierce animals. ❷ They are orange with black stripes. ❸ They are symbols of strength and power. ❹ They move like kings through the forests, and people are afraid to meet them.

fierce [형] 사나운, 흉포한(= wild, dangerous)
symbol [명] 상징, 기호
forest [명] 숲, 산림
stripe [명] 줄무늬, 줄
strength [명] 힘, 체력(= might, power, force)
afraid [형] 두려워하는, 걱정하는, 유감으로 생각하는

| 문장분석 |

❶ They[1] are large fierce animals.

그들은 크고 사나운 동물이다

❷ They are orange / with black stripes.

그들은 오렌지색이다 / 검은 줄무늬가 있는

❸ They are symbols / of strength and power.

그들은 상징이다 / 힘과 권력의

NOTES
전치사 of는 동등한 성질을 나타낸다.
[예] A of B → A = B
따라서 B가 복수(strength and power)이므로 전치사 of로 이어진 A(symbols)도 복수이다.

❹ They move like kings / through the forests, / and people are afraid / to meet them.

→ like + 명사(kings) : ~처럼

그들은 왕처럼 이동한다 / 숲을 통해 / 그리고 사람들은 두려워한다 / 그들을 만나는 것을

NOTES
1) 호랑이를 대표하는 복수보통명사 'Tigers'
✦ 종족을 대표하는 명사 : A(An) + 단수보통명사, The + 단수보통명사(복수보통명사)

I'm 쌤 TIP! 오렌지색 털에 검은 줄무늬가 있는 동물은 호랑이이다. They(them)는 호랑이를 가리킨다.

[사나운 동물]

❶ 그들은(호랑이) 크고 사나운 동물이다. ❷ 그들은 검은 줄무늬가 있는 오렌지색이다. ❸ 그들은 힘과 권력의 상징이다. ❹ 그들은 숲 속을 왕처럼 걸어 다니고, 사람들은 그들을 만나기를 두려워한다.

Visiting South Africa

❶ Mike's family visited South Africa. ❷ They enjoyed many activities in the mountains. ❸ They saw lots of wild flowers. ❹ Those made the landscape more beautiful. ❺ And they hiked across beautiful deserts.

enjoy [동] 즐기다, 누리다
hike [동] 하이킹하다, 도보 여행하다
[명] 하이킹, 도보 여행
activity [명] 활동, 운동
desert [명] 사막, 황무지 [동] 버리다, 없어지다, 탈영하다

문장분석

❶ Mike's family visited South Africa.
마이크의 가족은 남아프리카를 방문했다

NOTES
visit는 동사로 쓰일 경우 타동사이므로 전치사 없이 바로 목적어(South Africa)를 취하지만 명사로 쓰일 경우에는 전치사 to와 함께 쓰인다.

❷ They enjoyed / many activities in the mountains.
그들은 즐겼다 / 산에서 많은 활동들을

❸ They saw / lots of wild flowers.
그들은 보았다 / 많은 야생화를

NOTES
many와 lots of는 모두 '많은'을 의미하지만 many는 셀 수 있는 명사(복수) 앞에서만 쓰이고, lots of(a lot of)는 명사의 수에 관계없이 물질명사(water, paper, salt)에도 쓰인다.

❹ Those made / the landscape more beautiful.
그것들은 만들었다 / 경치를 더 아름답게

❺ And they hiked / across beautiful deserts.
그리고 그들은 하이킹했다 / 아름다운 사막을 가로질러

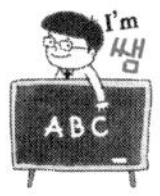

TIP! ②, ③, ⑤에서 they는 마이크의 가족을 의미하고, ④의 those는 wild flowers(야생화)를 의미한다.

[남아프리카 탐방기]
❶ 마이크의 가족은 남아프리카를 방문했다. ❷ 그들은 산에서 많은 활동을 즐겼다. ❸ 그들은 많은 야생화를 보았다. ❹ 그것들은 경치를 더 아름답게 만들었다. ❺ 그리고 그들은 아름다운 사막을 가로질러 하이킹했다.

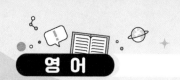

Essential water

❶ People cannot live without this. ❷ About two-thirds of our body is made up of this. ❸ If we don't drink this, we will become exhausted and die in a few days.

essential [명] 필수적인 것, 핵심, 요점
[형] 본질적인, 필수적인, 극히 중요한
exhaust [동] 고갈시키다, 다 써버리다
be made up of ~로 구성되다(= be composed of, consist of)
live [동] 살다
two-thirds 3분의 2
in a few days 며칠 내로

문장분석

❶ People cannot live without this.

사람은 이것 없이 살 수 없다

❷ About two-thirds of our body / is made up of this.

우리 몸의 3분의 2 정도가 / 이것으로 구성되어 있다

❸ If we don't drink this, / we will become exhausted and die / in a few days.

만약 우리가 이것을 마시지 않는다면 / 우리는 탈수되어 죽을 것이다 / 며칠 안에

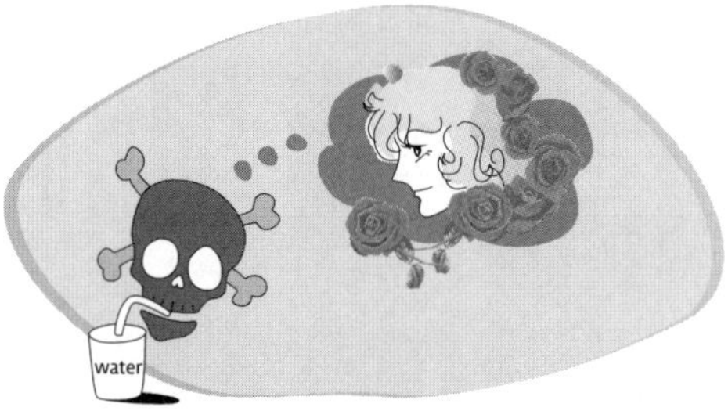

TiP! drink라는 동사를 보면 뭔가 마실 것인데 생명과 관계가 있으므로 this는 물(water)을 가리킨다.

[필수불가결한 물]

❶ 사람은 이것이 없으면 살 수가 없다. ❷ 우리 몸의 3분의 2 정도가 이것으로 구성되어 있다. ❸ 만약 우리가 이것을 마시지 않는다면, 우리는 며칠 안에 탈수가 되고, 죽을 것이다.

Tennis

❶ It is a sport for two people or two teams of two people. ❷ It is played on the ground. ❸ Players use rackets to hit a small ball back and forth across a low net.

on the ground 지상에서, 땅 위에서
back and forth 앞뒤로
net [명] 그물, 망
racket [명] (테니스, 탁구, 배드민턴) 라켓
low [형] 낮은, 싼

| 문장분석 |

❶ It is a sport / for two people or two teams of two people.
→ a person(단수) – two people(복수)

이것은 운동이다 / 2명이나 2명씩 두 팀을 이루어 하는

❷ It is played / on the ground.

이것은 치러진다 / 땅 위에서

NOTES
it(테니스)을 주어로 하여 수동태로 만든 문장이다. 우리나라 말로 직역하면 어색하므로 의역하면, '테니스는 땅에서 하는 경기이다'

❸ Players use rackets / to hit a small ball / back and forth across a low net.

선수들은 라켓을 이용한다 / 작은 공을 치기 위해 / 낮은 네트 앞뒤로 넘어

I'm 쌤 TIP! 두 명의 선수가 네트 사이에서 작은 공을 라켓으로 치는 경기는 테니스이다.

[테니스]
❶ 이것은 2명이나 2명씩 팀을 이루어 하는 운동이다. ❷ 우리는 땅에서 이것을 벌인다. ❸ 선수들은 라켓으로 작은 공을 쳐서 낮은 네트 앞뒤로 공이 오가게 한다.

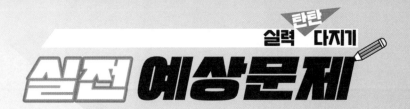

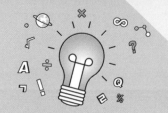

실력 탄탄 다지기 실전 예상문제

01 [기출] 다음 밑줄 친 'it'이 가리키는 것으로 가장 적절한 것은?

> Although it is always around us, it's impossible for us to see, smell, or touch it. Without it, plants as well as animals would not survive. In order to breathe, it is necessary for living creatures.

① air　　② fire
③ food　　④ water

정답 및 해설

주변에 항상 있고, 보거나 냄새 맡거나 만질 수도 없으며, 숨을 쉬기 위해서 꼭 필요한 것은 공기이다.

[해] [석] 비록 그것이 우리들 주변에 항상 있지만 우리는 그것을 보거나 냄새 맡거나 만질 수 없습니다. 그것이 없다면, 동물뿐만 아니라 식물도 생존할 수 없을 것입니다. 숨을 쉬기 위해서, 그것은 살아있는 생명체에게 필수적입니다.

[단] [어]
although 비록~이지만
around [부] 주변에, 돌아다니는
impossible [형] 불가능한
plant [명] 식물, 공장
as well as ~뿐만 아니라
survive [동] 생존하다, 살아남다
breathe [동] 숨쉬다, 생존하다
necessary for ~을 위해 필요한
living creatures 살아있는 생명체

[문장분석] Although it is always around us, / it's impossible for us to see, smell, or touch it.
비록 그것이 우리들 주변에 항상 있지만 / 그것을 보거나 냄새 맡거나 만질 수 없습니다

Without it, / plants as well as animals / would not survive.
그것이 없다면, / 동물뿐만 아니라 식물도 / 생존할 수 없을 것입니다

In order to breathe, / it is necessary for living creatures.
숨을 쉬기 위해서, / 그것은 살아있는 생명체에게 필수적입니다

[답] ①

02 다음 글에서 밑줄 친 'them'이 가리키는 것은?

In the future, we might be able to use robots in many places. Scientists predict that we might use a lot of robots in factories. We might use <u>them</u> in hospitals, on farms and in offices as well.

① 공장 ② 로봇
③ 노동자 ④ 과학자

정답 및 해설

공장, 병원, 농장, 사무실 등 로봇이 미래에 어느 분야에 사용될 것인지에 대한 내용이다.

[해] [석] 미래에 우리는 많은 분야에서 로봇을 사용하게 될지도 모른다. 과학자들은 우리가 공장에서 많은 로봇들을 사용하게 될지도 모른다고 예측한다. 우리는 병원에서, 농장에서, 그리고 사무실에서도 마찬가지로 그것들을 사용할 것이다.

[단] [어]
robot [명] 로봇, 인조 인간
place [명] 장소, 공간, 지위
a lot of 많은(= lots of)
factory [명] 공장(= plant)
as well 게다가, 더욱이
predict [동] 예언하다 [CF] pre-(미리) + -dict(말하다) = 예언하다

[문장분석] In the future, / we might[1] be able to use robots / in many places.
미래에 / 우리는 로봇들을 사용할 수 있을지 모른다 / 많은 곳에서

Scientists predict / that we might use a lot of robots / in factories.
과학자들은 예측한다 / 우리는 많은 로봇들을 사용할지도 모른다고 / 공장에서

We might use them / in hospitals, on farms and in offices as well.
우리는 그들을 사용할 것이다 / 병원, 농장 그리고 사무실에서도 마찬가지로

Notes 1) might : 불확실한 추측을 나타낼 때의 조동사(아마도 ~일지 모른다)

[답] ②

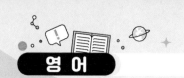

03 다음 글에서 밑줄 친 'They'가 가리키는 것은?

> Eagles lay from one to three eggs. <u>They</u> are about the size of a goose's. Both male and female share their incubation duties for 35 days.
>
> incubation duties : 알을 품는 역할

① Male eagle　② Female eagle

③ eggs　④ incubation duties

정답 및 해설

전 문장을 통해서 They가 지칭할 수 있는 것은 Eagles와 Eggs인데, 대명사가 속해 있는 문장에 size of goose's(거위의 것 정도의 크기)라 했으므로 정답이 Eggs임을 알 수 있다.

[해석] 독수리들은 하나에서 세 개의 알을 낳는다. 그 알들은 거위 알 크기 정도이다. 수컷, 암컷 둘 다 35일 동안 알을 나누어 품는다.

[단어] lay [동] 눕히다, 놓다, 알을 낳다　from A to B A에서 B까지
both A and B A와 B 둘 다　share [동] 나누다, 공유하다 [명] 몫, 주식, 지분
incubation [명] 알을 품음, 부화기간　duty [명] 의무, 임무

[문장분석] Eagles 1) lay / from one to three eggs.
독수리들은 낳는다 / 하나에서 세 개의 알을

They are / about the size of a goose's. 2)
그들은 ~이다 / 약 거위 알 정도의 크기

Both male and female share / their incubation duties / for 35 days.
암컷과 수컷이 나눈다 / 알을 품는 역할을 / 35일 동안

Notes
1) eagles : 관사(a / the) 없이 복수 형태로 쓰일 경우 일반적인 독수리 전체를 지칭한다.
2) goose's : 소유대명사로 '거위의 것(알)'

[답] ③

oh! No~ 콩글리시

- eye shopping(아이쇼핑) → window shopping
- Y-shirt(와이셔츠) → dress shirt
- hand phone(핸드폰) → cellular phone
- stand(스탠드) → desk lamp
- morning call(모닝콜) → wakeup call

04 다음 글의 밑줄 친 This(this)가 가리키는 것은?

This is not only used for e-mailing. You can also use this to find something in a library. If you have this, you can go to any library in the world. Your computer "talks" to the computer at the library through this.

① 인터넷 ② 채팅
③ 휴대전화 ④ MP3

정답 및 해설

e-mail, computer와 같은 단어를 통해 대명사 this가 가리키는 것이 인터넷임을 알 수 있다.

[해] [석] 이것은 단지 이메일을 사용하기 위한 것만은 아니다. 당신은 도서관에서 뭔가를 찾으려고 할 때 이것을 이용할 수 있다. 도서관은 세계 어떤 나라에 있는 것이든 가능하다. 당신의 컴퓨터는 이것을 통해 도서관 컴퓨터에 접속한다.

[단] [어] library [명] 도서관, 정보원 through [형] ~을 통하여, ~을 지나서
country [명] 나라, 시골

[문장분석] This is not only used for e-mailing.
이것은 단지 이메일을 사용하기 위한 것만은 아니다

You can also use this / to find something in a library.
당신은 또한 이것을 이용할 수 있다 / 도서관에서 무엇인가를 찾기 위해

If you have this, / you can go to any library in the world.
만약 당신이 이것을 갖고 있다면 / 당신은 세계 어느 도서관이든 갈 수 있다

Your computer "talks" / to the computer at the library / through this.
당신의 컴퓨터는 말을 건다 / 도서관에 있는 컴퓨터에게 / 이것을 통해

[답] ①

272쪽 정답

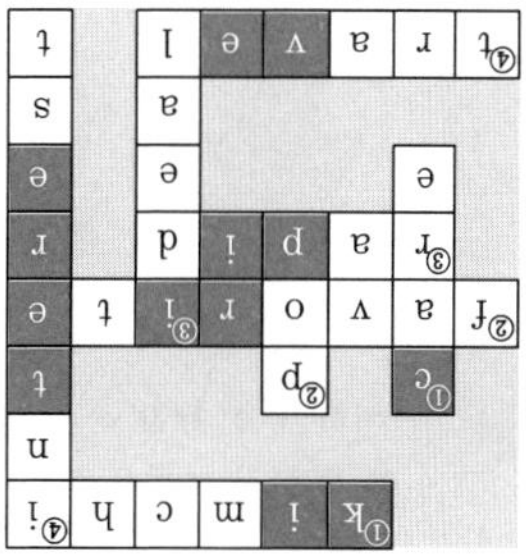

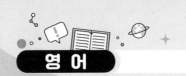

06 전 · 후 문장 파악하기

학습 point⁺

제시된 글의 뒤에 나올 내용을 파악하는 문제는 제시문의 주제와 마지막 문장에 주목하고, 제시된 글의 앞에 나올 내용은 제시문의 주제와 첫 번째 문장에 주의하여야 한다.

The symbols on a train schedule

❶ When you are a tourist, the train is usually an easy way to get from one city to another. ❷ Here are some symbols you may see on a train schedule in the U.S.

tourist [명] 여행자, 관광객
symbol [명] 기호, 상징
train schedule 기차시간표
get [동] 도착하다, 이르다
schedule [명] 스케줄, 일정
[동] 일정을 잡다, 예정하다

| 문장분석 |

❶ When you are a tourist, / the train is usually an easy way / to get from one city to another.

당신이 관광객일 때 / 기차는 보통 쉬운 방법이다 / 한 도시에서 다른 도시로 가는

❷ Here are some symbols / you may see on a train schedule in the U.S.

여기에 몇 가지 기호들이 있다 / 당신이 미국의 기차시간표에서 볼 수 있는

I'm 쌤 TIP! 마지막 문장의 some symbols라는 단어를 통해 뒤에 이어질 내용이 기차시간표의 기호에 대한 내용임을 확인할 수 있다.

[기차의 기호(記號)]

❶ 당신이 여행을 할 때, 기차는 보통 한 도시에서 다른 도시로 가는 간편한 방법이다. ❷ 여기에 미국의 기차시간표에서 당신이 발견할 수 있는 몇 가지 기호들이 있다.

Finding out personality types through colors

❶ Through colors, you may find out what your personality type might be.
❷ Look at the colors on this page. ❸ Decide what your favorite colors are.
❹ Then, find out about yourself from the list below.

---

through (전) ~를 통해
personality (명) 성격, 개성(= character)
favorite (형) 좋아하는, 마음에 드는
list (명) 목록, 명부 (동) 명부에 올리다

find out 발견하다, 찾아내다, 해결하다
decide (동) 결정하다, 결심하다
then (부) 그 다음에, 그 때에
below (전) ~보다 아래에 (부) 아래로, 하부에

┃ 문장분석 ┃ ....

❶ Through colors, / you may find out / what your personality type might be.

색을 통해 / 당신은 알아볼 수 있다 / 당신의 성격 유형이 무엇인지

❷ Look at the colors on this page.

이 페이지에 있는 색들을 보라

❸ Decide / what your favorite colors are.

결정해라 / 당신이 가장 좋아하는 색깔이 무엇인지

❹ Then, / find out about yourself / from the list below.

그런 다음, / 당신에 대해 알아보라 / 아래에 있는 목록으로부터

TIP! 마지막 문장을 통해 이어질 문장은 리스트에 기재되어 있는 색깔 선호별 성격 유형에 대한 내용이 나올 것임을 짐작할 수 있다.

[색으로 성격 유형 알아보기]
❶ 색을 통해 당신은 당신의 성격 유형을 알아볼 수 있다. ❷ 이 페이지의 색을 보아라. ❸ 당신이 좋아하는 색이 무엇인지 결정해라. ❹ 그리고, 아래 목록에서 당신 자신에 대해 알아보아라.

Efficient ways of studying English

❶ You have been studying English for more than six years. ❷ Still, English is difficult, isn't it? ❸ Is there an easy way to master English? ❹ Maybe not. ❺ However, the following tips may be helpful.

---

master 몡 주인, 지배자, 선생님
　　　　동 숙달하다, 지배하다
tip 몡 끝, 꼭대기, 사례금, 힌트, 비결

maybe 뿌 아마, 어쩌면(= perhaps)
follow 동 따라가다, 뒤를 잇다
　　CF following 따르는, 다음에 나오는

▌문장분석 ▌

❶ You have been studying English / for more than six years.
　　　↳ have(has) been + -ing(현재완료진행형) : 과거부터 현재까지 진행되고 있는 상황
당신은 영어를 공부해 오고 있다 / 6년이 넘게

❷ Still, English is difficult, / isn't it?
여전히 영어는 어렵다 / 그렇지 않은가?

> NOTES
> 부가의문문으로 앞 절의 동사(is)를 받아서 부정문은 긍정문으로, 긍정문은 부정문으로 바꾼다.

❸ Is there an easy way / to master English?
쉬운 방법이 있을까? / 영어를 정복하는

> NOTES
> maybe와 may be의 차이점
> ❹의 maybe는 부사로 문장 전체를 꾸미는 역할을 하지만, ❺의 조동사 may는 본동사 be helpful을 수식하며 동사의 뜻에 불확실성을 부여하는 역할을 한다.

❹ Maybe not.
아마도 없을 것이다.

❺ However, / the following tips may be helpful.
그렇지만 / 다음의 조언들이 유용할 것이다

 TIP! 마지막 문장에서 조언이 뒤따를 것이라고 언급하였으므로 효과적으로 영어를 학습할 수 있는 방법이 나올 것임을 짐작할 수 있다.

[효과적인 영어 공부 방법]
❶ 당신은 6년 이상 동안 영어를 공부해 오고 있다. ❷ 여전히, 영어는 어렵다, 그렇지 않은가? ❸ 영어를 정복하는 쉬운 방법이 있을까? ❹ 아마도 없을 것이다. ❺ 그렇지만, 다음에 나오는 조언이 유용할 것이다.

01 다음 글의 바로 뒤에 이어질 내용으로 가장 적절한 것은?

기출

> A cold is one of the most common illnesses. If you catch a cold, you usually have a runny nose, and sometimes a fever. The best way to prevent a cold is keeping your body strong and healthy. Here are some tips to protect yourself against it.

① 감기 예방법　　　　　　　　② 감기의 증상

③ 알레르기의 종류　　　　　　④ 겨울철 질병의 유형

✔ 정답 쏙 해설

마지막 문장에 감기에 맞서 당신 자신을 보호하기 위한 몇 가지 방법이 있다고 하였으니, 이어질 내용은 당연히 감기 예방법일 것이다.

해 **셐** 감기는 가장 흔한 질병 중의 하나입니다. 만약 당신이 감기에 걸리면 당신은 주로 콧물이 나거나 때때로 열이 납니다. 감기를 예방하는 가장 좋은 방법은 당신의 몸을 강하고 건강하게 유지하는 것입니다. 감기에 맞서 당신 자신을 보호하기 위한 몇 가지 방법이 있습니다.

단 **어** cold 몡 감기, 추위　　　　　　　common 혱 흔한, 공통의, 일반적인
　　illness 몡 질병　　　　　　　　　catch a cold 감기에 걸리다
　　runny nose 콧물　　　　　　　　fever 몡 열
　　prevent 동 막다, 예방하다　　　　tip 몡 조언, 방법
　　protect 동 보호하다

문장분석 A cold is one of the most common illnesses. / If you catch a cold,
　　　　감기는 가장 흔한 질병 중의 하나입니다 / 만약 당신이 감기에 걸리면

　　　　you usually have a runny nose, / and sometimes a fever.
　　　　당신은 주로 콧물이 나거나, / 때때로 열이 납니다

　　　　The best way / to prevent a cold / is keeping your body strong and healthy.
　　　　가장 좋은 방법 / 감기를 예방하는 / 당신의 몸을 강하고 건강하게 유지하는 것입니다

　　　　Here are some tips / to protect yourself against it.
　　　　몇 가지 방법이 있습니다 / 감기에 맞서 당신 자신을 보호하기 위하여

답 ①

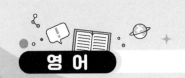

02 다음 글의 바로 뒤에 올 내용으로 알맞은 것은?

[기출]

Every year, we throw away lots of food, drink cans, and glass bottles. Now we should do something for our environment. Reducing the amount of waste is one of the best ways to help the environment. There are lots of ways to do this.

① 대기 환경 오염의 실례
② 쓰레기를 줄이는 방법
③ 재활용 시설의 건설
④ 쓰레기 재활용하는 방법

정답 및 해설

마지막 문장에 쓰레기의 양을 줄이는 많은 방법들이 있다고 했으므로 구체적으로 그러한 방법이 무엇인지에 대한 내용이 이어질 것이다.

[해석] 매년, 우리는 많은 음식, 음료수캔, 그리고 유리병들을 버린다. 이제 우리는 우리의 환경을 위해 뭔가를 해야만 한다. 쓰레기의 양을 줄이는 것은 환경을 돕는 최선의 방법들 중 하나이다. 이를 실행할 많은 방법들이 있다.

[단어]
throw away 버리다
reducing 줄이는 것(동명사)
environment [명] 환경, 주위, 주위 상황
waste [동] 낭비하다, 놓치다 [명] 낭비, 황무지

[문장분석] Every year, / we throw away / lots of food, drink cans, and glass bottles.
매년 / 우리는 버린다 / 많은 음식, 음료수 캔들과 유리병들을

Now / we should do something / for our environment.
이제 / 우리는 무엇인가 해야 한다 / 우리의 환경을 위해

Reducing the amount of waste [1] / is one of the best ways / to help the environment.
쓰레기의 양을 줄이려는 것은 / 최고의 방법들 중 하나이다 / 환경을 돕기 위한

There are lots of ways / to do this.
많은 방법들이 있다 / 이것을 실행할

Notes 1) 하나의 동명사로 이루어진 동명사구(주어)는 단수 취급하고, 둘 이상의 동명사로 이어진 동명사구는 복수 취급한다.

[답] ②

03 다음 글 바로 뒤에 올 내용으로 알맞은 것은?

Recycling centers, where people can bring their empty bottles and old paper have been set up in the industrialized countries. However, these efforts are not enough to reduce pollution. Other measures must be sought.

① 오염 발생량의 증가 ② 재활용을 위한 노력
③ 오염 방지 대책 ④ 폐품 활용 방법

✔ 정답 및 해설

뒤에 올 내용을 파악하기 위해서는 마지막 문장의 의미를 잘 이해하여야 한다. 마지막 문장의 다른 대책들이 강구되어야 한다는 말을 통해 재활용 외의 오염방지대책에 관한 내용이 뒤따를 것임을 예상할 수 있다.

해 석 사람들이 빈병이나 폐지를 모을 수 있는 재활용센터가 산업화된 국가에 세워졌다. 그러나 이러한 노력만으로 오염을 감소시키기에는 불충분했다. 다른 대책이 강구되어야 한다.

단 어
recycling 몡 재활용	bring 동 가져오다
empty 형 빈, 인적이 없는	set up 설치하다, 건립하다, 세우다
industrialized county 산업화된 국가	effort 몡 노력, 노력의 성과
reduce 동 감소하다, 축소되다	pollution 몡 오염
sought seek(동 찾다, 모색하다)의 과거형	measure 몡 수단, 측정 동 측정하다, 평가하다

CF be sought 강구되다(수동태)

문장분석 Recycling centers, / where people can bring their empty bottles and old paper / have been set up [1] /
재활용센터 / 사람들이 그들의 빈병과 폐지들을 가져올 수 있는 / 세워졌다 /
in the industrialized countries.
산업화된 국가들에

However, / these efforts are not enough / to reduce pollution.
그렇지만 / 이런 노력들은 충분하지 않다 / 오염을 줄이기에

Other measures must be sought.
다른 방법들이 찾아져야 한다

Notes
1) 문장의 주어(Recycling centers)와 동사(have been set up)를 확인하여야 한다. where 이하의 절은 주어를 수식하기 위한 형용사절이다.

답 ③

04 다음 글의 앞에 올 내용으로 적절한 것은?

> However, even though English is hard for Koreans, many students like to study it. That's because English is not only useful for doing business and traveling, but English can also be a lot of fun.

① 한국인들의 영어 학습에 대한 어려움   ② 영어의 유용성

③ 영어를 사용하는 국가   ④ 영어 학습의 즐거움

✔ 정답 및 해설

첫 번째 문장을 통해 한국인들의 영어 학습의 어려움에 대한 내용이 앞 글에 있었음을 알 수 있다.

해석   그러나 비록 영어가 한국인들에게 어렵더라도, 많은 학생들은 영어공부하는 것을 좋아한다. 이는 영어가 사업을 하거나 여행을 할 때에만 유용한 것이 아니라, 또한 매우 재미있기 때문이다.

어휘   even though 비록 ~일지라도(= although)   a lot of 많은(= lots of)
not only A but also B A뿐만 아니라 B도 = B as well as A 동사는 B의 인칭과 수에 일치시킴

문장분석   However, / even though English is hard for Koreans, / many students like to [1] study it.
그렇지만, / 비록 영어가 한국인들에게 어렵더라도 / 많은 학생들이 그것을 공부하는 것을 좋아한다

That's(= That is) because / English is not only useful for doing business and traveling, /
이것은 ~때문이다 / 영어가 사업을 하거나 여행을 하는 데만 유용한 것이 아니라 /

but English can also be a lot of fun.
또한 큰 즐거움이 될 수 있기 때문이다

Notes 1) like to : 구체적인 행동을 좋아함
like ~ing : 막연하게 좋아하는 것

답 ①

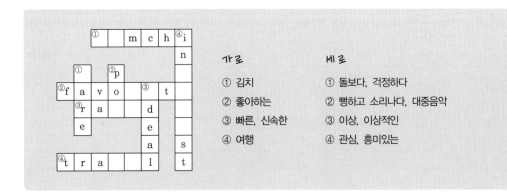

가로	세로
① 김치	① 돌보다, 걱정하다
② 좋아하는	② 빵하고 소리나다, 대중음악
③ 빠른, 신속한	③ 이상, 이상적인
④ 여행	④ 관심, 흥미있는

정답 265쪽

PART III

생활영어

01 기본 표현

안부 인사, 감사·사과·칭찬·축하에 대한 다양한 표현을 알아야 한다. 특히, 감사나 사과에 대한 대답의 표현은 자주 출제되므로 반드시 숙지하여야 한다. 묘사와 관련된 대화에서 사람의 경우에는 외모나 성격을 물어보고, 사물의 경우에는 크기, 생김새, 색깔에 관한 내용이 주를 이룬다. 전화상의 대화는 자주 출제되므로 전화를 걸고 받을 때의 모든 표현을 알아야 한다. 소리 내어 반복적으로 읽어보면서 자연스럽게 나오도록 연습하는 것이 중요하다.

1 인사하기

(1) 일상적인 인사

아침 : Good morning. 좋은 아침.

밤　　: Good night. 좋은 밤.
　　　　 Have a good night. 좋은 밤 보내세요.

(2) 아는 사람을 만났을 때(안부의 인사)

How have you been? 어떻게 지내십니까?
= How are you doing?
= How's it going?
What's up? 어떻게 지내?

잠깐 What's up은 친한 친구 사이에서 사용하는 표현이다.

It's been a long time since I saw you last. 오랜만입니다.
= Long time no see.
What brings you here? 여기는 어쩐 일이에요?

= What are you doing here? 중요⁺

(3) 처음 만났을 때

How do you do? = How are you? 처음 뵙겠습니다.

Nice(Glad) to meet you. 만나서 반갑습니다.
= I'm pleased(honored) to meet you.

(4) 헤어질 때

Good − bye. 잘 가.

It was a pleasure to see you. 만나서 반가웠습니다.

See you later. 또 봐요.

(5) 안부 인사에 대답하기

Fine, thanks. 잘 지내요.

Pretty good. = Very well. 아주 좋아요.

Not too bad. 그저 그래요.
= So so.
= Nothing much.

Not good. = Not so well. 별로 좋지 않아요.

Dialogue

A : Hi, Judy? What's up? 안녕, 주디? 잘 지내?
B : Nothing much. 그저 그래.

A : How is it going? 어떻게 지내니?
= How is everything?
= How have you been?
B : Not bad. I'm trying to get used to my school. 그럭저럭. 학교에 적응하려고 노력하는 중이야.

잠깐 '어떻게 지내니?'라는 안부의 인사는 'How(어떻게)'로 시작하는 경우가 많다.

비교 A : How are you doing with your homework? 숙제는 어떻게 하고 있니?
B : Not too well. 별로예요.
A : What's the problem? 무슨 문제 있어?
B : I am afraid I still can't finish it. 아직 끝내지 못해 걱정이에요.
잠깐 How are you doing with + 목적어는 '～는 어떻게 하고 있니?'로 해석한다.

2 감정 표현

(1) 감사의 표현

① 일반적인 감사의 표현

Thanks.   고마워.(친한 사이에서 사용)

I appreciate it. = Thank you.   고맙습니다.

Thanks a lot(million).   매우 감사합니다.
= Thank you very(so) much.

② 어떤 일에 대해 감사할 때

Thank you for helping me.   도와주셔서 감사합니다.
= Thanks to you for your help.

③ 감사에 대한 대답 중요⁺

You're welcome.   천만에요(별말씀을).
= Don't mention it.
= (It's) My pleasure.
= Not at all.

It's nothing.   아무것도 아냐.
= It's a piece of cake.

> 잠깐 It's a piece of cake.는 직역하면 '그것은 한 조각의 케이크이다.'이다. 즉, '아주 쉽다'는 뜻으로 '누워서 떡 먹기, 식은 죽 먹기'로 표현할 수 있다.

Dialogue

A : How's your report going?   보고서 어떻게 돼 가?
B : I've just finished it.   방금 끝냈어.
   It was so kind of you to help me with it.   친절하게도 네가 나를 도와줬어.
   I really appreciate it.   정말 고마워.
A : It's my pleasure. Any time.   천만에. 언제라도.

A : I can't thank you too much.   정말 고마워.
B : You're welcome.   천만에.

(2) 사과의 표현

① 사과하기

I'm really very sorry. 대단히 죄송합니다.

I'm sorry to be late. 늦어서 미안합니다.

I'm sorry about ~. ~에 대해 유감이다.

I apologize to you. 사과드립니다.

I can't tell you how sorry I am. 죄송해서 드릴 말씀이 없습니다.

Please forgive me. 용서해 주십시오.

I apologize for the delay. 지연에 대해 죄송합니다.

잠깐 apologize + to + 대상, apologize + for + 사과를 구해야 할 사건이나 잘못

② 사과에 대한 대답 중요⁺

That's all right.
= That's OK. 괜찮습니다.

No problem. 상관없습니다.

Never mind. 신경 쓰지 마세요.

Dialogue

A : I spilt water on your carpet. I'm so sorry. 카펫에 물을 쏟았어요. 정말 미안해요.
B : Never mind. 신경 쓰지 마세요.

A : I'm sorry to have kept you waiting. 기다리게 해서 미안해.
B : That's OK. What happened? 괜찮아. 무슨 일이야?
A : I got stuck in a traffic jam. 교통정체 때문에 꼼짝도 못했어.

(3) 칭찬·축하의 표현

① 칭찬·축하하기

My best wishes on ∼! ∼에게 축복이 있기를!

ᴄꜰ My best wishes on your new baby! 당신의 아이에게 축복이 있기를!

Happy 20th birthday! 당신의 20번째 생일을 축하합니다.

Happy New Year! 새해 복 많이 받으세요.

Merry Christmas! 즐거운 크리스마스!

Congratulations on your promotion! 승진을 축하합니다.

Congratulations on your passing the exam! 시험 합격을 축하합니다.

> 참깐 Congratulations는 상대방이 노력을 하여 경쟁에서 이겼을 때 축하를 하는 말이므로, 결혼식이나 기념일을 축하할 때는 적절하지 않다.

Good for you. 정말 잘했다.

= You did a good job.

② 칭찬·축하에 대한 대답

You're so(very) kind. 참 친절하시군요.

= How nice(kind) of you.

= It's nice of you to say so.

Thank you. 고마워요.

Dialogue

A : You know what? I'm getting married next month! 너 그거 아니? 나 다음 달에 결혼해!
B : Really? I didn't know that. Congratulations! 정말? 난 몰랐어. 축하해!

A : This is a small gift for you. 널 위한 작은 선물이야.
B : Oh! How nice of you. Can I open it? 친절하기도 하지! 열어 봐도 돼?
A : Sure. 그럼.

3 묘사하기

(1) 사람의 외모에 대한 표현

What does he(she) look like? 그는(그녀는) 어떻게 생겼습니까?
= How does he(she) look?

beautiful	brown eyes	curly hair	cute	fat	handsome	healthy	old
pale	short	tall	thin	ugly	young	pretty	

She is short and fat. 그녀는 작고 뚱뚱하다.

She has blue eyes. 그녀의 눈은 파란색이다.

She put on check pattern. 그녀는 체크무늬를 입었다.

He has curly hair. 그는 곱슬머리이다.

He wears glasses. 그는 안경을 끼고 있다.

He looks handsome. 그는 잘생겼다.

잠깐 take off : (옷이나 모자, 안경 따위를) 입다, 쓰다, 착용하다 ↔ put off 벗다 **CF** put off : 연기하다

(2) 사람의 성격에 대한 표현

What is he(she) like? 그는(그녀는) 어떻습니까?

honest	faithful	kind	nice	good	gentle	wicked	polite
lazy	respectful	diligent	active	smart	intelligent	sensitive	

You are very polite. 정말 공손하시군요.

She is outgoing. 그녀는 외향적이다.

Dialogue

A : What does she look like? 그녀는 어떻게 생겼니?
B : She has short hair and wears glasses. 그녀는 짧은 머리에 안경을 썼어.

(3) 사물에 대한 표현

What does it look like? 그것은 어떻게 생겼습니까?

big	large	small	little	wide	square	round
circular	triangular	sharp	thin	light	dark	

It's long and straight. 그것은 길고 곧다.

It's cute but heavy. 그것은 귀엽지만 무겁다.

Dialogue

A : Do you live around here, John? 이 근처에 사니, 존?
B : Yes, I just moved into a new apartment on Swan Street.
　　응, 스완가의 새 아파트로 막 이사 왔어.
A : Oh? What is it like? 그래? 아파트는 어때?
B : It is really nice. 정말 좋아.

A : Hello. What can I do for you? 안녕하세요, 무엇을 도와드릴까요?
B : I'd like to report a lost bag. 잃어버린 가방을 신고하려고요.
A : Oh! That's too bad. What does it look like? 그것 참 안됐군요, 어떻게 생겼죠?
B : It's small and light brown. 작고 연한 갈색입니다.

영어권에서 검지와 중지를 교차시키는 행위는 기독교 국가인 미국에서 십자가 모양을 상징하며 '상대방에게 행운을 빈다.'는 의미로 사용할 수 있다.

A : I am going to have a job interview tomorrow. 내일 면접 보러 가.
B : I will keep my fingers crossed for you. 내가 행운을 빌어 줄게.

잠깐 행운을 빌어 주는 표현
Good luck! 행운을 빌어!
I hope everything goes well. 모든 일이 잘되길 바란다.

4 전화하기

(1) 전화를 걸 때

Can(May) I speak to Mr. Brown, please? **중요⁺**   브라운 씨 좀 바꾸어 주시겠어요?

I'd like to speak to Mr. Brown, please.   브라운 씨와 통화하고 싶습니다.

Is there a doctor by the name of Mr. Brown?   브라운 씨라는 의사 있습니까?

Is Mr. Brown there?   브라운 씨 있나요?

(2) 전화를 받을 때

① 누구세요?

Who's speaking(calling), please?

② 제가 ～입니다.

This is he(she).   접니다.

= This is he(she) speaking. **중요⁺**

This is Brown speaking.   제가 브라운입니다.

> **잠깐** 전화상에서 자신을 표현할 때는 'I am'을 사용하지 않고 'This is～'를 사용한다.

③ 찾는이가 부재중일 경우

May(Can) I take a message?   메시지를 남기시겠어요?

= Would you like to leave a message?

He is on another phone right now.   그는 지금 다른 전화를 받고 있습니다.

I'm sorry, but he(she) not in.   죄송하지만 없는데요.

④ 기 타

I'm sorry, but you have the wrong number.   죄송하지만 전화를 잘못 거셨습니다.

Who do you want to speak with?   누구를 바꾸어 드릴까요?

Hold on, please.   끊지 말고 기다리십시오.

There's no one here by that name.   그런 이름의 사람은 여기 없습니다.

The line is busy. **중요⁺**   통화 중입니다.

Can you hold on?   잠시만요.

Can you hold on a minute(second/moment)?   잠시만 기다려 줄래요?

Dialogue

A : Hello? May I speak to Cathy? 여보세요, 캐시 좀 바꾸어 주시겠어요?
B : Sorry, she is out. 미안하지만, 그녀는 외출했어요.
A : Oh, when will she be back? 오, 언제쯤 돌아올까요?
B : I am not sure. Can I take a message? 잘 모르겠네요. 메시지를 남기시겠어요?

A : Hello. May I speak to Dr. Smith? 안녕하세요, Smith 선생님과 통화할 수 있나요?
B : Sorry, he is not in now. 죄송하지만, 그는 지금 없습니다.

A : Hello, can I speak to Maria? 안녕하세요, 마리아와 통화할 수 있나요?
B : Maria? There's no one here by that name. 마리아? 여기 그런 이름 가진 사람 없는데요.
  I'm sorry, but you have the wrong number. 죄송하지만, 전화 잘못 거셨어요.

5 수에 관해 말하기

(1) 질문(연령, 가족, 시간 등)

① 나 이

How old are you? 몇 살입니까?

How old is your grandfather? 네 할아버지의 연세는 어떻게 되시니?

> 참깐 영어권 국가에서 함부로 나이를 물어보는 것은 실례이다.

② 시 간

What time is it? 몇 시입니까?

= Do you have the time?

= What time do you have?

= Can you tell me the time?

> 참깐 Do you have time?은 '시간 있으세요?'라는 의미이다.

What time do you go(get) to work? 언제 출근합니까?

What time do you get off? 언제 퇴근합니까?

③ 횟 수 **중요**⁺

How often do you go to the movie? 얼마나 자주 영화를 보러 가나요?

How often do you exercise? 얼마나 자주 운동합니까?

④ 기 타

How many people are in your family? 가족은 몇 명입니까?

How much do you pay? 보수는 어떻게 됩니까?

How long have you been working here? 여기서 일한 지 얼마나 됐습니까?

(2) 대답(연령, 가족, 시간 등)

① 나 이

I'm eighteen years old. 열여덟 살입니다.

He is eighty three. 그는 여든세 살입니다.

② 시 간

It is one-fifteen. 1시 15분입니다.

= It's a quarter after(past) one.

It's two minutes till two. 2시 2분 전입니다.

It's ten o'clock sharp. 10시 정각입니다.

바로 바로 CHECK√

❖ 3시 45분에 대한 다양한 표현
  • Three forty-five 3시 45분
  • A quarter to(before) four 4시 15분 전
  • Forty-five after(past) three 3시에서 45분 뒤

③ 횟 수

Once a week. 일주일에 한 번.

Twice a day. 하루에 두 번.

참깐 • Once : 한 번   • Twice : 두 번   • Triple, Three times : 세 번
       • Four times : 네 번   • Five times : 다섯 번

④ 기 타

There are four people (in my family). 가족은 4명입니다.

I have been working here for 10 years. 여기서 일한 지 10년 됩니다.

It will be 23 degrees today. 오늘은 (기온이) 23도일 거야.

Dialogue

A : How often do you go to the movies? 얼마나 자주 영화를 보러 가십니까?
B : Once a week. 일주일에 한 번.

잠깐 부정관사 a/an은 일반적으로 한정되지 않은 막연한 명사를 꾸며 주어 '하나의', '어떤'이라는 뜻으로 쓰이지만, day, week, month 등의 시간을 나타내는 명사 앞에서 '매일, 매주, 매달'과 같은 의미로 사용된다.

A : Excuse me. What time is it? 실례합니다. 지금 몇 시죠?
B : It is 5 o'clock now. 5시 정각입니다.

187쪽 정답 can
• 활동 : activity
• 여행 : travel
• 선물 : present

190쪽 정답 role
• 이성 : reason
• 지배 : control
• 평면 : flat
• 자연 : nature

01 다음 대화에서 B가 고민하는 것은?

> A : What's the matter with you?
> B : I'm too short, and not very handsome.
> A : Oh, no! You are the nicest person in our class.
> B : Really? Thanks.

① friendship   ② job

③ family   ④ appearance

02 'I'm terribly sorry.'에 대한 반응으로 가장 적절한 것은?

① That's all right.   ② You're welcome.

③ No, thanks.   ④ Fine, thanks.

※ 다음 대화의 빈칸에 알맞은 것을 고르시오. (3~13)

03

> A : What are you going to give Mom for her birthday tomorrow?
> B : Oh, I totally forgot. _____.

① I don't know how to play cards

② I'll return the book to the library

③ I'll buy her something after school

④ I sincerely wish him a happy birthday

01

A : 무슨 일이야?

B : 나는 키가 너무 작고, 잘생기지도 않았어.

A : 아냐! 너는 우리 반에서 제일 좋은 사람이야.

B : 정말? 고마워.

02

사과에 대한 응답으로 적절한 것은 ①이다.

I'm terribly sorry. 대단히 죄송합니다.
That's all right. 괜찮습니다.

② 천만에요.
③ 아니요, 됐어요.
④ 잘 지내요.

03

엄마 생일에 무엇을 줄 것이냐고 물었기 때문에 대화의 흐름상 무엇인가를 사준다는 내용이 와야 자연스러울 것이다. 따라서 정답은 ③이 된다.

A : 너는 내일 엄마의 생일에 무엇을 줄 예정이니?

B : 오, 나는 완전히 잊어버리고 있었어. 나는 학교 끝나고 그녀에게 뭔가를 사줘야겠어.

① 나는 어떻게 카드놀이를 하는지 몰라.
② 나는 도서관에 책을 반납할 거야.
④ 나는 진심으로 그가 행복한 생일이 되길 바래.

ANSWER
01. ④   02. ①   03. ③

04
고난도

A : I have a serious toothache.
B : Really? Do you need to see a dentist?
A : Can you recommend one?
B : Yes, his office is close by.
   Why don't I call him to make an appointment?
A : _____

① I'd appreciate that.
② Certainly, just a minute.
③ I'm afraid I'm tied up now.
④ Yes, I'll do that.

05

A : How's your family?
B : _____

① That's all right.
② They're 80 years old.
③ There are three of us.
④ They're all very well, thanks.

06

A : _____ did you stay at the hotel?
B : For a week.

① How often   ② How far
③ How many   ④ How long

04
B가 대신 의사에게 전화를 해 주려고 하는 상황이므로 ①이 적절하다.

A : 이가 너무 아파.
B : 정말? 치과에 가 봐야겠니?
A : 한 명 추천해 줄래?
B : 그럴게, 그의 병원은 가까이 있어. 내가 그에게 전화해서 약속을 잡아 놓을까?
A : 그럼 고맙지.

② 확실히, 잠시만요.
③ 미안하지만 지금 바빠요.
④ 네, 내가 그렇게 할게요.

05
How는 상태를 묻는 질문으로, '어떻게 지내니?'와 같은 의미를 갖는다.

A : 가족들은 어떻게 지내니?
B : 모두 잘 지내고 있어, 고마워.

① 괜찮아.
② 그들은 80살이야.
③ 우리 중에 셋만 있어.

06
A : 그 호텔에 얼마나 머물렀니?
B : 일주일 동안.

ANSWER
04. ①   05. ④   06. ④

07

A : How often do you go to the library?
B : _____.

① 3 hours　　　　② By bus
③ Two days later　④ Once a week

07

How often이 들어간 횟수를 묻는 질문에 적절한 답은 ④이다.

A : 얼마나 자주 도서관에 갑니까?
B : 일주일에 한 번.

08

A : Do you have the time?
B : _____

① Yes, I do.
② Yes, I have.
③ It's 9 o'clock.
④ I'm afraid, I have some homework to do.

08

A : 몇 시야?
B : 9시야.

①, ② 네, 시간 있어요.
④ 미안하지만, 해야 할 숙제가 있어요.

09

A : How have you been doing?
B : Pretty good. It's been a long time, _____?

① isn't it　　　② doesn't it
③ does it　　　④ hasn't it

09

부가의문문
긍정문 뒤에는 부정으로, 부정문 뒤에는 긍정으로 묻는다.
이 문장에서 It's는 It is가 아니라 It has이므로 부가의문문을 만들 때 hasn't를 써야 한다.

A : 그동안 어떻게 지냈니?
B : 잘 지냈어. 꽤 오랜만이지, <u>그렇지 않니?</u>

10

A : May I speak to Mr. Jones?
B : _____

① This is he.　　② Why do you ask?
③ I'm all right.　④ Who are you?

10

A : 존스 씨와 통화할 수 있나요?
B : 접니다.

② 왜 물어보죠?
③ 나는 괜찮아요.
④ 누구세요?

ANSWER
07. ④　**08.** ③　**09.** ④　**10.** ①

11

A : Hello.
B : Hello. Is Andy there?
A : Andy? There's no one here by that name.
　　I'm afraid _____.
B : Oh, I am very sorry.

① he's got nothing planned
② you've got the wrong number
③ I can't give him your message
④ he is in

11

You have the wrong number.
전화를 잘못 거셨습니다.
= You've got the wrong number.

A : 여보세요.
B : 여보세요. 앤디 있습니까?
A : 앤디? 여기 그런 이름 가진 사람은 없는데요. 죄송하지만 잘못 거신 것 같습니다.
B : 오, 죄송합니다.

① 그는 계획이 없어요.
③ 나는 그에게 당신의 메시지를 전할 수 없어요.
④ 그는 안에 있어요.

12 기출

A : Excuse me. How long does it take to get to the museum from here?
B : _____.

① It takes about 5 minutes by bus
② There's no entrance fee for students
③ It took 10 years to build the museum
④ Take an umbrella with you in case it rains

12

A : 실례합니다. 여기서 박물관까지 얼마나 걸리나요?
B : 버스로 한 5분 걸려요.

② 학생들은 입장료가 없어요.
③ 그 박물관을 짓는 데 10년이 걸렸어요.
④ 비가 올 경우를 대비해서 우산을 가져가세요.

13

A : King Hotel. May I help you?
B : Yes, I'd like to speak to Bill in room 300.
A : _____.

① Pass me the salt, please.
② It took 3 days to get there.
③ I told you not to watch TV.
④ Hold on please. I'll connect you.

13

A : 킹 호텔입니다. 무엇을 도와드릴까요?
B : 네, 방 300호에 있는 빌과 통화하고 싶은데요.
A : 기다려 주세요. 제가 연결해 드리겠습니다.

① 소금 좀 주세요.
② 거기에 가는 데 3일이 걸렸어.
③ 너에게 TV를 보지 말라고 말했잖아.

ANSWER
11. ② 12. ① 13. ④

14 다음 대화 중 어색한 것은?

① A : How long have you been waiting?
　　B : Since this morning.
② A : Happy birthday to you!
　　B : Thanks, how nice of you.
③ A : I'm terribly sorry I am late.
　　B : You are welcome.
④ A : Would you like another cup of tea?
　　B : No, thank you.

15 다음 대화에서 B의 기분이 좋은 까닭은?

[고난도]

A : You look so happy.
B : Well, I had studied hard for the math exam.
　　And finally I passed it.
A : That's great.

① 시험 합격　　　　② 이성 문제
③ 교우 관계　　　　④ 해외여행

16 밑줄 친 표현의 의미로 가장 적절한 것은?

[기출]

A : Did you know Tom went into hospital last
　　week?
B : No, I didn't. Sorry to hear that. Is he okay?
A : I think he just needed some rest, but I
　　haven't heard from him for a few days.
B : Don't worry. No news is good news.

① 티끌 모아 태산이다.　　② 무소식이 희소식이다.
③ 도둑이 제 발 저리다.　　④ 배움에는 나이가 없다.

17 주어진 문장에 대한 대답으로 적절한 것은?

> Hi, Adam! How are you doing?

① So-so.

② That's a good idea.

③ Don't mention it.

④ I'm glad to hear that.

18 **기출** 다음 대화에서 알 수 있는 B의 기분으로 가장 적절한 것은?

> A : What's the matter, Minho? You don't look well.
> B : I'm worried about the fish I had for lunch. It smelled strange.
> A : Are you feeling sick?
> B : Yes, I'm concerned I might have food poisoning.

① 행복하다   ② 만족하다

③ 걱정하다   ④ 지루하다

19 다음 대화의 빈칸에 알맞지 <u>않은</u> 것은?

> A : What does she look like?
> B : _____

① She is diligent.

② She is very tall.

③ She wears long pants.

④ She has beautiful black hair.

17

안녕, 아담! 어떻게 지내?

① 그저 그래.
② 그거 좋은 생각이다.
③ 천만에.
④ 그 말을 들으니 기뻐.

18

A : 무슨 문제 있니, 민호야? 너 안 좋아 보여.
B : 난 내가 점심에 먹은 생선이 걱정이야. 냄새가 이상했거든.
A : 아픈 느낌이 나?
B : 응, 나는 내가 식중독인 것 같아 걱정이 돼.

concern 걱정, 우려

19

A : 그녀는 어떻게 생겼습니까?

① 그녀는 부지런합니다.
② 그녀는 키가 매우 큽니다.
③ 그녀는 긴 바지를 입었습니다.
④ 그녀는 예쁜 검은 머리입니다.

ANSWER

17. ① **18.** ③ **19.** ①

20 기출 다음 대화의 빈칸에 들어갈 말로 가장 적절한 것은?

A : Where are you going?
B : I am going to visit my grandmother.
A : _____
B : I will help her to make kimchi.

① What will you do there?
② How far is it from here?
③ When will you arrive there?
④ Which is the best way to get there?

20

B가 김치 만드는 일을 도울 것이라고 대답했기 때문에 A는 B에게 할머니 댁에서 무엇을 할 것이냐고 물었을 것이다. 따라서 정답은 ①이다.

A : 어디에 가는 중이에요?
B : 할머니 댁을 방문하고자 합니다.
A : 당신은 거기서 무엇을 할 것인가요?
B : 나는 할머니가 김치 만드는 것을 도울 것입니다.

② 여기서부터 얼마나 멀어요?
③ 언제 거기에 도착할 것인가요?
④ 어느 쪽이 거기 가는 데 가장 좋은 길인가요?

ANSWER
20. ①

02 상황별 talk! talk!

학습 point⁺ 길 안내하기, 버스·기차·지하철·비행기 등 교통과 관련된 대화, 상점·식당·약국·병원 등 생활 속에서 일어나는 다양한 대화의 표현을 알아야 한다. 상점이나 식당, 병원에서의 대화는 출제 빈도가 높으므로, 각 상황별 대화의 내용을 알고 있어야 한다.
특히, 대화상에서 두 사람의 관계, 대화가 이루어지는 장소, 대화의 내용을 묻는 형식의 문제가 자주 출제된다. 수시로 상황극을 재현해 보면서 중요한 표현을 암기하도록 한다.

1 길 안내하기

(1) 길을 물을 때

Can(Could / Will / Would) you tell(show) me ~? ~을 말해 주시겠어요?

Where is ~? ~가 어디에 있죠?

Could you tell me where the station is? 역이 어디 있는지 말씀해 주시겠어요?

Can you tell me how to get there? 거기에 어떻게 가는지 알려 주시겠어요?

Will you show me the way to the bank? 그 은행으로 가는 길을 알려 주시겠어요?

How can I get to the bus station? 버스터미널에 어떻게 가죠?

잠깐! bus station은 버스터미널을 말하고, 버스정류장은 bus stop이다.

(2) 길을 안내할 때

Turn right at the intersection. 사거리에서 오른쪽으로 돌아가세요.

It's across the street. 길 건너입니다.

The Bank is near the Police station. 은행은 경찰서와 가깝습니다.

It's the third door on your right. 오른쪽으로 세 번째 집입니다.

It's best to take a bus or a taxi. 택시나 버스를 타시는 게 가장 나을 겁니다.

I'm sorry, I'm a stranger here myself. 죄송하지만, 저도 여기는 초행입니다.

You can't miss it. 바로 찾을 것입니다.

Dialogue

A : Excuse me. Can you help me? 실례합니다. 좀 도와주시겠어요?
B : Sure. What can I do for you? 네. 무엇을 도와드릴까요?
A : Tell me the way to the City Hall, please. 시청 가는 길 좀 가르쳐 주세요.
B : Okay. Go straight two blocks. 네. 두 블록을 똑바로 가세요.

2 물건 사기

(1) 가게에 들어갔을 때

① 점 원

May(Can) I help you? 중요⁺ 도와드릴까요?

What are you looking for? 무엇을 찾으세요?

What can I do for you? 무엇을 도와드릴까요?

② 손님 : 점원에게 무엇을 주문할 때는 please를 붙인 명령문·지시문이나 I'd like to~, I'm looking for~를 사용한다.

㉠ 점원의 응대에 대한 손님의 대답

I'm just looking around(browsing). 구경하는 중입니다.

I'm looking for an umbrella. 우산을 찾는 중입니다.

I'd like to buy some souvenirs. 기념품을 좀 사고 싶습니다.

I'd like to exchange these pants. 이 바지를 교환하고 싶습니다.

Please show me some items for my wife. 아내에게 선물할 상품들을 좀 보여 주세요.

㉡ ~를 취급합니까?

Do you carry newspapers? 신문도 파나요?

Do you have convenience foods? 인스턴트식품 있나요?

(2) 물건을 고를 때

① 점 원

I'm sorry, that's all we have. 미안합니다만 그것밖에 없어요.

What's your size? = What size are you? 치수는 어떻게 되세요?

That dress becomes you well. 그 옷이 잘 어울리는군요.

You look nice(well) in that suit(dress). 정장(드레스)이 잘 어울립니다.

The tie matches your coat well. 넥타이와 코트가 잘 어울리는군요.

How about this one? 중요⁺ 이것은 어떠세요?

How do you like~? ~이 마음에 드세요?

Here you are. 중요⁺ 여기 있습니다. (물건 등을 건네줄 때)

= Here it is. (단수)

= Here they are. (복수)

② 손 님

May(Can) I try it on? 중요⁺ 입어 봐도 되겠습니까?

I can't find this shirt in my size. 이 셔츠는 내 치수가 없군요.

Show me another one. 다른 것으로 보여 주세요.

I like this one. 이걸로 주세요.

I'll take this one. = I'll take it. 이것을 사겠습니다.

Dialogue

A : I would like to buy a black shirt. 검은색 셔츠를 사고 싶은데요.
B : How about this one? It is in fashion now. 이것은 어떻습니까? 지금 유행하는 것입니다.
A : Good. Can I try it on? 좋아요, 입어 봐도 될까요?
B : Sure, the fitting room is over there. 그럼요, 탈의실은 저쪽에 있습니다.

A : Can I help you? 도와드릴까요?
B : Yes, I am looking for a photo album for a present. 예, 선물용 사진첩을 찾는데요.
A : How about this one? 이것은 어떠세요?
B : Oh, it is wonderful. I will take it. 오, 좋네요, 이걸로 할게요.

A : Excuse me. I am looking for the potatoes and the carrots.
실례합니다, 감자와 당근이 어디 있죠?
B : The potatoes, the carrots, and all the vegetables are in our grocery section.
감자, 당근, 그리고 모든 채소들은 식품관에 있습니다.

A : Excuse me. I would like to exchange these shoes.
실례합니다, 이 신발을 교환하고 싶은데요.
B : Sure. What is wrong with them? 물론입니다. 신발에 무슨 문제가 있나요?

(3) 가격 물어보기

How much is it? 중요⁺ 얼마입니까?

= How much does it cost?

= How much is the fare?

= How much is this one?

How much is it all together? 모두 얼마입니까?

(4) 가격 지불하기

It's ～ dollars. ～달러입니다.

Give me the change and receipt, please. 영수증과 잔돈을 주세요.

잠깐 • change : 잔돈, 거스름돈 • receipt : 영수증 • bill : 계산서
• cash : 현금 • charge : 카드결제

Dialogue

A : I like that painting. How much is it? 저 그림이 마음에 드네요. 얼마죠?
B : You have a good eye! It is $200. 안목이 좋으시네요! 200달러입니다.
A : What? I didn't think it would cost that much.
뭐라고요? 저게 그렇게 비쌀 거라고는 생각하지 못했어요.

• have an eye for~ : ~에 대한 안목이 있다

A : Don't pay. This is my treat. 돈 내지 마. 내가 살게.
B : No. It will cost too much. I think we had better go Dutch.
아냐. 금액이 너무 많이 나올 거야. 나눠서 내는 게 나을 것 같아.

• go Dutch : 더치페이하다

3 식 당

(1) 주문 받을 때 중요*

Are you ready to order? 주문하시겠어요?
= May I take your order, please?

Would you like anything else? 그밖에 더 필요하신 것 있나요?

How do you want your steak? 스테이크를 어떻게 해 드릴까요?
= How would you like your steak?

(2) 주문할 때

Can you take my order, please? 주문 받으세요.

May I see the menu? 식단표를 좀 볼까요?

What do you recommend? 무엇을 먹으면 좋을까요?

Make it well-done, please. 잘 익혀 주세요.
= I'd like it well-done.

Make it medium, please. 중간 정도로 익혀 주세요.
= I'd like it medium.

Make it rare, please. 살짝만 익혀 주세요.
= I'd like it rare.

I'd like (to have)~. ~로 주세요.

Dialogue

A : May I take your order, please? 주문하시겠습니까?
B : Yes, I will have a steak. 예, 스테이크로 할게요.
A : How would you like your steak, ma'am? 부인, 스테이크를 어떻게 해 드릴까요?
B : I'd like it medium. 중간 정도로 익힌 게 좋을 것 같네요.

A : May I take your order, please? 주문하시겠습니까?
B : Yes, what is bibimguksu? I have never tried it before.
예, 비빔국수가 뭐죠? 한 번도 먹어본 적이 없어서요.

(3) 예약하기

Can I make a reservation (for two)? (두 사람) 자리를 예약할 수 있습니까?

Do you have a reservation? 예약을 하셨습니까?

Dialogue

> A : Sam's Restaurant. May I help you? 샘의 레스토랑입니다. 뭘 도와드릴까요?
> B : Yes. Can I make a reservation for Sunday? 예. 일요일에 예약을 할 수 있을까요?
> A : Certainly. For what time? 물론이지요. 몇 시쯤으로 예약할까요?
> B : 7 o'clock. 7시요.

4 우체국

(1) 편지를 부칠 때

I'd like to send this letter to Korea. 이 편지를 한국에 부치고 싶습니다.

I want to send this letter to Korea by express mail. 이 편지를 한국에 속달로 부치고 싶습니다.

Where can I buy(get) stamps? 어디서 우표를 살 수 있나요?

What's the postage for this letter? 이 편지의 우편 요금은 얼마입니까?

It costs 40 cents. 40센트입니다.

(2) 소포를 부칠 때

I'd like to send this package to Korea. 이 소포를 한국에 부치고 싶습니다.

How much does it cost by air? 항공편으로 얼마입니까?

What are the contents? 내용물은 무엇입니까?

Let me weigh it. 무게를 재어 보겠습니다.

Dialogue

> A : May I help you, sir? 도와드릴까요?
> B : Well, I'd like to send this letter to China by airmail.
>   음, 항공우편으로 중국에 이 편지를 보내고 싶은데요.
> A : Let me see. It comes to two dollars.   한번 볼게요. 2달러네요.

5 병원·약국

(1) 병 원

① 예약하기

I'd like to make an appointment to see Dr. Kim at 2 o'clock this Monday.
이번 월요일 2시에 김선생님 진찰을 예약하고 싶습니다.

I'd like a general checkup, please.   정기검진을 받으려 합니다.

I want to make an appointment for my toothache.   치통 때문에 예약을 하고 싶은데요.

심화학습 예약에 관한 다양한 동의어

- book in : 호텔에 예약하다
- reserve(book) a seat(passage) : 좌석(승차권)을 예약하다
- engage(book) one's passage : 승차권을 예약하다
- make a reservation : (식당에서) 예약하다
- make an appointment : (진료·상담 등을) 예약하다

② 의 사

What is the trouble(problem) with you?   무슨 일이십니까?

What seems to be the problem?   무엇이 문제입니까?

What are your symptoms?   증상이 어떠시죠?

Where does it hurt?   어디가 아프세요?

Have you suffered from similar diseases?
비슷한 질병에 걸려 보신 적이 있나요?

How does feel it here? 이곳은 어떻습니까?

When did it start(begin, happen)? 언제부터 아팠나요?

= Since when did it happen?

잠깐 • dentist 치과 의사　　　　　　• physician 내과 의사
• surgeon 외과 의사

Let me check. 검진을 해 봅시다.

Here is the prescription. 여기 처방전이 있습니다.

Take this medicine. 이 약을 복용하세요.

잠깐 약(medicine, drugs)을 먹는다는 표현에는 take를 사용한다.

③ 환 자

I am not feeling well around here. 이쪽 부위가 아픕니다.

I have a cold. 감기에 걸렸습니다.

I'm coughing. 기침이 나옵니다.

I have the flu. 독감에 걸렸습니다.

I have a fever. 열이 납니다.

I have a headache. 머리가 아픕니다.

= I have a pain in my head.

= My head hurts me.

잠깐 특정 부위에 접미사 –ache가 붙으면 질병이나 질환을 의미하는 단어로 쓰인다.
예 stomachache(복통), heartache(심적 고통), backache(요통), headache(두통), toothache(치통)

It's very painful. 매우 아픕니다.

= It hurts very much.

I don't feel well. 몸이 좋지 않다.

= I feel sick.

Dialogue

A : What are your symptoms? 증상이 어떻죠?

B : Well, I have a sore throat. 예, 인후염이 있어요.

A : Sorry to hear that. Let me listen to your chest. 안됐군요, 흉부검사(청진기)를 하겠습니다.

A : Hello, Doctor Kim's Clinic. 안녕하세요, 김 클리닉입니다.

B : Hello. This is Shim Cheong. I'd like to make an appointment to see the doctor, please. 안녕하세요, 저는 심청입니다. 진료예약을 하고 싶은데요.

A : What's the problem? 어떤 일 때문이시죠?

B : I have a bad cold. 독감에 걸렸어요.

A : Good morning. What seems to be the problem? 안녕하세요, 무슨 일이시죠?

B : I am not feeling well around here. I have a stomachache.
이쪽 부위가 아파요. 복통이 있습니다.

A : I will check your stomach. Lie down on your back.
당신의 복부를 검사하도록 하죠. 누워 보세요.

(2) 약 국

Do you have(carry) anything for a cold? 감기약 있나요?

= Is there any medicine(drugs) for a cold?

I'd like to buy some medicine(drugs) for a cold. 감기약 좀 사려고 합니다.

Do I need a prescription for cold medicine? 감기약에도 처방전이 필요합니까?

Dialogue

A : May I help you? 찾는 물건이 있습니까?

B : Yes, I am here to get some medicine for my headache.
예, 두통 때문에 약 좀 사러 왔어요.

A : Do you have the doctor's prescription? 의사의 처방전이 있나요?

B : Yes, I do. Here it is. 예, 여기 있습니다.

6 교통편

(1) 버 스

Can I get there by bus? 그곳에 버스로 갈 수 있습니까?

How long does it take to get to the bus stop? 버스정거장까지 얼마나 걸리나요?

Could you tell me where the bus station is? 버스터미널이 어디에 있는지 말씀해 주실 수 있나요?

Take the number 19 bus. 19번 버스를 타세요.

You have taken the wrong bus. 버스를 잘못 탄 것 같네요.

You have to transfer. 환승하셔야 합니다.

It's right over there. 저기서 오른쪽이에요.

(2) 지하철

Where is the nearest subway station? 가장 가까운 지하철역이 어디입니까?

Which line goes to ～? 어느 선이 ～로 가나요?

Where do I have to transfer(change) for ～? ～로 가려면 어디서 갈아타야 하나요?

What station do I transfer(change)? 어느 역에서 갈아타야 합니까?

Take line number ～. ～번 선을 타세요.

Take the green line. 녹색 선을 타세요.

(3) 기 차

Where can I get(buy) a ticket? 기차표를 어디서 사야 합니까?

What time does the train arrive in ～? 열차가 ～에 언제 도착합니까?

What time is the last train to ～? ～행 마지막 열차시간은 언제입니까?

When is the next train(leave)? 다음 열차(떠나는) 시각은 언제입니까?
= When does the next train leave?

I'd like to reserve(buy) a ticket to ～. ～행 기차표를 예약(구입)하고 싶습니다.

Is there another train leaving for ～ today? ～행 열차가 또 있나요?

It leaves at ～. ～시에 출발합니다.

We have a train leaving at ~. ~시에 출발하는 기차가 있습니다.

You'll have to wait for the next train. 다음 열차를 기다리셔야겠네요.

This train make a stop in ~. 이 열차는 ~에서 정차합니다.

(4) 비행기

Can(Could) I get a ticket(seat) for ~? ~행 비행기표(좌석)를 구할 수 있을까요?

Can I make a reservation? 예약할 수 있나요?

Could you reserve me on the flight? 그 편으로 예약해 주실 수 있을까요?

What time do you have flights to ~? ~행 비행편이 언제 있나요?

When is the first flight to ~? ~행 첫 비행편이 언제 있습니까?

What's the arrival time? 도착 시각이 언제입니까?

How long does the flight take? 비행은 얼마나 걸립니까?

How much is the flight(fare)? 비행 요금이 얼마입니까?

Dialogue

A : Is there another train leaving for Chicago today? 오늘 시카고행 열차가 또 있나요?
B : I'm afraid not. The last one just left. 안타깝지만 없습니다. 마지막 기차가 방금 떠났습니다.
A : Oh, that's too bad. 오, 이거 곤란한데.

A : How long did it take to get to the bus stop? 버스 정거장까지 가는 데 얼마나 걸렸니?
B : It took 10 minutes on foot. 걸어서 10분 걸렸어.

잠깐 탈것 앞에 붙는 전치사는 by이다. 따라서 '버스로 10분 걸렸다.'는 'It took 10 minutes by bus.'라고 한다.

A : Have you ever been to the zoo? 동물원에 가 보신 적 있으세요?
B : Yes, I have. 예, 가 봤죠.
A : Then can you tell me how to get to the zoo?
    그럼, 동물원에 어떻게 가는지 말씀해 주실 수 있나요?
B : Sure. You need to take the subway to Seoul Grand Park.
    물론이죠. 서울대공원으로 가는 지하철을 타세요.
A : Which subway? 어떤 것을 탈까요?
B : Take the blue line heading to Ansan. 파란색 라인(1호선)의 안산행 열차를 타세요.

※ 대화의 빈칸에 들어갈 말로 가장 알맞은 것을 고르시오. (1~9)

01

> A : I'm afraid, I got lost. _____?
> B : You're near Seoul Station.

① Do you know here　② Is this Seoul Station

③ Where am I　　　　④ What is this

---

02 기출

> A : What would you like to do in the future?
> B : _____.

① I'd like to become a writer

② There is no one in the house

③ I have been here for three years

④ There are four members in my family

---

03 기출

> A : How many times have you been to Busan?
> B : _____.

① I am going to Jeju Island tomorrow

② The West Sea is beautiful in summer

③ I have been there twice with my family

④ Seoul is the most crowded city in Korea

01

A의 질문에 대한 B의 대답이 You are ~ (당신은 ~에 있다)이므로, A가 현재 어디에 있는지를 묻는 질문을 했음을 알 수 있다.

A : 길을 잃은 것 같은데, 여기가 어디입니까?
B : 서울역 근처예요.

① 여기 아세요?
② 이것이 서울역인가요?
④ 이것이 뭐죠?

get lost 길을 잃다

02

미래에 할 일, 즉 직업을 물었으므로 작가가 되고 싶다는 ①이 정답이 된다.

A : 당신은 미래에 무엇을 할 예정인가요?
B : 나는 작가가 되고 싶어요.

② 집에 아무도 없어요.
③ 나는 여기에 3년 동안 있었어요.
④ 나의 가족에는 4명이 있어요.

03

부산에 몇 번 가 보았냐고 물었으니, 방문한 횟수로 대답하는 것이 자연스러운 대화일 것이다.

A : 당신은 몇 번이나 부산에 가 봤나요?
B : 나는 가족과 함께 두 번 거기에 가 봤어요.

① 나는 내일 제주도에 갈 예정이에요.
② 서해는 여름에 아름다워요.
④ 서울은 한국에서 가장 붐비는 도시입니다.

ANSWER

01. ③　02. ①　03. ③

04

A : Excuse me. _____
B : Yes, there is one just around the corner.
Walk to the end of this block, turn left, and
telephone booth is on the left. You can't miss it.
A : Thank you very much.

① What is the fastest way to New York?
② Is there a telephone booth near here?
③ Am I on the right bus to City hall?
④ How long does it take to get there?

05

A : How the pants fit?
B : They're too short.
A : _____
B : Yes, please.

① What size do you wear?
② What color do you want?
③ What are you looking for?
④ Do you want to try on another one?

06 기출

A : How often do you get your hair cut?
B : _____.

① I wash my hands before every meal
② I get my hair cut once a month
③ I want to stay there for two hours
④ I get my hair cut at the barber shop

04

A의 질문에 B가 공중전화 부스에 가는 방법을 말하고 있으므로, A가 공중전화 부스가 어디에 있는지를 묻는 것임을 알 수 있다.

A : 실례합니다. 여기 근처에 전화부스가 있습니까?
B : 예, 코너 근처에 하나 있어요.
이 블록의 끝까지 걸어가세요. 그리고 왼쪽으로 도세요. 전화부스는 왼편에 있습니다. 찾으실 수 있을 거예요.
A : 정말 감사합니다.

① 뉴욕까지 가는 가장 빠른 길이 뭐죠?
③ 시청 가는 버스 맞나요?
④ 거기까지 가는 데 얼마나 걸리죠?

05

점원의 질문에 고객이 Yes, please라고 했으므로 '예/아니요'로 대답할 수 있는 질문을 고르면 된다. What~ 이하의 의문문은 질문에 대한 구체적인 대상을 언급해야 한다.

A : 그 바지가 잘 맞습니까?
B : 너무 짧은 것 같은데요.
A : 다른 걸 입어 보시겠습니까?
B : 네, 그래 주세요.

① 몇 사이즈 입으세요?
② 무슨 색을 원하세요?
③ 무엇을 찾고 있나요?

06

얼마나 자주 머리카락을 자르냐고 물었으니, 자르는 빈도를 답해야 한다(once a month).

A : 얼마나 자주 머리카락을 자르나요?
B : 나는 한 달에 한 번 머리카락을 자릅니다.

① 나는 식사하기 전에 손을 씻습니다.
③ 나는 두 시간 동안 거기에 머물기를 원합니다.
④ 나는 이발소에서 머리카락을 자릅니다.

ANSWER
04. ② 05. ④ 06. ②

07

> Conductor : May I see your ticket?
> Passenger : Oh, sure. _____

① Twenty dollars.
② The pleasure in mine.
③ Here it is.
④ Keep the change.

08 고난도

> A : What's the quickest way to get to Seoul Station?
> B : Take the number 12 bus. It'll take you straight to Seoul Station.
> A : _____
> B : Only about fifteen minutes.

① How long will it take?
② What can I do for you?
③ How far is it from here?
④ How can I change trains?

09

> A : _____
> B : Yes, it's just a short distance from here. Go straight and turn right at the corner.

① Is there a taxi stand close by?
② Is he making it now?
③ How's everything?
④ How long does it take to get there?

07

표(ticket)를 확인하는 상황이다.

직원 : 표 좀 보여주시겠어요?
승객 : 물론이에요. 여기 있습니다.

① 20달러입니다.
② 천만에요.
④ 잔돈은 가지세요.

08

A의 질문에 B가 시간을 말하고 있는 것으로 보아, 시간과 관련된 ①이 적절하다.

A : 서울역으로 가는 가장 빠른 길이 어떻게 되죠?
B : 12번 버스를 타세요. 서울역으로 곧바로 갑니다.
A : 얼마나 걸립니까?
B : 15분 정도밖에 안 걸려요.

② 무엇을 도와 드릴까요?
③ 여기서 얼마나 멀죠?
④ 어떻게 기차를 갈아타죠?

09

B의 대답을 통해 A가 길을 묻는 질문을 했다는 사실을 짐작할 수 있다.
④는 걸리는 시간을 묻는 질문이므로 적절하지 않다.

A : 가까이에 택시 승차장이 있나요?
B : 네, 여기서 그리 멀지 않은 곳에 있어요. 곧장 가다가 코너에서 오른쪽으로 돌면 돼요.

② 그가 지금 그것을 만들고 있나요?
③ 어떻게 지내세요?
④ 그곳에 도착하는 데 얼마나 걸리죠?

ANSWER
07. ③　08. ①　09. ①

10 다음 대화가 이루어지는 장소로 알맞은 곳은?

> A : May I take your order?
> B : Yes, I would like a pasta and a chicken salad.
> A : OK. Anything else?

① airport   ② restaurant

③ theater   ④ post office

11 뮤지컬 안내에서 언급하지 않은 것은?

기출

> The musical 'City Dreamers' opens at the Art Center soon. 'City Dreamers' was one of the most popular musicals on Broadway in 2018. It runs from May 1st to May 31st, and starts at 7:30 p.m. each night. Tickets can be reserved online at www.citydreamers.com.

① 공연 장소   ② 공연 기간

③ 출연 배우   ④ 예매 방법

12 다음 설명에 해당하는 직업은?

기출

> • someone who makes bread and cakes to sell
> • someone who uses an oven in his or her work

① baker   ② nurse

③ banker   ④ mechanic

10
A : 주문하시겠습니까?
B : 네, 파스타와 치킨 샐러드요.
A : 알겠습니다. 다른 것은요?

11
뮤지컬 '도시의 꿈꾸는 자들'이 아트센터에서 곧 개봉합니다. '도시의 꿈꾸는 자들'은 2018년 브로드웨이에서 가장 인기 있는 뮤지컬 중에 하나였습니다. 그것은 5월 1일부터 5월 31일까지 상연되며, 매일 밤 7시 30분에 시작합니다. 표는 온라인 사이트 www.citydreamers.com에서 예매할 수 있습니다.
① 공연 장소(at the Art Center)
② 공연 기간(It runs from May 1st to May 31st)
③ 출연 배우에 대한 언급은 없다.
④ 예매 방법(Tickets can be reserved online at www.citydreamers.com)

12
판매하기 위하여 빵과 케이크를 만들고, 오븐을 사용하여 일을 하는 사람은 제빵사이다.
① 제빵사   ② 간호사
③ 은행가   ④ 기계공

ANSWER
10. ②   11. ③   12. ①

13 대화에서 환경을 보호하기 위한 방법으로 직접적인 언급이 **없는** 것은?

> A : We learned about ways we can protect the environment in class today.
> B : Oh, really? What ways?
> A : We talked about recycling, reducing garbage, and using less electricity.

① 재활용하기   ② 쓰레기 줄이기
③ 헤어스프레이 사용하기   ④ 전기 아껴 쓰기

13

A : 우리는 오늘 수업에서 환경을 보호할 수 있는 방법에 대해 배웠어.
B : 오, 정말? 무슨 방법?
A : 우리는 재활용하는 것, 쓰레기 줄이는 것, 전기를 적게 사용하는 것에 대해 이야기했어.

protect 보호하다
environment 환경
recycle 재활용하다
reduce 줄이다
garbage 쓰레기
electricity 전기

14 대화에서 두 사람의 관계로 가장 알맞은 것은?

> A : Hi, Tom. What's wrong?
> B : I have a terrible headache.
> A : Let me check. Don't worry. It's not so serious. Here is the prescription.

① 의사 – 환자   ② 기자 – 배우
③ 점원 – 고객   ④ 경찰 – 범인

14

headache(두통), prescription(처방전)이라는 단어를 통해 두 사람이 의사와 환자의 관계임을 유추할 수 있다.

A : 안녕하세요, 탐. 무슨 일이시죠?
B : 두통이 심해요.
A : 한번 보죠. 걱정 마세요. 심각한 것은 아닙니다. 여기 처방전을 드릴게요.

15 다음 표현 중에서 가장 어색한 것은?

① 표 좀 봅시다. – May I see your ticket, please?
② 편도입니까? 왕복입니까? – One way or round trip?
③ 차비는 얼마입니까? – What's the fare, please?
④ 도중에서 기차를 갈아타야 합니까? – Do we have to change trains on the way?

15

have가 동사로 사용되었을 경우에는 의문문을 만들 때 동사원형 Do를 문장 앞에 배치하면 되지만, have가 to와 함께 must(반드시)라는 의미로 사용되었을 경우에는 must를 문장 앞에 배치하여 의문문을 만든다.

④ Must we change trains on the way?
도중에 기차를 갈아타야 합니까?

ANSWER
13. ③ 14. ① 15. ④

※ 다음 대화 중 가장 어울리지 <u>않는</u> 것을 고르시오. (16~17)

16
① A : Is this the right train for Seoul?
　　B : Yes, it is.
② A : Is this seat empty?
　　B : No, it is available.
③ A : How long does it take to the station?
　　B : It takes about twenty minutes.
④ A : Where do I get off to go to the zoo?
　　B : At the end of 34th Street.

17
① A : May I speak to Mr. Brown, please?
　　B : Who's calling?
② A : Excuse me, do you have a room?
　　B : I'm sorry, we have no room available now.
③ A : I'd like to send this letter to Korea.
　　B : What kind of letter do you like?
④ A : Can I exchange this MP3 player?
　　B : What's wrong with it?

18 다음 대화에서 알 수 있는 A의 직업은?

[고난도]

> A : Can I help you?
> B : I have chest pains.
> A : Let me see. Yes, you have a problem. You have to take this medicine three times a day.

① doctor
② teacher
③ waiter
④ customer

16
② B의 대답이 '아니요'라면 좌석에 앉을 수 없다는 말이 나와야 하는데, It's available(빈 좌석입니다)이라는 말이 뒤따르므로 대답으로 적절하지 않다.
A : 이 좌석이 비었습니까?
B : 아니요, 비었어요.
① A : 서울 가는 기차 맞아요?
　　B : 네, 맞아요.
③ A : 역까지 얼마나 걸립니까?
　　B : 20분 정도 걸립니다.
④ A : 동물원에 가려면 어디서 내려야 하나요?
　　B : 34번가 끝에서요.

17
③ 한국으로 편지를 부치고자 하는 A에 대한 대답으로 어떤 글자를 좋아하는지를 묻는 질문은 어울리지 않는다.
A : 한국에 이 편지를 보내고 싶은데요.
B : 어떤 글자를 좋아하세요?
① A : 브라운 씨와 통화할 수 있을까요?
　　B : 누구시죠?
② A : 실례하지만 방 있나요?
　　B : 죄송하지만 지금은 방이 없습니다.
④ A : 이 MP3 플레이어를 교환할 수 있나요?
　　B : 뭐가 문제인가요?

18
A : 무엇을 도와드릴까요?
B : 가슴이 아픕니다.
A : 봅시다. 문제가 있군요. 하루에 세 번씩 이 약을 먹어야 합니다.

ANSWER
16. ② 17. ③ 18. ①

※ 다음 우리말을 영어로 바르게 옮긴 것을 고르시오. (19~21)

19

거스름돈은 가지세요.

① Keep the change.
② Give me the remainder, please.
③ Give me the change, please.
④ Give me the exchange, please.

19
② 나머지를 주세요.
③ 거스름돈을 주세요.
④ 교환물을 주세요.

change [명] 변화, 잔돈, 거스름돈
remainder [명] 나머지, 잔여
exchange [명] 교환, 교역, 교환물
[동] 교환하다, 환전하다

20

이 버스가 서울역으로 가는 버스입니까?

① Is this the fastest bus in Seoul?
② Does this bus go to the Seoul?
③ Is this the right bus to Seoul Station?
④ Am I on the bus or taxi?

20
① 이 버스가 서울에서 가장 빠른 버스입니까?
② 이 버스가 서울에 가나요?
④ 내가 버스나 택시에 있나요?

21

이 바지를 입어 봐도 괜찮겠습니까?

① May I have a hair cut?
② Can I try these trousers on?
③ How much is these trousers?
④ Can I try this?

21
옷가게에서 무언가를 입어 봐도 되겠냐는 질문은 'Can(May) I try ~ on'을 사용한다.
① 이발을 하고 싶은데요?
③ 이 바지는 얼마입니까?
④ 이거 해볼 수 있을까요?

ANSWER
19. ① 20. ③ 21. ②

22 다음은 여자 점원과 남자 손님의 대화이다. 그림의 상황
으로 보아 빈칸에 들어갈 말로 알맞은 것은?

① Can I try it on?

② Pick me up at two.

③ May I help you?

④ I hope you get well.

22

여자 점원이 옷을 골라준 상황에서 가장
어울리는 대답은 ①이다.

여자 점원 : 이건 어떠세요?
① 입어 봐도 될까요?
② 2시에 데리러 와줘.
③ 제가 도와드릴까요?
④ 나아지길 바라.

23 주어진 문장 다음에 이어질 대화의 순서로 알맞은 것은?

고난도

May I take your order, please?

(A) How would you like your steak, sir?
(B) Make it medium, please.
(C) Yes, I'll have a steak.

① (A) – (B) – (C)   ② (B) – (A) – (C)
③ (C) – (A) – (B)   ④ (C) – (B) – (A)

23

주문하시겠습니까?
(C) 예, 스테이크로 하겠습니다.
(A) 손님, 스테이크를 어떻게 해 드릴까요?
(B) 중간 정도로 익혀 주세요.

24 다음 대화에서 알 수 있는 두 사람의 관계는?

A : Take two tablets after meals. Three times
    a day.
B : I got it. Thank you.

① 약사와 환자   ② 세관원과 여행객
③ 경찰과 시민   ④ 택시기사와 승객

24

A : 식사 후에 2알을 복용하세요.
    하루에 세 번요.
B : 네, 감사합니다.

ANSWER

22. ① **23.** ③ **24.** ①

25 다음 대화에서 A가 묻고 있는 것은?

[고난도]

A : This dress is 20 dollars.
How would you like to pay, cash or charge?
B : Cash, here's 20 dollars.
A : Thank you. Here's your receipt.

① 가격 ② 사용 방법
③ 세탁 방법 ④ 가격 지불 방법

※ 다음 대화가 이루어지는 장소로 알맞은 것을 고르시오. (26~27)

26 [기출]

A : Please give me your passport and arrival card.
B : Here you are.
A : Which flight did you come in on?
B : Sky Airlines 201.
A : What's the purpose of your visit to Canada?
B : I'm here on a business trip.

① 공항 ② 수영장
③ 세탁소 ④ 미용실

27 [기출]

A : My dog has strange red spots on her back.
B : Let me check her. Oh, it looks like she has a skin problem.
A : Is it serious?
B : Don't worry. Give her this medicine twice a day, and come back here in three days.

① 문구점 ② 우체국
③ 철물점 ④ 동물병원

25

A : 이 드레스는 20달러입니다.
어떻게 지불하시겠습니까, 현금 아니면 카드?
B : 현금이요. 여기 20달러입니다.
A : 고맙습니다. 여기 영수증 받으세요.

charge [명] 카드로 지불하는 것
receipt [명] 영수증

26

여권과 입국신고서, 항공편 등에서 유추해 볼 때, 대화가 이루어지는 장소는 공항이다.

A : 여권과 입국신고서 주세요.
B : 여기 있습니다.
A : 어느 항공편으로 들어오셨나요?
B : 스카이 항공사 201편이요.
A : 당신의 캐나다 방문 목적이 무엇인가요?
B : 저는 사업차 여기에 왔어요.

27

개의 등에 피부 트러블이 있는 경우에 가는 곳은 동물병원이다.

A : 나의 개 등에 이상한 빨간 점이 있어요.
B : 어디 점검해 봅시다. 오, 피부에 문제가 있는 것처럼 보여요.
A : 심각한가요?
B : 걱정하지 마세요. 개에게 이 약을 하루에 두 번 주세요. 그리고 3일 후에 다시 오세요.

ANSWER
25. ④ 26. ① 27. ④

Chapter
03 상대방과의 대화

 부탁·허락·권유·제안·위로·격려·동의·승낙 등에 관한 다양한 대화의 표현을 알아야 한다. 대화자의 의도나 심정을 물어보거나 부탁·허락·권유·제안 등을 했을 경우에 어울리는 대답을 찾는 문제가 자주 출제된다. 또한 의견이나 무엇에 관해 질문하고 대답하는 형식의 문제가 많다. 따라서 상대방과 대화하듯이 소리 내어 반복적으로 읽어 보면서 중요한 표현들을 익히고, 자주 출제되는 문장은 반드시 암기하여야 한다.

1 의견 묻고 대답하기

(1) 의견 묻기

What is your view on this?   이것에 대해 어떤 견해를 가지고 있니?

What do you like about Korea?   한국 생활이 어떻습니까?

What do you think of (about) ~?   ~에 대해 어떻게 생각하십니까?

How about you?   당신은 어떻습니까?

What would you like ~?   무엇을 ~하시겠습니까?

(2) 이유 묻기

What makes you think so?   왜 그렇게 생각하니?

What's the reason for that?   그렇게 생각하는 이유가 뭐니?

Can you tell me why?   왜 그렇게 생각하는지 말해 줄 수 있니?

Why do you think ~?   왜 ~라고 생각하십니까?

(3) 기 타

Give me some feedback, please.   소감을 말씀해 주세요.

What kind of music(sports) do you like?   어떤 종류의 음악(스포츠)을 좋아하니?

What is your favorite subject?   가장 좋아하는 과목이 무엇입니까?

(4) 의견 표현하기

I think(guess) ~. 나는 ~라고 생각한다.

I'm sure ~. ~라고 확신한다.

Dialogue

A : What do you want to be in the future? 미래에 무엇이 되고 싶니?
B : I want to be a musician. 나는 뮤지션이 되고 싶어.
A : I hope your dreams come true. 네 꿈이 이루어지길 바라.

A : What kind of music do you like? 어떤 종류의 음악을 좋아하니?
B : I like jazz. 나는 재즈가 좋아.

A : What do you think of Korea? 한국에 대해 어떻게 생각하니?
B : I'm sure it will be much more advanced in the near future.
　　나는 가까운 미래에 훨씬 더 발전할 거라고 확신해.
A : Can you tell me why? 왜 그런지 말해 줄래?
B : Koreans are diligent. 한국인들은 근면하거든.

2 부탁하거나 허락 구하기

(1) 부탁하기

Excuse me, would(will) you do me a favor? 실례합니다. 부탁 좀 해도 될까요?

= Could you do me a favor?

= May(Can) I ask you a favor?

= Can I get you to do something?

[명령문] Please. ~좀 해주세요.

Dialogue

A : Excuse me, may I see your driver's license? 실례합니다. 운전면허증 좀 보여 주시죠.

B : Okay, sir. Anything wrong? 예, 경찰관님. 무슨 문제라도?

A : You don't fasten your seat belt. It's against the law.
안전띠 착용을 안 하셨네요. 그건 법에 위반됩니다.

• fasten one's seat belt : 안전띠를 착용하다

Susan : Tom, will you do me a favor? 탐, 나 좀 도와주겠어?

Tom : Sure. What is it, Susan? 물론. 무슨 일이야, 수잔?

Susan : Can you give me a ride to the library? 도서관까지 태워다 줄 수 있니?

Tom : No problem. I'd love to. 문제없지. 그럴게.

• give a ride : ~를 태워 주다

(2) 허락 구하기

Do(Would) you mind opening the window? 창문 좀 열어도 될까요?

= Do you mind if I open the window?　　　(현재시제 Do = open)

= Would you mind if I opened the window?　　(과거시제 Would = opened)

잠깐 Would(Do) you mind if I ~ 용법에서는 시제 일치를 위해 동사의 형태를 맞추어 주어야 한다.

Is it OK if ~? ~해도 괜찮습니까?

Is it OK if I open the window? 창문을 열어도 괜찮을까요?

May I pass by? 지나가도 될까요?

May I have this seat? 이 자리에 앉아도 될까요?

Dialogue

A : Is it OK if I sit here? 여기 앉아도 될까요?

B : Sorry, it's taken. 미안하지만, 자리 있어요.

A : Would you mind opening the window? 창문을 열어도 되겠습니까?

B : Of course not. 물론입니다.
　Not at all. 괜찮습니다.

잠깐 Would you mind~에서 mind는 '마음(신경)을 쓰다'라는 의미를 지닌다. 따라서 B의 대답이 전혀
신경 쓰지 않는다는 의미로 해석될 때는 A의 질문을 승낙하는 것으로 볼 수 있다.

(3) 허락하기

Sure, if I can. What is it?　제가 할 수 있다면 그러죠. 무슨 일입니까?

Of course.　물론입니다.

= Certainly.

Why not?　좋아요.

OK. All right.　네, 괜찮습니다.

Go ahead. **중요⁺**　그러세요.

It's my pleasure.　영광이죠.

No problem.　문제없습니다.

Dialogue

A : Do you mind if I use this computer?　이 컴퓨터 제가 좀 써도 될까요?
B : No. Go ahead. I'm finished.　예, 그러세요. 저는 다 썼습니다.

A : Let me ask you a question.　질문 하나 해도 될까요?
B : Sure, go ahead.　그럼요, 하세요.

(4) 거절하기

I'm sorry, but I can't.　죄송하지만 안 됩니다.

= I'm afraid, I can't.

I'm (too) busy.　저 바빠요.

It's difficult(hard) for me.　어렵겠습니다.

3 권유 · 제안하기

(1) 권유하기

① How about~? What about~? : 이것은 어때?

What about having dinner with me tonight?　오늘 밤 저와 식사를 함께 하는 것은 어때요?

How about driving and going to a nice restaurant?
드라이브도 가고 근사한 식당에 가는 것은 어때요?

② Why don't you~? : ~하는 것이 어때?

Why don't you invite her to your birthday party? 그녀를 당신의 생일파티에 초대하지 그래요?

Why don't you see a dentist? 치과의사를 찾아가 보지 그래?

③ Please~

Please, forget about your work and take for a while.
일은 잠시 잊고 충분한 휴식을 취하도록 해요.

(2) 권유에 동의하기

Yes, I'd love(like) to. 좋아, 그렇게 할게.

That's a good idea. 좋은 생각인걸.

Sounds great(good). 그거 좋지.

(3) 권유에 동의하지 않을 경우

I'm sorry, but I can't. 미안하지만 안 될 것 같아.

= I'm afraid, I can't.

No thanks. 고맙지만, 안 되겠어요.

I'd love(like) to, but I can't. 나도 그러고 싶어, 하지만 할 수 없어.

I'd love(like) to, but I have to do something. 나도 그러고 싶어, 하지만 해야 할 게 있어.

(4) 제안하기

Let's ~ (= Let us)

Let's choose a beverage on the menu. 메뉴에서 음료를 고릅시다.

Let's go hiking. What do you say? 하이킹 가자, 어때?

Would you like to ~? ~하시겠습니까?

Dialogue ★

A : I'm going to a concert tonight. 오늘 밤 콘서트에 갈 예정이야.
    How about joining me? 너도 같이 가는 게 어때?
B : I'm afraid, I can't. I have a lot of homework to do.
    나도 그러고 싶지만, 안 돼. 숙제할 게 많아.

A : I have a problem with my friend. 내 친구와 문제가 있어.
B : Why don't you tell me about it? 무슨 일인지 말해 봐.

😊잠깐 Why don't you?는 상대방에게 제안하는 표현이다.

A : How about going swimming next Sunday? 다음 일요일에 수영하러 가지 않을래?
B : That's a good idea. 좋은 생각이야.

A : Let's go see a movie together tomorrow? 우리 내일 영화 보러 가자.
B : Sounds great. 그거 좋다.

---

4 동의 · 승낙하기

(1) 동의하기

You're right. 맞는 말입니다.
= You can say that again.
I couldn't agree (with you) more. 전적으로 동감입니다.
= I think so.
= I agree with you.
So do I. (긍정) 나 역시 그래. / Neither do I. (부정)

(2) 반대하기

I don't think so. 그렇게 생각하지 않습니다.
= I disagree with you.
= I don't agree with you.

Not really. 그렇지 않습니다.
= I'm afraid not.

(3) 승낙하기

That sounds good. 그거 좋은 것 같군요.

I'd love to. 중요⁺ 그렇게 하고 싶어요.
= I'd be happy to.

Dialogue

> A : Don't you think we eat too much junk food?
>   우리가 너무 많은 인스턴트 식품을 먹는다고 생각하지 않나요?
> B : I couldn't agree more. 중요⁺ 전적으로 동의해요.

> 잠깐 I couldn't(= can't) agree more는 강한 동의의 표현으로 '더 이상 동의할 수 없을 만큼 전적으로 동의한다'는 의미이다.

> A : Jane is really kind. 제인은 정말 착해.
> B : You can say that again. 맞는 말이에요.
>   She always helps other people. 그녀는 항상 다른 사람들을 돕죠.

> 잠깐 You can say that again은 '그 말 다시 해도 괜찮다.'라는 말로 '네 말이 맞다', '두말하면 잔소리'와 같은 의미이다.

5 위로 · 격려하기

(1) 위로하기 중요⁺

What's up? 무슨 일이야?
= What's the problem?
= What's the matter with you?
= What's wrong with you?

What's bothering you? 무슨 일로 힘들어 하는 거야?

You look down(unhappy). 기분이 안 좋아 보여.

You look upset. 당신 화나 보이는데.

That's too bad. 그것 참 안됐다.

Cheer up. 기운 내.

Dialogue

A : What's wrong with you? 무슨 일이야?

B : I've left my homework at home. What would you advise me to do?
집에 숙제를 남겨 두었어. 어떻게 하면 좋을까?

A : I think you should go home and get it. 내 생각에 집에 가서 그것을 가져와야 할 것 같아.

(2) 격려하기

Cheer up! 기운 내!

Take it easy. 중요 침착해. 진정해.

Don't give up. 포기하지 마.

Look on the bright side. 긍정적으로 생각해.

Don't take it so hard. 너무 심각하게 받아들이지 마.

Dialogue

A : The final exams start tomorrow. I'm nervous. 내일 학기 말 시험이 시작돼. 긴장된다.

B : Take it easy. I'm sure you'll do well. 걱정하지 마. 넌 분명 잘할 거야.

A : Our team lost the game. 우리 팀이 경기에 졌어.

B : Maybe you will win next game. 다음 경기에는 아마 이길 거야.
(Don't worry. You will do better next time. 걱정하지 마. 다음번에는 잘할 거야.)
(Cheer up! You'll do better next time. 기운 내! 다음번엔 더 잘할 거야.)

A : Do you think I can finish the marathon race?
내가 마라톤 경기를 완주할 수 있을 거라 생각해?

B : Sure. Why don't you give it a try? 물론이지, 한번 시도해 보는 게 어때?

※ 다음 대화의 빈칸에 들어갈 말로 알맞은 것을 고르시오.
(1~10)

01 기출

A : Can you give me some advice for skin trouble?
B : _____

① Oh, you really did a good job.
② That's a good idea. I will use it.
③ Sure. You can try using oil-free lotion.
④ Great! I'm really happy to get your tips.

02

A : Why don't we go to the movies?
B : _____ What shall we see?
A : Everybody thinks that "*Abata*" is great.
B : Okay. Let's go.

① That's a good idea.
② That's too bad.
③ Cheer up!
④ I'm sorry, but I can't.

03

A : I have a math test tomorrow.
B : Don't worry, you'll do all right.
A : _____ Wish me luck.

① Here it is.　　② I hope so.
③ I hope not.　　④ Here they are.

01

피부 트러블을 완화할 수 있는 직접적인 충고,
예를 들면 ③기름이 없는 로션을 사용하라 등
의 내용이 와야 한다. ①, ②, ④의 내용은 B의
조언을 듣고 A가 반응할 수 있는 것이다.

A : 피부 트러블에 대해 약간의 충고를 해
　　줄 수 있나요?
B : 물론이죠. 기름이 없는 로션을 사용해
　　보세요.

① 오, 당신은 정말로 잘하네요.
② 좋은 생각이에요. 나는 그것을 쓸게요.
④ 훌륭해요. 나는 당신의 조언을 얻어서
　　기뻐요.

02

A : 우리 영화 볼래?
B : 좋은 생각이야. 무엇을 볼까?
A : 모두가 다 '아바타'가 좋대.
B : 그래, 가자.

② 그것 참 안됐다.
③ 기운 내!
④ 미안하지만 갈 수 없어.

03

A : 내일 수학 시험이 있어.
B : 걱정 마. 괜찮아.
A : 나도 그랬으면 좋겠어. 내게 행운이 있기를.

① 여기 있어요.
③ 난 그렇지 않아.
④ 여기 그것들이 있어요.

ANSWER
01. ③　02. ①　03. ②

04

A : What's your favorite color?
B : I like red. _____
A : I don't like red. I like yellow.

① What about you?

② What's your hobby?

③ What will you buy?

④ What do you want to be?

05
기출

A : How was the science exam?
B : It was a piece of cake.
A : _____?
B : I said, "It was a piece of cake."
A : What does "a piece of cake" mean?
B : It means something is very easy.

① Can you join us

② Do you want to go

③ Can you say that again

④ Do you intend to come here

06

A : Would you mind if I open the window?
B : _____

① It's a shame.   ② Of course, not.

③ You're welcome.   ④ Yes, go ahead.

04

A : 좋아하는 색깔이 무엇이니?
B : 빨간색을 좋아해. 너는?
A : 나는 빨간색을 싫어해. 나는 노란색을
　　좋아해.

② 취미가 무엇이니?
③ 무엇을 살 거니?
④ 너는 무엇이 되고 싶니?

05

한 번 더 말씀해 주시겠어요?
Can(Could) you say that again?
= Excuse me?
= Pardon me?
= I beg your pardon?

A : 과학 시험 어땠어?
B : 식은 죽 먹기지.
A : 다시 한번 말해 줄래?
B : '식은 죽 먹기'라고 했어.
A : '식은 죽 먹기'가 무슨 뜻이야?
B : 그것은 무언가가 매우 쉽다는 뜻이야.

① 우리와 함께할래요?
② 갈래요?
④ 여기 오려고 하나요?

06

상대방의 허락을 구하는 질문에 대한 응답
으로 적절한 것은 ②이다. ④ Yes라고 대
답할 경우, Yes, I mind(예, 신경 쓰여요.)와
같은 의미가 되므로 적절하지 않다.

A : 창문 좀 열어도 될까요?
B : 물론이죠.

① 유감이다.
③ 천만에요.

ANSWER

04. ①　**05.** ③　**06.** ②

07

A : Let me ask you a question.
B : Sure, _____.

① take care   ② go ahead
③ forget it   ④ so long

08

A : Where would you like to go for your vacation?
B : _____

① I can go next week
② I usually take the train
③ I would like to go to Jeju Island
④ I ate some pizza for lunch

09

A : Why are you so upset?
B : _____.

① Yes, it is safe
② Of course I'd love to
③ Good idea, I think I will
④ It's because I failed my exam

10

A : Do you know what I mean?
B : _____

① Thank you.   ② Know yourself.
③ Yes, I got it.   ④ Take a rest.

07

계속하라는 의미로 go ahead를 사용한다.

A : 한 가지 물어봐도 되겠습니까?
B : 그럼요. 물어보세요.

① 잘 지내요.
③ 잊어버려요.
④ 매우 오래 걸려요.

08

어디(Where)에 가고 싶냐고 물었기 때문에 장소를 가리키는 말이 와야 한다.

A : 너는 휴가 동안 어디로 가고 싶어?
B : 나는 제주도로 가고 싶어.

① 나는 다음 주에 갈 수 있어.
② 나는 주로 기차를 타고 가.
④ 나는 점심으로 피자를 먹었어.

09

화가 난 이유를 묻고 있으므로 정답은 ④가 된다.

A : 너는 왜 그렇게 화가 났니?
B : 시험에서 떨어졌기 때문이야.

① 응, 그것은 안전해
② 물론 그렇게 하고 싶어요
③ 좋은 생각이야, 그렇게 해야겠어

upset 화난, 기분 나쁜
I'd love to 그렇게 하고 싶어요

10

A : 내가 무슨 말하는지 알겠니?
B : 그래, 나는 이해했어.

① 고마워.
② 너 자신을 알라.
④ 좀 쉬어라.

ANSWER
07. ②   08. ③   09. ④   10. ③

※ 다음 대화에서 밑줄 친 부분의 의도로 알맞은 것을 고르시오. (11~12)

11

A : I have a toothache.
B : How about going to the dentist?

① 격려   ② 제안
③ 거절   ④ 사과

12 기출

A : What's the matter with you? You look unhappy.
B : I just can't do well in math and science! I'm not a success in life!
A : I'm surprised you feel that way! You're very talented at painting. I think you will be a famous artist someday.

① 격려   ② 불평
③ 축하   ④ 거절

13 기출

밑줄 친 격언이 주는 교훈으로 가장 알맞은 것은?

A : "No pain, no gain." What does that mean?
B : It means you should work hard to achieve your goal.

① 행운   ② 노력
③ 우정   ④ 협력

※ 다음 중 대화가 어색한 것을 고르시오. (14~15)

14 ① A : Are you free next week?
    B : Certainly, I have to prepare for the exam.
② A : Where is Pagoda park?
    B : It's just one block east of the Seoul YMCA.
③ A : Would you like some coffee?
    B : Yes, please.
④ A : Can I help you, sir?
    B : No, thanks. I'm just looking around.

15 ① A : Excuse me, can you help me?
    B : Yes, of course. But just a moment, please.
② A : What makes you think so?
    B : I don't think so.
③ A : What kind of music do you like?
    B : I like rock.
④ A : Can I get you to bring my ladder from the garage?
    B : Sure, wait a minute.

16 다음 글에 이어질 대화의 순서로 알맞은 것은?

> Good afternoon. May I take your order?

> (A) Thanks. I will take that.
> (B) Well, what would you recommend?
> (C) How about the tuna sandwich?
>   It is popular here.

① (A) − (B) − (C)   ② (B) − (A) − (C)
③ (B) − (C) − (A)   ④ (C) − (B) − (A)

14

① 시간이 있느냐는 질문에 긍정(Certainly)으로 대답했는데, 뒤의 문장이 시험을 준비해야 한다고 했으므로 앞뒤가 맞지 않는다.

A : 다음 주에 시간 있니?
B : 물론 있지, 나는 시험 준비를 해야 해.
② A : 파고다 공원이 어디예요?
    B : 서울 YMCA에서 동쪽으로 한 블록이에요.
③ A : 커피 드실래요?
    B : 네, 주세요.
④ A : 도와 드릴까요?
    B : 아뇨, 괜찮아요. 그냥 둘러보고 있어요.

15

② 'What makes you think so'에 대한 대답으로 그렇게 생각한 이유에 대한 내용이 나와야 한다.

A : 왜 그렇게 생각하니?
B : 그렇게 생각하지 않아.
① A : 실례합니다. 도와 드릴까요?
    B : 네, 물론이죠. 잠시만요.
③ A : 어떤 음악을 좋아하니?
    B : 록을 좋아해.
④ A : 창고에서 내 사다리 좀 갖다 줄래요?
    B : 네, 잠시만요.

16

카페에서 주문을 받는 과정이다.

좋은 오후입니다. 주문을 받아도 될까요?

(B) 음, 당신의 추천메뉴는 무엇인가요?
(C) 참치 샌드위치는 어때요? 여기서 인기가 있어요.
(A) 고마워요. 그것으로 먹을게요.

A N S W E R

14. ① **15.** ② **16.** ③

17 다음 대화에서 B의 심정으로 알맞은 것은?

> A : Yubin, I heard you're taking a family trip to London this summer.
> B : Yes, I'm very excited to see Big Ben.
> A : That sounds great. Show me the pictures when you get back.
> B : Sure. I can't wait for the trip!

① 후회하다   ② 실망하다

③ 망설이다   ④ 기대하다

17

런던의 명소인 빅벤(Big Ben)을 볼 것에 대해 흥분(excite)하고, 여행을 기다릴 수 없을 정도로 가고 싶어 한다는 내용이므로, B는 이번 여름의 런던여행을 매우 기대하고 있음을 알 수 있다.

A : 유빈, 나는 당신이 이번 여름에 런던으로 가족여행을 간다고 들었어요.
B : 네, 나는 빅벤을 볼 것이 매우 흥분돼요.
A : 좋겠어요. 당신이 돌아왔을 때 사진을 좀 보여 주세요.
B : 물론이죠. 나는 여행을 기다릴 수가 없어요!

18 다음 대화의 내용으로 알맞은 것은?

> Dong-su : Chris, I lost my MP3 player.
> Chris   : When do you think you lost it?
> Dong-su : Maybe two hours ago, at lunchtime, I guess.
> Chris   : Well, let's look for it together.

① 시간 묻기   ② 음반 사기

③ 점심 먹기   ④ 분실물 찾기

18

함께 MP3 플레이어를 찾아보자는 크리스의 마지막 말(Let's look for it together)을 통해 분실물을 찾으려 하는 내용임을 알 수 있다.

동수 : 크리스, MP3 플레이어를 잃어버렸어.
크리스 : 언제 잃어버렸다고 생각해?
동수 : 아마도 2시간 전 점심시간에.
크리스 : 좋아, 같이 찾아보자.

ANSWER
17. ④   18. ④

19 밑줄 친 부분을 우리말로 바르게 옮긴 것은?

> A : <u>Would you do me a favor?</u>
> B : Sure. What can I do for you?
> A : Can you help me send this letter?
> B : Of course, I can.

① 도와주시겠어요?

② 당신은 친절합니까?

③ 무엇을 도와드릴까요?

④ 어디까지 가십니까?

20 다음 대화의 상황으로 적절한 것은?

> A : Would you care for some more food?
> B : No, thanks. I have had enough.

① 승낙하기   ② 동의하기

③ 거절하기   ④ 부탁하기

PART IV

단어 · 숙어

01 시험에 잘 나오는 영단어

영어의 기본은 단어이다. 검정고시 시험에서 어휘는 전체 약 12% 정도(2~4문제)를 차지하는데, 단어의 뜻만 제대로 알고 내용의 큰 흐름만을 떠듬떠듬 연결시킬 수 있는 상상력만 갖춰도 거의 모든 문제를 풀 수 있는 수준이다. 유의어, 반의어 등으로 자주 출제되거나 지문에서 반복적으로 등장하는 단어들을 발췌하였으므로 억지로 암기하려 하지 말고 매일매일 꾸준히 읽고 쓰면서 반복학습을 하여야 한다.
특히, 별도의 색으로 구분된 단어는 반드시 알아두어야 한다. 영어를 잘하는 방법은 한번 더 보고 듣는 것임을 잊지 말자.

abandon [əbǽndən] (사람 · 장소 · 지위) 버리다

aboard [əbɔ́ːrd] 배에 타고, 승선하여

abroad [əbrɔ́ːd] 외국에, 해외로

absent [ǽbsnət] 부재의, 결석의, 없는

absolute [ǽbsəluːt] 절대적인, 완전한

absorb [əbsɔ́ːrb] 흡수하다

abuse [əbjúːs] 남용하다, 욕하다

accelerate [æksélərèit] 가속하다

access [ǽkses] 접근, 접속하다

accomplish [əká(ɔ́)mpliʃ] 성취하다, 완성하다

account [əkáunt] 계좌, 계산, 생각하다

accumulate [əkjúːmjuleit] 모으다, 축적하다

accuse [əkjúːz] 고발하다

achievement [ətʃíːvmənt] 달성, 성취

acquire [əkwáiər] 얻다, 획득하다

activity [æktívəti] 활동

adapt [ədǽpt] 적응시키다

address [ədrés, ǽdres] 연설하다, 주소, 인사말

adequate [ǽdikwət] 적당한

adjust [ədʒʌ́st] 맞추다, 조정하다

admit [ədmít] 인정하다, 허가하다(= permit)

adopt [ədá(ɔ́)pt] 양자로 삼다

adult [ədʌ́lt, ǽdʌlt] 어른, 성인의

advance [ædvǽns] 진전

advantage [ədvǽntidʒ] 이점

adventure [ædvéntʃər] 모험

advertisement [ædvərtáizmənt] 광고

advertising [ǽdvərtaiziŋ] 광고(업)

affect [əfékt] 영향을 주다, 감동을 주다

afford [əfɔ́ːrd] ~할 여유가 있다, 제공하다

aging [éidʒiŋ] 노화, 나이 먹음

aggressive [əgrésiv] 공격적인, 적극적인

agreement [əgríːmənt] 협정, 합의, 동의

agriculture [ǽgrikʌltʃər] 농경, 농업
aid [eid] 도움, 원조
aim [eim] 목적, 표적
alternative [ɔːltə́ːrnətiv] 대안의, 양자택일
ambition [æmbíʃən] 야망
amount [əmáunt] 양, 총계
analysis [ənǽləsis] 분석
ancient [éinʃənt] 고대의, 선조
anniversary [ænivə́ːrsəri] 기념일
annoy [ənɔ́i] 괴롭히다
annual [ǽnjuəl] 해마다의
anxious [ǽŋkʃəs] 걱정하는, 불안한
apology [əpɑ́lədʒi] 사과 [동] apologize 사과하다
appeal [əpíːl] 호소하다, 애원하다
appearance [əpíərəns] 외모, 출현
applicant [ǽplikənt] 신청자, 지원자
apply [əplái] 지원하다, 적용하다
appointment [əpɔ́intmənt] 약속, 예약, 임명, 지위
appreciate [əpríːʃieit] 감사하다, 진가를 알다
approach [əpróutʃ] 접근, 다가가다
architecture [ɑ́ːrkitektʃər] 건축물
area [ɛ́əriə] 지역, 범위
argument [ɑ́ːrgjumənt] 논쟁, 논의
arrange [əréindʒ] 정돈(정리)하다, 준비하다
arrest [ərést] 체포, 체포하다
article [ɑ́ːrtikl] 기사, 관사(a, the)
artificial [ɑːrtifíʃəl] 인공적인
asleep [əslíːp] 잠들어, 자고 있는
aspect [ǽspekt] 면, 양상
assert [əsə́ːrt] 주장하다, 단언하다
asset [ǽset] 자산

assist [əsíst] 돕다, ~의 조수 노릇을 하다
[명] assistant 조수
associate [əsóuʃieit] 연상하다, 결합시키다
assume [əsúːm] 추측하다, ~체하다
assure [əʃúər] 보장하다, 보증하다
athletic [æθlétik] 운동 경기의, 탄탄한
atmosphere [ǽtməsfiər] 대기, 분위기
attach [ətǽtʃ] 붙이다
attain [ətéin] 얻다, 달성하다
attempt [ətémpt] 시도하다(= try)
attitude [ǽtitjuːd] 태도, 자세
audience [ɔ́ːdiəns] 청중
author [ɔ́ːθər] 저자, 창조자 [명] authority 권위, 위신
available [əveiləbl] 이용할 수 있는
average [ǽvəridʒ] 평균적인, 보통의
avoid [əvɔ́id] 피하다
awake [əwéik] 깨우다, 깨어 있는
aware [əwɛ́ər] 알아차리고
awful [ɔ́ːfəl] 지독한, 몹시

B

balance [bǽləns] 균형
ban [bæn] 금지하다, 금지
barrier [bǽriər] 울타리, 장벽
basis [béisis] 기초, 근거
bear [bɛər] 곰, 참다, 낳다
beast [biːst] 짐승
behalf [bihǽf] ~을 위하여, ~을 대신하여
behavior [bihéivjər] 행동, 태도

bend [bénd] 구부리다

benefit [bénifit] 이익, 혜택

bet [bet] 내기를 걸다

betray [bitréi] 배신하다

biology [baiálədʒi] 생물학

blame [bleim] 비난하다

blessing [blésiŋ] 은총, 축복

blood [blʌd] 피, 혈액

bloom [bluːm] 꽃이 피다, 꽃

blow [blóu] 불다

board [bɔːrd] 탑승하다, 판자

bomb [ba(ɔ)m] 폭탄

bone [boun] 뼈

boss [bɔːs] 사장, 상사

bravery [bréivəri] 용기

breathe [briːð] 숨쉬다, 호흡하다

brief [briːf] 간결한, 짧막한

bright [brait] 빛나는, 선명한, 영리한

brilliant [bríliənt] 빛나는

broadcast [brɔ́ːdkæ(ɑ́ː)st] 방송, 방송하다

budget [bʌ́dʒit] 예산

bundle [bʌndl] 꾸러미, 묶음

burden [bə́ːrdn] 부담, 짐

bury [béri] 묻다

Ⓒ

calculate [kǽlkjuleit] 계산하다

cancel [kǽnsəl] 취소하다

cancer [kǽnsər] 암

candidate [kǽndidéit] 후보자, 지원자

capable [kéipəbl] 능력 있는

capital [kǽpətl] 자본, 수도

care [ker] 돌보다, 걱정하다, 보살핌, 돌봄

career [kəríər] 직업, 경력

carry [kǽri] 나르다, 운반하다

castle [kǽ(ɑ́ː)sl] 성

category [kǽtəgɔːri] 범주, 카테고리

caution [kɔ́ːʃən] 주의, 경고

cave [keiv] 동굴

celebrate [séləbrèit] 축하하다, 공표하다

cell [sel] 세포, 작은 방

censor [sénsər] 검열

century [séntʃəri] 세기, 100년

certificate [sərtífikət] 증명서, 면허증, ~에게 증명서를 주다

challenge [tʃǽlindʒ] 도전

chaos [kéias] 혼돈, 무질서

character [kǽriktər] 특징, 성격, 문자

charge [tʃɑːrdʒ] 청구하다, 요금, 책임, 비난

check [tʃek] 수표, 검사(확인)하다

chemistry [kémistri] 화학

chest [tʃest] 가슴

chew [tʃuː] 씹다

circulation [sə̀ːrkjuléiʃən] 순환, 유통

civil [sívəl] 시민의

claim [kleim] 요구, 주장하다

classify [klǽsifai] 분류하다

clever [klévər] 영리한, 숙련된

cliff [klif] 절벽

clue [kluː] 단서, 실마리

colony [kɑ́(ɔ́)ləni] 식민지

combine [kəmbáin] 결합하다

comfort [kʌ́mfərt] 편안, 위안

command [kəmǽ(ɑ́ː)nd] 명령, 명령하다

comment [kɑ́(ɔ́ː)ment] 비평, 견해, 논평, 설명

commerce [kɑ́(ɔ́ː)məːrs] 상업

committee [kəmíti] 위원회

commodity [kəmɑ́dəti] 상품, 원자재

communicate [kəmjúːnəkèit] 전달하다, 의사소통하다

communist [kɑ́(ɔ́)mjunist] 공산주의의, 공산당원

community [kəmjúːnəti] 공동사회, 공동체

compare [kəmpɛ́ər] 비교하다

compensate [kɑ́ːmpenseit] 보상하다

compete [kəmpíːt] 경쟁하다

complain [kəmpléin] 불평하다, 호소하다

complex [kɑ́(ɔ́)mpleks] 복잡한, 콤플렉스

complicate [kɑ́(ɔ́)mplikeit] 복잡하게 하다

comprehend [kɑ(ɔ)mprihénd] 이해하다(= apprehend)

concentrate [kɑ́(ɔ́)nsəntreit] 집중하다

conception [kənsépʃən] 개념, 생각

concern [kənsə́ːrn] 관계, 염려, 관계하다, 염려하다

conclusion [kənklúːʒən] 결론, 결말

conduct [kɑ́(ɔ́)ndʌkt] 행동하다, 행위

conference [kɑ́(ɔ́)nfərəns] 회의

confession [kənféʃən] 고백, 자백 ⓥ confess 자백하다

confidence [kɑ́(ɔ́)nfidəns] 자신, 신용, 신임

confirm [kənfə́ːrm] 확인하다

conflict [kɑ́(ɔ́)nflikt] 투쟁, 싸우다, 충돌하다

confuse [kənfjúːz] 혼란시키다

congress [kɑ́(ɔ́)ŋgris] 회의

connect [kənékt] 연결하다

conscience [kɑ́(ɔ́)nʃəns] 양심

conscious [kɑ́(ɔ́)nʃəs] 의식하는, 의식이 있는

consensus [kənsénsəs] 일치, 합의

consider [kənsídər] 고려하다, 숙고하다

constitute [kɑ́nstətjuːt] 구성하다, 조직하다

construct [kənstrʌ́kt] 건설하다 ↔ destruct 파괴하다

consult [kənsʌ́lt] 상담하다, 의견을 묻다

consumer [kənsúːmər] 소비자

contact [kɑ́(ɔ́)ntækt] 접촉하다, 접촉, 연락

contain [kəntéin] 담고 있다, 포함하다

context [kɑːntekst] (글의) 전후 관계, 문맥

continent [kɑ́(ɔ́)ntinənt] 대륙

continue [kəntínjuː] 계속하다

contract [kɑ́(ɔ́)ntrækt] 계약, 계약하다

contrast [kɑ́(ɔ́)ntræst] 대조하다

contribute [kəntríbjuːt] 공헌하다, 기부하다

control [kəntróul] 지배(억제), 지배(억제)하다

convenience [kənvíːnjəns] 편의, 편리

convention [kənvénʃən] 회의, 집회

conversation [kɑ̀nvərséiʃən] 회화, 대화

convince [kənvíns] 확신시키다

copyright [kɑːpirait] 저작권

correspond [kɔː(ɔ)rəspɑ́(ɔ́)nd] 대응하다, 일치하다

counsel [káunsəl] 상담, 충고

courage [kəː(ʌ)ridʒ] 용기

cousin [kʌ́zn] 사촌

cover [kʌ́və(r)] 씌우다, 덮다, 덮개

crash [kræʃ] 부딪치다, 충돌하다

crawl [krɔ́ːl] 기어가다, 포복

creative [kriéitiv] 창조적인, 독창적인 ⑩ creativity 창조성

creature [kríːtʃər] 창조물, 생물

credit [krédit] 신용

crime [kraim] 범죄

crisis [kráisis] 위기

criticize [krítisàiz] 비평하다, 비판하다

crop [kra(ɔ)p] 작물, 수확

culture [kʌ́ltʃər] 문화

cure [kjuər] 치료하다

curious [kjúːriəs] 호기심 있는

currency [kə́ː(ʌ)rənsi] 통화, 유통, 현금

current [kə́ː(ʌ)rənt] 현재의

custom [kʌ́stəm] 관습, 습관

cute [kjuːt] 귀여운

damage [dǽmidʒ] 손해, 손상

dawn [dɔːn] 새벽, 여명

debt [det] 빚, 부채, 채무

decade [dékeid] 10년간

decide [disáid] 결정하다

declare [dikléər] 선언하다

decline [dikláin] 기울다, 쇠퇴하다

decorate [dékərèit] 장식하다(= adorn)

decrease [dikríːs] 감소하다

defend [difénd] 방어하다 (명) defense 방어

definition [dèfiníʃən] 정의, 한정

degree [digríː] 정도, 등급

delicate [délikət] 섬세한, 미묘한(= sensitive)

delicious [diliʃəs] 맛있는

deliver [dilívər] 배달하다 (명) delivery 배달

demand [dimǽ(áː)nd] 요구, 수요, 요구하다

demonstrate [démənstrèit] 입증하다, 시위하다

departure [dipáːrtʃər] 출발, 이탈

depend [dipénd] ~에 의존하다

deposit [dipázit] 두다, 맡기다, 보증금

describe [diskráib] 묘사하다

desert [dezəːrt] 사막, 황무지

deserve [dizə́ːrv] ~할 만하다

design [dizáin] 디자인, 설계도

despite [dispait] ~에도 불구하고

destiny [déstəni] 운명 (동) destine 운명 짓다

destroy [distrɔ́i] 파괴하다

detail [díteil, ditéil] 세부, 상세

detect [ditékt] 발견하다(= observe)

determine [ditə́ːrmin] 결정하다

develop [divéləp] 발달하다 (명) development 발달, 발전

device [diváis] 장치, 고안

devote [divóut] 바치다

dictionary [díkʃənèri] 사전

differ [dífər] 다르다(= be different)

diminish [dimíniʃ] 줄어들다, 감소하다

diplomacy [diplóuməsi] 외교

direction [dirékʃən] 방향, 지시

disappoint [dìsəpɔ́int] 실망시키다

disaster [dizǽ(áː)stər] 재해, 재난

discourse [diskɔ́ːrs] 담화, 이야기하다

discovery [diskʌ́vəri] 발견

disease [dizíːz] 병, 질병

disgust [disgʌ́st] 혐오감

display [displéi] 진열하다, 나타내다

dispose [dispóuz] 배치하다, 처리하다

dispute [dispjúːt] 논쟁하다(= debate)

distant [dístənt] 거리가 먼, 서먹한
distract [distrǽkt] 주의를 빼앗다, 산만하게 하다
distribute [distríbju:t] 분배하다, 나눠주다
district [dístrikt] 구역
disturb [distə́:rb] 방해하다(= interfere)
dive [dáiv] 뛰어들다, 다이빙, 잠수
divide [diváid] 나누다, 분할하다
divorce [divɔ́:rs] 이혼하다, 이혼
domestic [dəméstik] 국내의, 가정의
dominate [dɑ́(ɔ́)mineit] 지배하다
donation [dounéiʃən] 기부, 기부금
drag [dræg] 끌다
duty [du:ti] 의무, 임무

E

eager [í:gər] 열망하는, 열심인
economy [ikɑ́(ɔ́)nəmi] 경제
edge [edʒ] 끝, 가장자리, 모서리
education [edʒukéiʃən] 교육
effect [ifékt] 효과, 결과
efficiency [ifíʃənsi] 효율, 능률
effort [éfərt] 노력
election [ilékʃən] 선거, 당선
electronic [ilektrɑ:nik] 전자의
electricity [ilektrisəti] 전기, 전력
element [élimənt] 요소, 원소
eliminate [ilímineit] 제거하다
embarrass [imbǽrəs] 당혹하게 하다, 곤경에 빠뜨리다

emergency [imə́:rdʒənsi] 응급, 비상
emotion [imóuʃən] 감정, 정서
emphasis [émfəsis] 강조
encounter [inkáuntər] 만나다, 마주치다
endure [indjúər] 참다, 견디다, 지속하다
engage [ingéidʒ] 약속(계약)하다, 약혼시키다, 고용하다
[명] engagement 약속, 약혼
enormous [inɔ́:rməs] 막대한(= huge, great)
enterprise [éntərpraiz] 기업, 기획
entertain [entərtéin] 즐겁게 하다, 접대하다
[명] entertainment 환대, 오락, 연예
enthusiasm [enθú:ziæzm] 열광, 열중
entire [intáiər] 완전한, 전체의
environment [inváirənmənt] 환경
envy [énvi] 부러움, 부러워하다
equal [í:kwəl] ~와 같다
equator [ikwéitər] 적도
equipment [ikwípmənt] 장비 [동] equip 정비하다
era [erə] 시대, 기원, 연대
escape [iskéip] 달아나다, 벗어나다
especially [ispéʃəli] 특히
essential [isénʃəl] 본질적인, 필수의
establish [istǽbliʃ] 설립하다
estate [istéit] 재산, 사유지
estimate [éstimeit] 평가하다, 추정하다, 견적
ethics [éθiks] 윤리학
evidence [évidəns] 증거
evolution [evəlú:ʃən] 진화, 발달
excess [iksés, ékses] 과다, 과잉, 잉여
exchange [ikstʃéindʒ] 교환, 교환(환전)하다
excited [iksáitid] 흥분한, 신나는

exclude [iksklúːd] 제외하다
exhaust [igzɔ́ːst] 다 써버리다
existence [igzístəns] 존재
expect [ikspékt] 기대하다, 요구하다, 생각하다
expansion [ikspǽnʃən] 확장
expensive [ikspénsiv] 비싼 ↔ cheap 싼, 저렴한
experience [ikspíriəns] 경험, 겪다, 경험하다
experiment [ikspérimənt] 실험, 실험하다
expert [ékspəːrt] 전문가
explain [ikspléin] 설명하다
explore [iksplɔ́ːr] 탐험하다
export [ikspɔ́ːrt] 수출하다
expose [ikspóuz] 드러내다, 폭로하다
express [iksprés] 표현하다, 나타내다
[명] expression 표현, 표시
extend [iksténd] 연장(확장)하다, 늘이다
external [ikstə́ːrnl] 외부의
extinct [ikstíŋkt] 멸종한, 사라진
extreme [ikstríːm] 극단적인, 극도의

F

fabric [fǽbrik] 직물, 구조
face [feis] 얼굴, 직면하다
facility [fəsíləti] 설비, 기관, 쉬움, 솜씨
factor [fǽktər] 요소, 요인
fair [fέər] 공정한, 타당한
faith [feiθ] 신념, 신앙
fame [feim] 명성
familiar [fəmíljər] 친한, 잘 알려진
famous [féiməs] 유명한
fantasy [fǽntəsi] 공상, 환상
fascinate [fǽsineit] 매혹하다
fasten [fǽ(ɑ́ː)sn] 묶다, 죄다, 채우다
fault [fɔːlt] 잘못, 과실
favor [féivər] 호의, 부탁, 호의를 보이다
favorable [féivərəbl] 호의적인, 유리한
favorite [féivərit] 좋아하는
feature [fíːtʃər] 용모, 특징
female [fíːmeil] 여성(의)
fever [fíːvər] 열, 열기
few [fjuː] 약간의
fierce [fíərs] 사나운, 격렬한
fight [fáit] 싸우다, 싸움, 투쟁
figure [figjər] 숫자, 계산, 모습
final [fainl] 마지막의, 결정적인
finance [finǽns, fáinæns] 재정
fine [fain] 좋은, 멋진, 벌금, 벌금을 부과하다
fit [fit] 적합한, 건강에 좋은, 맞는
flag [flæg] 깃발
flame [fleim] 불꽃, 타오르다
flat [flæt] 평평한, 평면
flavor [fléivər] 풍미, 맛
flee [fliː] 달아나다, 도망가다
flesh [fleʃ] 살, 고기
flexible [fléksəbl] 유연한, 구부리기 쉬운, 융통성 있는
flight [fláit] 비행, 날기, 항공편
flourish [flə́ːriʃ] 번성하다, 잘 자라다
focus [fóukəs] 집중하다, 초점
forbid [fərbíd] 금지하다
force [fɔːrs] 폭력, 힘, 영향력

foreign [fɔ́:rən] 외국의, 이질적인

forest [fɔ́:(ɔ́)rist] 숲

forgive [fərgív] 용서하다

formal [fɔ́:rməl] 형식적인, 예절의

fortune [fɔ́:rtʃən] 행운, 운, 재산 [부] fortunately 다행히

foundation [faundéiʃən] 기초, 창설

frame [freim] 구조, 골격

fresh [fréʃ] 새로운, 신선한

frog [frɔ:g] 개구리

fruit [fru:t] 과일

frustration [frʌ́streiʃən] 좌절

fuel [fjú:əl] 연료

function [fʌ́ŋkʃən] 기능, 기능을 하다

fund [fʌnd] 자금

fundamental [fʌndəméntl] 근본적인

funeral [fjú:nərəl] 장례식

furniture [fə́:rnitʃər] 가구, 세간

further [fə́:rðər] 더 멀리, 더 나아가서, 게다가

G

gain [gein] 획득하다, 얻다

garage [gərɑ́:ʒ] 차고

gather [gǽðər] 모으다

gene [dʒi:n] 유전자

generation [dʒenəréiʃən] 세대

generous [dʒenərəs] 후한, 너그러운

genius [dʒí:niəs] 천재

genuine [dʒénjuin] 진짜의, 진정한

geography [dʒiɑ́grəfi] 지리학, 지형

glory [glɔ́:ri] 영광

government [gʌ́vərnmənt] 정부

grab [græb] 붙잡다, 움켜쥐다

grace [greis] 우아, 품위

grade [greid] 품질, 등급, 학년

gradual [grǽdʒuəl] 단계적인, 점진적인
[부] gradually 차차, 서서히

graduate [grǽdʒueit] 졸업하다

grant [græ(ɑ:)nt] 허락하다, 인정하다

grasp [græ(ɑ:)sp] 붙잡다, 파악하다

grave [greiv] 무덤, 중대한

greed [gri:d] 탐욕

greet [gri:t] 인사하다 [명] greeting 인사

grief [gri:f] 큰 슬픔

grocery [gróusəri] 식료품 잡화점

gross [grous] 전체

growth [grouθ] 성장, 증대

guilty [gílti] 유죄의 ↔ innocent 결백한

H

habit [hǽbit] 습관, 버릇

habitat [hæbitæt] 서식지

hard [hɑ:rd] 딱딱한, 어려운(= difficult)

harm [hɑ:rm] 해치다, 손해(= injure)
[형] harmful 유해한, 위험한

harmony [hɑ́:rməni] 조화, 화합

harsh [hɑ:rʃ] 거친, 가혹한

harvest [hɑ́:rvist] 추수, 수확
[CF] harvest festival 추수감사절

haste [héist] 급함, 신속, 재촉하다

hate [heit] 싫어하다, 증오하다

hazard [hǽzərd] 위험

headache [hédeik] 두통

headline [hedlain] 표제, 주요 제목

heal [hiːl] 고치다, 낫게 하다

health [hélθ] 건강 [형] healthy 건강한, 건전한

heaven [hévn] 하늘, 천국

hell [hel] 지옥

helpful [hélpfəl] 도움이 되는, 유익한

heritage [héritidʒ] 유산

hesitate [héziteit] 주저하다

hire [haiər] 고용하다, 빌리다

hobby [hɑ́(ɔ́)bi] 취미

hole [hóul] 구멍, 틈, 결점, ~에 구멍을 뚫다

honesty [ɑ́(ɔ́)nisti] 정직, 성실

horizon [həráizn] 수평선

horror [hɔ́ːrər] 공포

humorous [hjúːmərəs] 유머러스한, 재미있는

I

identity [aidéntəti] 신원, 동일함

ignore [ignɔ́r] 무시하다 [명] ignorance 무지

illegal [iliːgl] 불법적인 ↔ legal 합법적인

illness [ilnəs] 병, 아픔

imitation [imitéiʃən] 모방

impact [impækt] 영향을 주다, 영향, 충격

imply [implái] 의미하다, 암시하다

impress [imprés] 감명을 주다

impression [impréʃən] 인상, 감명

improve [imprúːv] 나아지다, 개선하다

incentive [inséntiv] 보상의, 혜택

incident [ínsidənt] 사건(= accident)

include [inklúːd] 포함하다 ↔ exclude 제외하다

income [ínkʌm] 수입

increase [inkríːs] 증가, 증가하다 ↔ decrease 감소하다

indeed [indiːd] 정말로, 확실히

independence [indipéndəns] 독립
[CF] independence day 미국의 독립기념일

indicate [índikeit] 지시하다, 나타내다

industry [índəstri] 산업

inevitable [inévətəbl] 피할 수 없는

infant [ínfənt] 유아, 유아의

infect [infékt] 감염시키다 [명] infection 감염

influence [ínfluːəns] 영향, 영향을 주다

inform [infɔ́ːrm] 알리다 [명] information 정보

initial [iníʃəl] 머리글자, 처음의

inquire [inkwáiər] 묻다, 조사하다

insect [ínsekt] 곤충, 벌레

insist [insíst] 주장하다

inspect [inspékt] 검사하다

instead [instéd] 그 대신에, 그보다도

instinct [ínstiŋkt] 본능

institution [institjúːʃən] 학회, 제도

instruct [instrʌ́kt] 교육하다, 가르치다

instrument [ínstrəmənt] 기구, 도구, 악기

insult [insʌ́lt] 모욕하다

intellect [íntəlekt] 지성, 지적 능력

intend [inténd] ~할 작정이다, 의도하다

interest [íntərest] 흥미, 이자, 이익

interesting [íntərestiŋ] 재미있는, 흥미로운

internal [intə́ːrnl] 내부의, 국내의

international [intərnæʃnəl] 국제적인

interpretation [intə̀ːrprətéiʃən] 통역, 해석
interrupt [intərʌ́pt] 방해하다
invasion [invéiʒən] 침략
invent [invént] 발명하다 [명] inventor 발명자
invest [invést] 투자하다
investigate [invéstigeit] 조사하다
involve [invɑ́(ɔ́)lv] 포함하다, 수반하다
irony [airəni] 풍자, 역설, 반어법
irritate [írətéit] 화나게 하다
isolate [áisəleit] 분리하다, 고립시키다

J

jar [dʒaːr] 항아리, 병
joint [dʒɔint] 합동의, 관절
journalist [dʒə́ːrnəlist] 신문기자, 언론인
judge [dʒʌdʒ] 판단하다, 심판
justice [dʒʌ́stis] 공평성, 공정성, 재판
justify [dʒʌ́stifai] 정당화하다

K

keep [kiːp] 유지하다, 가지고 있다
kind [kaind] 종류, 친절한
kitchen [kítʃən] 부엌
knee [niː] 무릎
kneel [niːl] 무릎을 꿇다
knife [naif] 식칼
knight [nait] 기사

L

labor [léibər] 노동, 수고, 일(= job)
laboratory [lǽbərətɔːri] 실험실, 연구실
lack [læk] 부족, 결핍, ~이 없다
land [lænd] 착륙하다, 도착하다, 육지, 땅
launch [lɑː(ɔː)ntʃ] 시작하다, 발사하다
law [lɔː] 법 [CF] law court 법정, 법원
layer [léiər] 층
lean [liːn] ~에 기대다, 기울다, 여윈
legend [lédʒənd] 전설
leisure [líːʒər] 여가
liberty [líbərti] 자유
limit [límit] 제한, 제한하다
literature [lítərətʃər] 문학
load [loud] 무게, 짐, 싣다
local [lóukəl] 지역의, 현지의, 주민, 현지인
locate [lóukeit] 정하다, ~의 정확한 위치를 찾아내다
location [loukéiʃən] 장소, 위치
logical [lɑ́(ɔ́)dʒikəl] 논리적인
lonely [lóunli] 외로운
loud [laud] 시끄러운
luxury [lʌ́kʃəri] 사치, 사치품

M

male [meil] 남성 ↔ female 여성
manage [mǽnidʒ] 관리하다, 경영하다
manufacture [mænjufǽktʃər] 제조업, 제조하다
marine [məríːn] 해양의

master [mǽ(ɑ́ː)stər] 주인, 지배자, 지배하다, 숙달하다
material [mətíəriəl] 물질, 재료, 소재
maximum [mǽksiməm] 최대한의, 최고의
mayor [méiər] 시장
mean [míːn] 의미하다 [명] meaning 의미, 의의
[형] meaningful 의미심장한, 중요한
measure [méʒər] 측정하다, 측정, 계량법
mechanical [məkǽnikəl] 기계의
medical [médikəl] 의학의, 내과의
medicine [médəsin] 약, 의학
mental [méntl] 정신의(= spirit)
mention [ménʃən] 언급하다, 언급
merchant [mə́ːrʧənt] 상인, 상업의
merit [mérit] 장점, 가치
method [méθəd] 방법
metropolitan [metrəpɑ́ːlitən] 대도시의
military [míliteri] 군대, 군대의(= army)
minimum [mínəməm] 최소
miracle [mírəkl] 기적
mission [míʃən] 임무
mobile [móubəl] 무선, 활동적인, 잘 변하는
modesty [mɑ́(ɔ́)dəsti] 겸손
modify [mɑ́(ɔ́)difai] 변경하다
moisture [mɔ́istʃər] 수분, 습기
moment [móumənt] 순간, 지금
moral [mɔ́ː(ɔ́)rəl] 도덕적인
motion [móuʃən] 운동, 동작
motive [móutiv] 동기
movement [múːvmənt] 운동, 동작
multiple [mʌltəpl] 다수의, 다양한
muscle [mʌ́sl] 근육
museum [mjuːzíːəm] 박물관
mutual [mjúːtʃuəl] 상호간의
mystery [místəri] 신비, 비밀, 미스터리
myth [miθ] 신화

N

narrate [nærréit] 이야기하다 [명] narration 서술, 이야기
narrow [nǽrou] 좁은 ↔ wide 넓은
national [nǽʃənl] 국가의, 국민의
nature [néitʃər] 천성, 자연
navy [néivi] 해군
necessary [nésəsèri] 필요한, 필연적인, 필수품
negative [négətiv] 부정의, 부정적인, 소극적인
negotiate [nigóuʃieit] 교섭하다, 협상하다
nerve [nəːrv] 신경, 긴장 [형] nervous 두려워하는, 신경질의
neutral [njúːtrəl] 중립의
nightmare [náitmɛər] 악몽
nonsense [nánsens] 말이 안 되는, 터무니없는
novel [nɑːvl] 소설
nuclear [njúːkliər] 핵의, 핵무기
nut [nʌt] 견과

O

obey [oubéi] (법규를) 지키다, 복종하다
obligation [ɑ(ɔ)bligéiʃən] 의무
observe [əbzə́ːrv] 보다, 관찰하다, 준수하다
obsess [əbsés] ~에 사로잡히다
obtain [əbtéin] 얻다

occasion [əkéiʒən] 때, 경우, 행사

occupy [á(ɔ)kjupai] 차지하다, 종사하다
　　　　　　　　명 occupation 직업

occur [əkə́:r] 발생하다, 일어나다(= happen)

official [əfíʃəl] 공식의, 공무원

once [wʌns] 한번, 한때

operation [àpəréiʃən] 수술, 작동, 작용

opinion [əpínjən] 의견, 여론

opportunity [a(ɔ)pərtjú:nəti] 기회

oppose [əpouz] 반대하다, 겨루다

opposite [ápəzit] 반대편의, 정반대의, ~의 맞은편에

optimist [áptəmist] 낙천주의자, 낙관론자

orbit [ɔ́:rbit] 궤도

ordinary [ɔ́:rdəneri] 보통의

organ [ɔ́:rgən] 장기(기관), 오르간

organization [ɔ̀:rgənizeiʃən] 조직(화), 단체

origin [ɔ́:ridʒin] 기원, 출신

otherwise [ʌðərwàiz] 그렇지 않으면

outcome [áutkʌm] 결과, 성과(= result)

outline [au'tlai,n] 윤곽, 개요

output [áutput] 생산량

overcome [ouvərkʌ́m] 극복하다, 이기다

overhead [ou'vərhe'd] 위에, 간접의

overlap [ou'vərlæ,p] 중복되다

owe [ou] 빚지고 있다, 신세를 지고 있다

pace [peis] 속도, 걸음

panic [pǽnik] 공황

parallel [pǽrəlel] 평행한

parliament [pá:rləmənt] 의회, 국회

participate [pɑ:rtísipeit] 참가하다(= take part in)

particular [pərtíkjulər] 특별한

passenger [pǽsəndʒər] 승객

passion [pǽʃən] 열정

passport [pǽspɔ:rt] 여권

patience [péiʃəns] 인내

patient [péiʃənt] 인내심 있는, 환자

patrol [pətróul] 순찰

pattern [pǽtərn] 유형, 모범

pause [pɔ:z] 쉼, 멈춤, 중지하다

penalty [pénəlti] 처벌, 불이익

perform [pərfɔ́:rm] 수행하다, 공연하다

period [píːəriəd] 기간, 시대

permanent [pə́:rmənənt] 영구적인(= perpetual)

persist [pərsíst] 지속되다, 고집하다

personality [pə̀:rsənǽləti] 성격, 개성

perspective [pərspektiv] 전망, 시각

persuade [pərswéid] 설득하다

pet [pet] 애완동물

phase [feiz] 현상, 단계

phenomenon [finá(ɔ)minɑ(ə)n] 현상

philosophy [filá(ɔ)səfi] 철학

physical [fízikəl] 물리적인, 육체의

pioneer [pàiəníər] 선구자, 선구적인

plain [plein] 평범한, 검소한, 평지

plan [plæn] 계획, 계획하다

planet [plǽnit] 행성, 유성

plant [plæ(ɑ:)nt] 공장, 식물

pleasant [plézənt] 즐거운

poison [pɔ́izn] 독

policy [pɑ́(ɔ́)ləsi] 정책

polite [pəláit] 공손한, 예의 바른

pollution [pəlú:ʃən] 오염

popular [pɑ́(ɔ́)pjələr] 인기 있는, 대중적인
[명] popularity 인기

population [pɑ̀pjuléiʃən] 인구, 주민

positive [pɑ́(ɔ́)zətiv] 적극적인, 명백한, 긍정적인

possess [pəzés] 소유하다

possible [pɑ́(ɔ́)səbl] 가능한

potential [pəténʃəl] 잠재적인, 가능성 있는

practical [prǽktikəl] 실용적인

practice [prǽktis] 연습(실행)하다, 습관, 연습

praise [preiz] 칭찬, 칭찬하다

pray [prei] 기도하다 [명] prayer 기도

precious [préʃəs] 귀중한, 소중한

predict [pridíkt] 예언하다, 예측하다(= anticipate)

prefer [prifə́:r] ~을 더 좋아하다

prescription [priskrípʃən] 처방(전), 규정

present [préznt] 현재의, 있는, 선물

preserve [prizə́:rv] 보존하다, 보호하다

press [pres] 누르다, 기자, 언론

pretend [priténd] ~인 척하다

prevent [privént] 막다, 예방하다

prey [prei] 먹이

primitive [prímətiv] 원시적인

principle [prínsəpl] 원리, 법칙

private [práivət] 사적인, 개인의(= individual, personal)

privilege [prívəlidʒ] 특권, 특권을 부여하다.

prize [praiz] 상품, 상(= award)

process [prɑ́(óu)ses] 진행, 과정(= procedure, progress)

produce [prədú:s] 생산하다, 낳다, 창조하다
[명] production 생산, 제작

profit [prɑ́(ɔ́)fit] 이익

prohibit [prouhíbit] 금지하다

promise [prɑ́(ɔ́)mis] 약속, 약속하다

promote [prəmóut] 승진시키다, 촉진하다
↔ demote 강등시키다

prompt [prɑ:mpt] 즉각적인, 신속한

property [prɑ́(ɔ́)pərti] 재산, 부동산

propose [prəpóuz] 제의하다, 청혼하다

prospect [prɑ́(ɔ́)spekt] 전망, 기대

protect [prətékt] 보호하다

protest [prətést] 주장하다

proud [práud] 자랑스러워하는, 자존심이 강한

provide [prəváid] 제공하다, 준비하다

psychology [saikɑ́(ɔ́)lədʒi] 심리학, 심리

public [pʌ́blik] 공공의, 공적인, 일반 대중의
↔ private 개인의

publish [pʌ́bliʃ] 출간하다, 발행하다

pull [pul] 당기다, 빼다

punish [pʌ́niʃ] 벌을 주다, 처벌하다

purchase [pə́:rtʃəs] 구입, 구입하다

pure [pjuər] 순수한

purple [pə́:rpl] 보라색

purpose [pə́:rpəs] 목적

Q

qualify [kwɑ́(ɔ́)lifai] 자격을 주다, 제한하다

quality [kwɑ́(ɔ́)ləti] 질, 특성

quantity [kwɑ́(ɔ́)ntəti] 수량

quarter [kwɔ:rtə(r)] 4분의 1, 15분, 사분기

quit [kwit] 떠나다, 그만두다

quite [kwáit] 아주, 완전히, 꽤

quote [kwout] 인용하다

R

racial [réiʃəl] 인종 간의, 민족의

radical [rǽdikəl] 근본적인

rage [reidʒ] 분노

rain [rein] 비

random [rǽndəm] 무작위의, 임의의

rapid [rǽpid] 빠른, 신속한

rare [rɛər] 드문, 희박한, 덜 구워진

rate [reit] 비율, 요금, 속도

rational [rǽʃənl] 이성적인, 합리적인

reality [riǽləti] 현실, 실재

reason [ríːzn] 이유, 이성

rebel [ríbel] 반란, 저항하다

recall [rikɔ́ːl] 회상, 상기하다, 회수하다

recipe [résəpi] 조리법, 방안

recognize [rékəgnaiz] 인정하다(= realize), 알아주다

recommend [rekəménd] 추천하다

recover [rikʌ́vər] 회복하다

recycle [riːsáikl] 재활용하다, 환류시키다

refer [rifə́ːr] 알아보도록 하다, 위탁하다, 지시하다

reflect [riflékt] 반사하다, 반영하다, 비추다

reform [rifɔ́ːrm] 개혁하다, 개선(개혁)

refrigerator [rifrídʒəreitər] 냉장고

refuse [rifjúːz] 거절하다

regard [rigάːrd] ~을 …으로 여기다, 보다, 관계, 고려

region [ríːdʒən] 지역, 지방

register [rédʒistər] 기록부, 등록하다

regret [rigrét] 후회하다, 유감

reinforce [riːinfɔ́ːrs] 강화하다

reject [ridʒékt] 거절하다

relate [riléit] 관련시키다, 이야기하다, 관련이 있다

relatively [relətivli] 비교적

relax [rilǽks] 긴장을 풀다, 휴식을 취하다

release [rilíːs] 풀어주다, 해방하다

relieve [rilíːv] 덜다, 완화하다

religion [rilídʒən] 종교

remain [riméin] 여전히 …이다, 남다, 머무르다

remote [rimóut] 먼, 동떨어진

repair [ripɛ́ər] 수리(수선)하다, 회복하다

repeat [ripíːt] 반복하다

replace [ripléis] 대신하다, 제자리에 놓다
ⓝ replacement 반환, 교체, 교환

reply [riplai] 대답하다, 대답, 답장

republic [ripʌ́blik] 공화국

request [rikwest] 요청하다, 부탁, 요구사항

require [rikwáiər] 요구하다, 필요로 하다

research [risə́ːrtʃ] 연구(조사)하다, 연구

resemble [rizémbl] 닮다

reservation [rèərveʃən] 예약

reserve [rizə́ːrv] 보존하다, 예약하다

resign [rizáin] 사퇴

resist [rizit] ~에 저항(반항)하다 ⓝ resistance 저항

resort [rizɔ́ːrt] 휴양지, 리조트

resource [risɔ́ːrs] 자원

respond [rispά(ɔ)nd] 응답하다

responsibility [rispα(ɔ)nsəbíləti] 책임

restrict [ristríkt] 제한하다

resume [rizúːm] 다시 시작하다, 이력서

retire [ritáiər] 은퇴하다

return [ritə́ːrn] 돌아오다

reveal [rivíːl] 드러내다, 폭로하다

revenge [rivénʤ] 복수, 복수하다(= avenge)

reverse [rivə́ːrs] 거꾸로 하다, 반전시키다

review [rivjúː] 복습, 재검토

revolution [revəlúːʃən] 혁명

reward [riwɔ́ːrd] 보상, 현상금

ridiculous [ridíkjələs] 웃기는, 터무니없는

right [rait] 옳은, 오른쪽(의), 권리

riot [ráiət] 폭동, 시위

risk [risk] 위험

roast [roust] 볶다, 굽다

role [roul] 역할(= part)

routine [ruːtin] 일상의, 틀에 박힌

rude [ruːd] 무례한

ruin [rúːin] 망치다, 엉망으로 만들다, 파멸, 붕괴, 몰락

S

sacred [séikrid] 신성한

sacrifice [sǽkrifais] 희생, 희생하다

salary [sǽləri] 봉급, 봉급을 지불하다

sale [seil] 판매

satellite [sǽtəlait] 위성

satisfy [sǽtisfai] 만족(충족)시키다

save [seiv] 구하다, 절약하다

scale [skeil] 규모, 저울, 눈금

scholar [skάlər] 학자

scope [skoup] 범위, 시야

scramble [skrǽmbl] 앞 다투어 하다, 돌진하다

secretary [sékrəteri] 비서, 서기관

sector [séktər] 분야, 영역

secure [sikjúər] 안전한, 확보하다

see [siː] 보다, 알다

seed [siːd] 씨, 씨를 뿌리다

seek [siːk] 구하다, 찾다

seize [siːz] 잡다, 빼앗다

select [silékt] 선택하다

senior [síːnjər] 선배, 연장자, 손위의

sense [sens] 감각, 감지하다, 느끼다

sentence [séntəns] 문장, 판결, 선고하다

separate [sépəreit] 분리된

serious [síəriəs] 진지한, 중대한

settle [sétl] 정착하다, 놓다

several [sévrəl] 몇몇의

share [ʃɛ́ər] 몫, 분배하다, 공유하다

sharp [ʃɑːrp] 날카로운, 예리한, 분명한

shave [ʃeiv] 면도하다, 깎다, 면도

shelter [ʃéltər] 주거지, 대피처, 보호하다, 피하다

shine [ʃáin] 빛나다, 반짝이다, 빛, 광택

short [ʃɔːrt] 짧은, 단기의

shy [ʃai] 부끄러워하는

sigh [sai] 한숨, 한숨쉬다

significant [signífikənt] 중요한, 의미 있는

similar [símələr] 비슷한

sin [sin] 죄

since [sins] ~이래

single [síŋgl] 단독의, 독신의

situation [sitʃuéiʃən] 위치, 상황, 사태

skin [skin] 피부, 껍질, 가죽(껍질)을 벗기다

skip [skip] 깡충깡충 뛰다, 건너뛰다(생략하다)

slave [sléiv] 노예

sleep [sliːp] 잠을 자다, 잠, 수면

slight [slait] 약간의, 조금의, 가벼운

slip [slip] 미끄러지다

soak [sóuk] 적시다, 빨아들이다, 젖다

society [səsáiəti] 사회, 단체

soil [sɔil] 토양

solve [salv] 해결하다, 처리하다

sore [sɔː(r)] 아픈, 슬퍼하는, 화난

sort [sɔːrt] 분류, 종류, 분류하다

soul [soul] 영혼, 정신

source [sɔːrs] 원천, 출처

space [speis] 우주, 공간

specialized [spéʃəlaizd] 전문적인, 분화된

species [spíːʃiːz] 인류, 종

spectacle [spéktəkl] 광경, 장관, 안경

split [split] 분열되다, 나뉘다, 분열, 분할

spoil [spɔil] 망치다

spoon [spuːn] 숟가락

spot [spɑ(ɔ)t] 장소, 점

stage [steidʒ] 무대, 단계

stand [stænd] 서다, 움직이지 않다, ~에 있다

standard [stǽndərd] 기준, 표준의

stare [stɛər] 응시하다, 쳐다보다

starve [stɑːrv] 굶어 죽다, 굶주리다 ⑱ starvation 기아, 궁핍

statement [steitmənt] 성명(서), 진술(서), 표현

status [stéitəs] 지위, 신분

stimulate [stímjuleit] 자극하다, 흥분시키다

stimulus [stímjuləs] 자극

stir [stəːr] 휘젓다, 움직이다

stock [stɑːk] 재고품, 저장품, 주식

stomach [stʌmək] 위, 복부

strategy [strǽtidʒi] 전략, 계획

straw [strɔː] 지푸라기, 빨대

stream [striːm] 개울, 흐름

stretch [stretʃ] 뻗다, 잡아 늘리다

strict [strikt] 엄격한

strike [straik] 치다, 부딪치다

structure [strʌktʃər] 구조, 구조물

struggle [strʌgl] 분투, 투쟁, 발버둥치다, 분투하다

stuff [stʌf] 재료, 물건, 채워 넣다

subjective [səbdʒéktiv] 주관적인

submit [səbmít] 제출하다, 복종하다

substance [sʌbstəns] 실체, 본질

substitute [sʌbstitjuːt] 대신하다

suburb [sʌbəːrb] 교외 ↔ urban 도시의

suffer [sʌfər] 경험하다, 고통받다, 견디다

sufficient [səfíʃənt] 충분한

suggest [səgdʒést] 제안하다 ⑱ suggestion 제안

sum [sʌm] 총계, 합계하다, 요약하다

summarize [sʌməraiz] 요약하다

summary [sʌməri] 요약, 요약한

supply [səplái] 공급, 공급하다

support [səpɔːrt] 지지하다, 지지, 원조

suppose [səpóuz] 생각하다, 가정하다

surface [səːrfis] 표면, 표면의

surgery [səːrdʒəri] 수술

surrender [səréndər] 항복하다, 항복

surround [səráund] 둘러싸다

survey [sərvéi] 조사하다, 내려다보다
survive [sərváiv] 살아남다
swallow [swάlou] 삼키다
swear [swεər] 맹세하다
sweet [swi:t] 달콤한, 기분 좋은
symbol [símbəl] 상징, 기호
sympathy [símpəθi] 동정, 공감
symptom [símptəm] 증세
syndrome [sindroum] 증후군
system [sístəm] 조직, 체계

T

tag [tæg] 꼬리표, 표시하다
talent [tǽlənt] 재능
taste [teist] 맛, 취미
tear [ter] 찢다, 구멍 내다, 구멍
[tiər] 눈물
tease [ti:z] 괴롭히다, 놀리다
teenage [ti'nei,ʤ] 10대의
telegraph [téligræf] 전보
temperature [témpərətʃər] 온도, 기온
temporary [témpərəri] 임시의
tend [tend] ~하는 경향이 있다
tender [téndər] 부드러운, 연한
tension [ténʃən] 긴장, 팽팽함
term [tɜ:rm] [동] 칭하다, 일컫다 [명] 용어, 기간
terrible [térəbl] 지독한, 무시무시한
territory [térətɔ́:ri] 영역, 영토
theme [θi:m] 테마, 주제(= subject)
theory [θí:əri] 이론
thirst [θə:rst] 갈증
thirsty [θə:rsti] 갈증이 나는, 갈망하는
threaten [θretn] 위협하다
thrill [θril] 흥분, 오싹함
throat [θrút] 목구멍
throw [θróu] 던지다, 투척하다
tidy [taidi] 깔끔한(= neat), 꽤 많은, 정리하다
tie [tai] 묶다, 묶어 두다, 넥타이, 끈, 구속
tight [tait] 단단한, 팽팽한
timber [tímbər] 목재
tiny [taini] 아주 작은
toe [tou] 발가락
tongue [tʌŋ] 혀, 말씨
tool [tu:l] 도구
touch [tʌtʃ] 만지다, 건드리다, 촉각, 손길, 만지기
tradition [trədíʃən] 전통, 전설
traffic [trǽfik] 교통
tragic [trǽdʒik] 비극적인
transfer [trænsfə́:(r)] 이동하다, 넘겨주다, 이동, 이적
transform [trænsfɔ́:rm] 변형하다
translation [trænsléiʃən] 번역
[동] translate ~을 번역하다
transport [trænspɔ́:rt] 수송하다, 수송
trap [træp] 덫, 올가미
travel [trævl] 여행하다, 이동하다, 여행, 출장
treasure [tréʒər] 보물, 보배
treat [tri:t] 대우하다, 다루다
trend [trend] 경향, 유행
trial [tráiəl] 시도, 공판
trick [trik] 속임수, 장난

trip [trip] 짧은 여행, 넘어뜨리다, 발을 헛딛다

triumph [tráiəmf] 승리

trophy [tróufi] 우승컵, 상

trust [trʌst] 신뢰, 신임, 신탁(금)

tune [tjuːn] 조율하다, 맞추다

tutor [tjúːtər] 교사

typical [típikəl] 전형적인

ultimate [ʌ́ltimət] 궁극적인, 최후의

umbrella [ʌmbrélə] 우산, 보호

undergo [ʌndərgou] 겪다, 경험하다

undertake [əndərtei̭k] 떠맡다, 착수하다

union [júːnjən] 결합, 조합

unique [juːníːk] 독특한, 유일무이한

universe [júːnəvəːrs] 우주, 전 세계

university [júːnəvəːrsəti] 대학교

unless [ənlés] ~하지 않는다면

until [əntíl] ~할 때까지

update [əpdeiˊt] 갱신, 최신

upper [ʌ́pər] 상위의

upset [ʌpsét] 뒤엎다, 속상하게 하다, 당황하게 하다

urge [əːrdʒ] 충고(권고)하다, 재촉하다, 욕구, 충동

urgent [əˊːrdʒənt] 긴급한

usual [júːʒuəl] 일상적인, 평소의

utilize [júːtəlaiz] 이용하다

utter [ʌ́tər] 입 밖에 내다, 발언하다, 완전한

vacation [veikéiʃən] 휴가

value [vǽljuː] 가치

van [væn] 트럭

vanish [vǽniʃ] 사라지다

various [ve(æ)riəs] 여러 가지의, 다양한

vary [vέəri] 변화하다, 다르다

vehicle [víːikl] 탈 것, 차

vein [vein] 정맥

venture [vénʃər] 모험

vertical [vəˊːrtikəl] 수직의, 세로의

vessel [vésl] 그릇, 배

via [vaiə, víːə] ~를 경유하여

vice [vais] 악덕, 결함

victim [víktim] 희생(자), 피해자

victory [víktəri] 승리

view [vjuː] 전망, 의견, 보다

violate [váiəleit] 위반하다, 방해하다

violence [váiələns] 폭력, 격렬

virtue [vəˊːrtʃuː] 미덕, 장점

visible [vízəbl] 눈에 보이는

visual [víʒuəl] 시각의

vital [váitl] 생명의

vivid [vívid] 생생한

volume [vá(ɔ)ljum] 책, 권, 부피, 음량

voluntary [válənteri] 자발적인

vote [vout] 투표하다

voyage [vɔiidʒ] 여행, 항해, 여행하다, 항해하다

 W

wage [weidʒ] 임금

warn [wɔːrn] 경고하다

waste [weist] 낭비하다

weak [wiːk] 약한, 연약한 ↔ strong 힘센

weaken [wíːkən] 약화시키다, 약해지다

wealth [welθ] 부, 재산

weapon [wépən] 무기

weed [wiːd] 잡초, 잡초를 없애다

weigh [wei] 무게가 나가다, 무게를 재다

weight [weit] 무게, 체중, 무거운 것

welfare [wélfɛər] 복지

whisper [hwíspər] 속삭이다, 휘파람을 불다

whole [houl] 전체의, 완전한, 전부

wild [waild] 야생의, 사나운

wire [waiə(r)] 철사, 전선, 배선공사를 하다, 전선을 연결하다

wise [waiz] 현명한

wit [wit] 재치

withdraw [wiðdrɔ́ː] 인출하다, 회수하다

witness [wítnis] 증인, 목격자

worship [wə́ːrʃip] 숭배, 숭배(예배)하다

worth [wə́ːrθ] 가치, 가치가 있는

wrap [ræp] 감싸다, 포장하다

wreck [rek] 망가뜨리다, 좌절시키다

 X

X-ray [éksrèi] 엑스선, 엑스선의

 Y

year [jiər] 연도, 나이

yellow [jélou] 노란(색)

yesterday [jéstərdèi] 어제

yet [jet] 아직

yield [jiːld] 수확, 항복

young [jʌŋ] 젊은

 Z

zebra [zíːbrə] 얼룩말

zoo [zuː] 동물원

※ 두 단어의 관계가 나머지 셋과 <u>다른</u> 것을 고르시오.
(1~5)

01 기출
① high – low
② thin – slim
③ long – short
④ tight – loose

02
① hard – difficult
② foolish – stupid
③ correct – wrong
④ interesting – funny

03 기출
① sharp – keen
② buy – purchase
③ pain – ache
④ start – finish

04
① train – trainer
② cook – cooker
③ paint – painter
④ direct – director

05 [기출]
① weak – weaken
② kind – kindness
③ different – difference
④ difficult – difficulty

05
①은 형용사 – 동사의 관계이고,
②·③·④는 형용사 – 명사의 관계이다.
① [형] 약한 – [동] 약해지다
② [형] 친절한 – [명] 친절
③ [형] 다른 – [명] 다름
④ [형] 어려운 – [명] 어려움

※ 밑줄 친 부분의 뜻으로 알맞은 것을 고르시오. (6~12)

06

I would like to get a <u>refund</u> on this pants.

① 반품 ② 구입
③ 수선 ④ 판매

06
이 바지를 <u>반품</u>하고 싶습니다.
refund [명] 반품, 환불, 상환 (= repayment)

07 [기출]

I'm sure that you made the right <u>decision</u>.

① 희망 ② 노력
③ 결정 ④ 조언

07
나는 당신이 올바른 <u>결정</u>을 내릴 것을 확신한다.
decision [명] 결정, 판결, 결심

08

She is always ready to say 'please' and 'thank you'. So people say that she's very <u>polite</u>.

① 똑똑한 ② 불성실한
③ 버릇없는 ④ 예의 바른

08
그녀는 항상 '부탁합니다', '감사합니다'라고 한다. 그래서 사람들은 그녀가 매우 <u>예의 바르다고</u> 말한다.
polite [형] 예의 바른, 공손한

ANSWER
05. ① 06. ① 07. ③ 08. ④

09

My favorite singer is BTS.

① 증오하는 ② 아름다운
③ 좋아하는 ④ 싫어하는

10 기출

David put a lot of effort into the exam.

① 노력 ② 의미
③ 조언 ④ 좌절

11

I get embarrassed if people laugh when I speak English.

① 실망하는 ② 즐거워하는
③ 당황하는 ④ 흐뭇해하는

12 기출

I have confidence that my team will win the game.

① 불안감 ② 의구심
③ 집중력 ④ 자신감

09

내가 좋아하는 가수는 BTS이다.

favorite [형] 마음에 드는, 매우 좋아하는

10

데이비드는 시험에 많은 노력을 들였다.

effort [명] 노력, 활동

11

나는 영어로 말할 때 사람들이 웃으면 당황한다.

embarrass
[동] 당황하게 하다, 곤경에 빠뜨리다, 당황하다

12

나는 나의 팀이 게임에서 이길 것이라는 자신감을 가지고 있다.

confidence [명] 자신감, 신뢰, 확신

ANSWER
09. ③ 10. ① 11. ③ 12. ④

※ 밑줄 친 부분과 의미가 같은 것을 고르시오. (13~17)

13

He hopes to be a famous movie star.

① upset   ② boring

③ violent   ④ well-known

14

Mom told me to come home early. But I was very late, so she was upset.

① angry   ② proud

③ lovely   ④ hungry

15 기출

You need to concentrate on what people say.

① laugh   ② focus

③ consist   ④ ignore

16 기출

He played an important role in Hamlet.

① set   ② star

③ music   ④ part

13

그는 유명한 영화배우가 되기를 희망한다.

① 속상한, 당황한
② 지루한
③ 폭력적인
④ 유명한

14

엄마는 나에게 집에 일찍 들어오라고 하셨다. 하지만 나는 매우 늦었고, 엄마는 화가 나셨다.

① 화나다
② 자랑으로 여기는
③ 사랑스러운
④ 배고픈

15

당신은 사람들이 말하는 것에 집중할 필요가 있다.

① (소리내어) 웃다
② 집중하다
③ ~으로 되어 있다
④ 무시하다

16

그는 햄릿 연극에서 중요한 배역을 연기했다.

① 한 세트(묶음), 무대
② 별, 유명인
③ 음악
④ 부분, 배역

play an important role in
~에서 중요한 역할을 하다

ANSWER
13. ④   14. ①   15. ②   16. ④

17

My mother <u>consented</u> to my plan.

① agreed ② allowed
③ changed ④ announced

※ 빈칸에 들어갈 말로 가장 알맞은 것을 고르시오. (18~24)

18 [기출]

Mina was driving home yesterday. Suddenly, a police officer stopped the car. She got a ticket* from the police officer for not wearing her seat belt. To wear a seat belt is ________ by law, but she forgot to wear it.

* ticket : 교통 위반 딱지

① skipped ② ignored
③ required ④ discouraged

19 [기출]

Do you want to be a wise consumer? If so, before you ________ a new product, think one more time whether you really need it. In other words, you should think carefully before you purchase a new item.

① buy ② seem
③ cure ④ protect

20

You can help take care of the _______. Here are some things you can do. Reduce! Reuse! Recycle!

① weight ② exercise
③ pollution ④ environment

17

어머니는 내 의견에 <u>동의하였다</u>.

① 동의한, 약속한
② 허가받은
③ 바꾸다
④ 알리다

consent to 동의하다

18

미나는 어제 운전을 해서 집으로 오고 있었다. 갑자기 한 경찰관이 차를 멈췄다. 그녀는 경찰관으로부터 안전벨트를 매지 않았다는 이유로 교통위반 딱지를 받았다. 안전벨트를 매는 것은 법에 의해 <u>요구되는</u> 것이다. 그러나 그녀는 그것을 매는 것을 잊어버렸다.

① 건너뛰다 ② 무시하다
③ 요구하다 ④ 낙담시키다

19

당신은 현명한 소비자가 되고 싶습니까? 만약 그렇다면 새로운 상품을 <u>사기</u> 전에 그것이 필요한지 아닌지 한 번 더 생각하세요. 다른 말로 하면 당신은 새로운 물건을 구매하기 전에 신중하게 생각해야 합니다.

① 사다 ② ~인 것처럼 보이다
③ 치료하다 ④ 보호하다

purchase [동] 사다, 구매하다

20

당신은 <u>환경</u>을 보호하는 데 일조할 수 있습니다. 여기 당신이 할 수 있는 몇 가지 일들이 있습니다. 줄이고, 다시 사용하고, 재활용하세요!

① 체중 ② 운동
③ 오염 ④ 환경

reduce [동] 줄이다
reuse [동] 재사용하다
recycle [동] 재활용하다

ANSWER

17. ① 18. ③ 19. ① 20. ④

21

As we grow _____, our bodies change a lot. We lose our hair and our faces become wrinkled.

① fat   ② old

③ well   ④ young

21

나이를 먹어감에 따라 우리의 신체는 많은 변화를 겪는다. 머리카락이 빠지고 얼굴에 주름이 생기게 된다.

① 뚱뚱한   ② 늙은
③ 잘, 완전히   ④ 어린, 젊음

grow old 늙다

22
[고난도]

Playing the piano was Mrs. Eisenberg's hobby. She often played five or six hours a day. Then, when she was 80 years old, she had a stroke. She couldn't move the left side of her body. She couldn't play the piano any more. She felt very _____.

① sad   ② happy

③ tired   ④ excited

22

피아노 치는 것은 아이젠버그 부인의 취미였다. 그녀는 종종 하루에 대여섯 시간을 연주했다. 그런데 그녀가 80살이 되었을 때 그녀는 뇌졸중을 일으켰다. 그녀는 몸의 왼쪽 부분을 움직일 수 없었다. 그녀는 더 이상 피아노를 연주할 수 없었다. 그녀는 매우 슬펐다.

① 슬픈   ② 행복한
③ 피곤한   ④ 흥분한

have a stroke 뇌졸중을 일으키다

23

Apples are a common and _____ fruit in the United States. People believe that apples are good for health. They say, "An apple a day keeps the doctor away."

① popular   ② harmful

③ unusual   ④ unpopular

23

미국에서 사과는 흔하고 대중적인 과일이다. 사람들은 사과가 건강에 좋다고 믿는다. 그들은 "매일 사과 한 개를 먹으면 병원에 갈 필요가 없다(의사를 멀리하게 된다)."고 말한다.

① 인기 있는, 대중적인
② 해로운, 유해한
③ 흔치 않은, 특이한
④ 인기 없는

common ⑱ 흔한, 공통의
keep away ~가까이 가지 않다

24

_____ can have many different meanings. Red means energy, war and love. Yellow means joy and happiness. Green means freshness and growth.

① Animal   ② Color

③ Feeling   ④ Shape

24

색은 다양한 다른 의미를 가지고 있다. 빨간색은 에너지, 전쟁, 그리고 사랑을 의미한다. 노란색은 즐거움, 행복을 의미한다. 초록색은 신선함, 성장을 의미한다.

① 동물   ② 색
③ 감정   ④ 모양

ANSWER

21. ②   **22.** ①   **23.** ①   **24.** ②

25 밑줄 친 단어의 의미로 알맞은 것은?

> If you are serious about being a cook, your parents will <u>support</u> you. They want you to be happy more than anything.

① 의존하다 ② 인내하다
③ 지지하다 ④ 반대하다

26 다음 뜻풀이에 해당하는 단어는?

> A book containing the words of a language, with their meanings, arranged in alphabetical order.

① picture ② library
③ dictionary ④ newspaper

25

만약 당신이 진지하게 요리사가 되고 싶어 한다면, 부모님이 당신을 <u>지지해</u> 주실 것입니다. 그들은 무엇보다 당신이 행복하기를 원합니다.

support [동] 지지(옹호)하다, 받치다
[명] 지지, 부양
serious [형] 진지한
more than anything 어느 무엇보다도

26

언어의 단어와 그것들의 의미를 알파벳 순서에 따라 정렬하여 담아낸 책

① 그림 ② 도서관
③ 사전 ④ 신문

arrange [동] 정렬하다
contain [동] 담고 있다

ANSWER
25. ③ 26. ③

Chapter

02 시험에 잘 나오는 숙어·관용어

학습 point*

숙어는 주로 한글의 의미나 유사한 뜻을 지닌 숙어나 단어를 찾는 문제가 출제된다. 실제로 독해, 문법, 생활영어 등에서 숙어가 차지하는 비중은 말로 설명할 필요가 없을 정도로 아주 중요하다.
숙어가 문장 속에서 어떤 의미로 쓰였는지 공부하면서 유사한 의미를 가진 숙어나 단어는 함께 병행하여 학습하도록 한다. 별도의 색으로 구분된 것은 반드시 알아두어야 한다.

according to ~에 따라서, ~에 의하면

According to the Bible, God made the world in six days.
성경에 의하면, 신은 6일 동안에 천지를 창조했다.

adapt oneself to ~에 적응하다

Living things have the ability to adapt themselves to any environment on earth.
생물들은 지구상에 어떤 환경에도 적응할 수 있는 능력이 있다.

after all (= in spite of, despite) ~에도 불구하고

After all our efforts, we failed. 우리는 노력했지만, 실패했다.

at home (= comfortable) 마음 편하게, 편히, 익숙하여

I can't feel at home in my new job. 새로운 직장이 편하지가 않다.

attribute A to B

① A를 B 탓으로 돌리다.

We attribute his success to hard work. 우리는 그의 성공이 열심히 일한 결과라고 생각한다.

② (A의) 작가를 B라고 한다.

This poem is attributed to him. 이 시는 그의 작품이라고 한다.

at least (= at the least, at a minimum) 겨우, 적어도, 최소한

Susan has at least ten thousand dollars. 수잔은 적어도 만 달러를 가지고 있다.

at times (= from time to time, now and then, sometimes) 때때로, 가끔은

Everybody fails at times. 모두가 때때로 실패한다.

B

be able to (= can) ~할 수 있다

He is able to swim across the river. 그는 수영해서 강을 건널 수 있다.

be capable of ~할 능력이 있는

He is capable of hard work. 그는 열심히 일할 능력이 있다.

be aware of (= know about) ~를 알고 있다

I am aware of the difficulty you face. 나는 네가 처한 어려움을 알고 있다.

because of~ (= on account of~, owing to~) ~때문에, ~한 까닭으로

The train was delayed two hours because of the heavy snow. 폭설 때문에 기차가 두 시간 연착되었다.

be filled with (= be full of) ~로 채워지다

The box is filled with books and toys. 그 박스는 책과 장난감들로 채워졌다.

be fond of (= like) ~을 좋아하다, ~이 좋다

Young people are fond of that rock group. 젊은 친구들은 저 록그룹에 열광한다.

before long (= soon in the near future) 오래지 않아, 머지않아

Before long, you may not see me any more. 머지않아, 당신은 나를 더 이상 볼 수 없을 거예요.

be good for ~에 유익하다, ~동안 유효하다

- Milk is good for children. 우유는 아이들에게 좋다.
- This ticket is good for three months. 이 표는 3개월간 유효하다.

be likely to do (= be apt to do) ~하기 쉽다, ~할 것 같다

- He is not likely to succeed. 그는 성공할 것 같지 않다.
- We are apt to be wasteful of time. 우리는 시간을 낭비하기가 쉽다.

believe in ~의 존재를 믿다

Do you believe in God? 당신은 신이 있다고 믿습니까?

be made up of (= composed of, consist of) ~으로 구성되다

The club is made up of 25 to 30 students. 클럽은 25~30명의 학생들로 구성된다.

be poor at (= be bad at) ~이 서투르다 ↔ **be good at** 잘한다, 익숙하다

I am poor at speaking English. 나는 영어를 말하는 데 서투르다.

CF He is good at swimming. 그는 수영을 잘한다.

be proud that (= be proud of) ~을 자랑으로 여기다, ~가(이) 믿음직스럽다

My parents are proud that I won a gold medal. 우리 부모님께서는 내가 금메달을 딴 것을 자랑스러워 한다.

be ready to (= be willing to) 기꺼이 ~하다
- Excuse me, are you ready to order? 실례합니다만, 주문하시겠습니까?
- Must be willing to work weekend hours. 주말시간에도 기꺼이 일해야만 합니다.

be responsible for ~에 책임이 있다, ~의 원인이 되다
- All pilots are responsible for their passenger's safety. 모든 조종사들은 승객의 안전에 책임이 있다.
- The fire was responsible for damage amounting to millions of dollars.
  화재 때문에 수백만 달러에 이르는 피해가 났다.

be sick of (= be tired of) ~이 싫증나다, 진절머리가 나다
  I am sick of this weather. 이런 날씨는 지긋지긋하다.

besides ~ing (= in addition to) 게다가, ~이외에, ~에 더하여
  Besides being beautiful, she is wise. 그녀는 아름다움에 더하여 현명하다.

be sure to (= cannot fail to) 틀림없이 ~하다
  He is sure to come. 그는 틀림없이 온다.

be used to (= be accustomed to) ~에 익숙하다
  Eskimos are used to cold weather. 에스키모인들은 추운 날씨에 익숙하다.

break down (= destroy) 타파하다, 부서지다
  My car broke down on the way. 내 차는 도중에서 고장 났다.

break out (= occur) 발발하다, 발생하다
  The Korean War broke out in 1950. 한국 전쟁은 1950년에 발발했다.

by chance (= by accident, accidentally) 우연히
  I met Bill by chance. 나는 우연히 빌을 만났다.

by degrees (= gradually) 점차로
  He is recovering by degree. 그는 점차 회복되고 있다.

cannot help ~ing ~하지 않을 수 없다
  When I saw her, I couldn't help falling in love with her.
  그녀를 보았을 때 나는 사랑에 빠지지 않을 수 없었다.

come across (= meet by chance) 우연히 만나다
  I came across this book at the library. 나는 이 책을 도서관에서 우연히 발견했다.

concentrate on ~에 집중(전념)하다

I can't concentrate on my work. 일에 집중할 수가 없다.

depend on (upon) (= rely on) 의지하다, 의존하다

Children depend on their parents. 아이들은 부모님에게 의존한다.

differ from (= be different from) ~와 다르다

Artist's eyes are different from ours. 예술가의 안목은 우리와는 다르다.
My opinion differs from yours. 나의 의견은 당신과 다르다.

do one's best 최선을 다하다

She tried to teach me that happiness comes from doing my best.
그녀는 행복이 자신의 최선을 다하는 데에서 온다는 것을 나에게 가르쳐 주시기 위해 노력했다.

E

enough to ~할 정도로 충분히 ~하다

Tom is strong enough to carry this box. 탐은 이 상자를 옮기기에 충분히 힘이 세다.

F

fall in love (with) (~와) 사랑에 빠지다

I want to fall in love with a handsome boy. 나는 잘생긴 소년과 사랑에 빠지기를 원한다.

feel like ~ing (= feel inclined to) ~을 하고 싶다

I felt like crying at the news. 나는 그 소식을 듣고 울고 싶어졌다.

figure out (= solve, count, understand) 해결하다, 계산하다, 이해하다

It's difficult to figure out those questions. 그 문제들을 해결하는 것은 어렵다.

first of all 우선 첫째로, 무엇보다도

First of all, you have to be in class on time. 무엇보다도, 너는 반드시 정각에 교실에 있어야 한다.

for example (= for instance) **예를 들면**

For example rose is flower. 예를 들면, 장미는 꽃이다.

G

get(become) used to (= be used to, get accustomed, be familiar with) **~에 익숙해지다**

I'm trying to get used to my school. 학교에 익숙해지려고 노력 중이다.

go on (= continue) **계속하다**

The festival will go on until nine o'clock. 그 축제는 9시까지 계속될 것이다.

get along with **~와 사이좋게 지내다**

My girlfriend tried to get along with my mother. 내 여자친구는 우리 엄마와 사이좋게 지내려고 노력했다.

get on (= ride on) **~에 타다**

Get on the bus quickly! 버스에 빨리 타라!

get rid of (= remove, eliminate) **~을 제거하다**

Let's get rid of that old chair and buy a new one. 저 낡은 의자를 버리고 새것을 사자.

get to

① **~에 도착하다** (= arrive at, reach) What time did you get to Seoul? 서울에 몇 시에 도착했니?

② **~하게 되다** (= come to, learn to) How did you get to know him? 그를 어떻게 알게 됐지?

give up (= stop, abandon) **그만두다, 포기(단념)하다**

She didn't give up her work even when she was sick.
그녀는 심지어 그녀가 아팠을 때도 일을 포기하지 않았다.

go 동사ing **~하러 가다**

Let's go fishing this evening. 오늘 저녁에 낚시하러 갑시다.

go through (= experience, undergo) **(고통 따위를) 겪다, 경험하다**

He has gone through many hardships. 그는 많은 고초를 겪었다.

H

hang on **꽉 잡다, 잠시 기다리다**

Hang on a minute, please. 잠깐 기다리세요.

have a long face 우울한(시무룩한) 얼굴을 하다

Why do you have a long face? 너 왜 우울한 얼굴을 하고 있어?

have no idea (= not know) ~을 모르다

I had no idea it was so late. 난 그렇게 늦었는지 몰랐어.

have nothing to do with ~와 아무런 관계가 없다

I have nothing to do with the scandal. 나는 그 스캔들과 아무 관계가 없다.

help oneself to ~을 마음껏 먹다

Please help yourself to more fruit. 과일 좀 더 드세요.

happen to (= chance to) 우연히 ~하게 되다

I happened(chanced) to meet her. 나는 우연히 그녀를 만났다.

how to ~하는 방법

Some TV programs can teach us how to garden.
몇몇 TV 프로그램들은 우리에게 정원을 가꾸는 방법을 가르쳐 줄 수 있다.

in addition to (= besides) ~에 더하여, ~외에 또, ~일뿐 아니라

He speaks three foreign languages in addition to English. 그는 영어 이외에 3개 국어를 말한다.

in advance (= beforehand, in anticipation) 미리, 사전에

Have you booked your room in advance? 방을 미리 예약했습니까?

in fact (= as a matter of fact, in actual fact) 사실상, 실제로는

In fact, all great discoverers have been regarded as dreamers.
사실 모든 대 발명가들은 몽상가로 여겨져 왔다.

in person (=by oneself) 본인이, 자기 스스로

Why don't you go to see him in person? 그를 직접 보러 가는 게 어때?

insist on(upon) 강하게 주장하다, 조르다

He insisted on marrying her. (= He insisted that he (should) marry her.)
그는 그 여자와 결혼하겠다고 졸랐다.

instead of ~대신에, 그보다도

I gave him advice instead of money. 나는 돈 대신 충고를 해 주었다.

in the long run (= in the end, in the last analysis, finally, ultimately) 결국

Honesty pays in the long run. 정직은 결국엔 이득이 된다.

It is no use ~ing ~해도 소용없다

It is no use crying over spilt water. 한 번 엎질러진 물은 다시 주워 담지 못한다.

keep in mind ~을 명심하다

I will keep her advice in mind. 나는 그녀의 충고를 명심할 것이다.

keep out of 못 들어오게 하다, 피하다

Keep out of reach of children. 어린이의 손에 닿지 않는 곳에 보관하십시오.

long for 간절히 바라다, 갈망하다

I longed for her to say anything. 나는 그녀가 무슨 말이라도 해주기를 바랐다.

look after (= take care of, care for) ~을 돌보다

I have to take care of my little sister this afternoon. 오늘 오후에 여동생을 돌봐야 한다.

look forward to + ~ing (=expect) ~을 고대하다

I'm looking forward to seeing you again. 다시 뵙게 되기를 고대합니다.

laugh at (= make fun of, ridicule) ~을 놀리다, 비웃다, 조롱하다

Don't laugh at me! 나를 비웃지 마라!

look up to (= respect) 존경하다

We look up to Ms. Grace for her honesty and courage. 우리는 그레이스 씨의 정직함과 용기를 존경한다.

make sense 뜻이 통하다, 이치에 맞다

That makes no sense at all. 그건 전혀 이치에 맞지 않는다.

make an effort(efforts) 노력하다, 애쓰다

He made efforts to pass the exam. 그는 시험에 합격하기 위해 노력을 했다.

make up

① 꾸며내다(= invent)

He made up the whole story. 그 모든 얘기는 그가 조작한 것이었다.

② 구성하다(= form)

We need one more person to make up our team. 우리는 팀을 구성하는 데 한 사람이 더 필요하다.

③ 화해하다(= become friends again)

Tom and Mary quarreled, but made up the next day. 탐과 메리는 말다툼을 했지만, 다음날 화해했다.

④ 결심하다(= make up one's mind, decide)

I made up my mind to do it for myself. 나는 그 일을 혼자 힘으로 하기로 결심했다.

major in 전공하다, 전문으로 하다

I major in mathematics in college. 나는 대학에서 수학을 전공한다.

managed to 그럭저럭 ~하다, 가까스로 ~하다

He managed to save as much money as is necessary. 그는 그럭저럭 필요한 만큼 돈을 저축했다.

no longer (= not anymore, not any longer) 더 이상 ~아니다

He is no longer a child. 그는 더 이상 아이가 아니다.

not only A but also B (= B as well as A) A뿐만 아니라 B도

This movie is not only interesting but also instructive.
이 영화는 재미있을 뿐만 아니라 교육적이기도 하다.

on purpose (= purposely, by design, by intention) 고의로, 일부러

He bothered me at work on purpose, so I got angry. 그가 일하는데 일부러 나를 귀찮게 해서 화가 났다.

on the other hand 반면에, 다른 한편으로는

He is very quick, but on the other hand, he is apt to make mistakes.
그는 매우 빠르지만 반면에 실수하기 쉽다.

on(upon) ~ing (= as soon as) ~하자마자

On seeing the policeman, he ran away. 경찰관을 보자마자, 그는 도망쳤다.

on the contrary 반대로, ~는 커녕

On the contrary, it is I who am in your debt.　반대로 당신의 신세를 지고 있는 사람은 바로 저입니다.

on time 정각에

At my school, 'on time' is a very important rule.　우리 학교에서 '정각'은 매우 중요한 규칙이다.

pass out 나누어 주다

Nature has forgotten nobody in passing out her riches.
자연은 사람들에게 부(혜택)를 나누어 주는 일을 잊지 않았다(사람은 누구나 특별한 재능을 가지고 있다).

pay attention to(= listen up, take account of)　~에 주의를 기울이다

It's a kind of a duty to pay attention to your teacher during school hours.
수업시간 중에 선생님께 집중하는 것은 일종의 의무와도 같다.

put off(= postpone) 연기하다, 버리다, 벗다

I will have to put off going to New York.　뉴욕 가는 것을 연기해야 할 것이다.

pick up(= give a ride) 얻다(= get), (차로) 마중 나가다

Let me pick her up at the airport.　제가 공항에 차로 그녀를 마중 나갈게요.

play a role(part) 역할을 하다

Electricity plays an important role in modern industry.　전기는 현대 산업에서 중요한 역할을 한다.

prevent (목적어) from ~ing ~가 ~하는 것을 막다, 방해하다

Business prevented him from going.　일 때문에 그는 못 갔다.

put up with(= endure, bear, stand, tolerate) 참다, 견디다

I can't put up with your rudeness any more.　나는 너의 무례함을 더 이상 참을 수 없다.

rely on(= depend on(upon), count on, lean on) 기대다, 의지하다

You can rely on what you read in a newspaper.　당신이 신문에서 읽은 내용을 믿어도 된다.

regardless of(= irrespective of) ~에 관계없이, ~에도 불구하고

I shall go regardless of the weather.　나는 날씨에 관계없이 가겠다.

result in (= bring about) 결과를 가져오다

All my efforts resulted in nothing at all. 나의 모든 노력은 아무 소용이 없었다.

result from ~에서 생기다

The tragedy resulted from ignorance. 그 비극은 무지에서 비롯되었다.

run short of ~이 부족하다

We've run short of gasoline. 우리는 휘발유가 부족하다. **CF** run out(of) : ~이 다 떨어지다

sooner or later (= by and by, in a short time, before long) 머지않아, 조만간

The Korean economy will return to normal sooner or later. 한국 경기는 곧 정상으로 돌아갈 것이다.

stands for ~을 나타내다, 의미하다

White stands for purity. 하얀색은 순수함을 상징한다.

T

take a rest 쉬다, 자다

Lie down here and take a rest. 여기 누워서 좀 쉬어라.

take off (= put off, slip off) 벗다 ↔ put on 입다, 신다

You should take off your cap before the class begins, please. 수업이 시작하기 전에 모자를 벗어 주세요.

take part in (= join in, participate in) ~에 참가(참여)하다

We'll take part in the race. 우리는 그 경기에 참가하겠다.

talk over (= discuss, persuade) ~에 관해 의논하다, 설득하다

We talked over the proposal but could not come to a decision.
우리는 그 제안에 대해 의논했지만 결론에 이르지는 못했다.

turn down 소리를 줄이다(낮추다)

It's too loud. Please turn down the radio. 너무 소리가 큽니다. 라디오 볼륨을 줄여 주세요.

turn off (라디오, 등불)~을 끄다, (수돗물, 가스)~를 잠그다 ↔ turn on 틀다, 켜다

When you go to bed, turn off the light. 자러 갈 때 불은 꺼라.

take A for granted A를 당연히 여기다
I took it for granted that I would get the job. 나는 그 일자리를 당연히 얻으리라고 생각했다.

take it easy (= relax, slow down) 느긋하게 쉬다
The doctor told him to take it easy or he might fall ill.
의사는 그에게 쉬라고 말하면서 그렇지 않으면 병이 날 거라고 했다.

take place (= happen) 일어나다, 발생하다
Do you know when the event took place? 그 사건이 언제 일어났는지 아십니까?

tend to (= attend to)
① ~하는 경향이 있다 Women tend to live longer than men. 여자가 남자보다 오래 사는 경향이 있다.
② 돌보다(= look after) She had to tend to her sick sister. 그녀는 병든 자기 여동생을 돌봐야만 했다.

thanks to
① ~덕택에
    Thanks to your help, we arrived at the airport on time. 네 덕분에 우린 공항에 제시간에 도착했다.
② ~때문에 Thanks to the bad weather, the match was cancelled. 악천후 때문에 시합은 취소되었다.

that is(to say) 그러니까, 즉
I'm on vacation next week. That is to say, from Wednesday.
나는 다음 주에 휴가야. 그러니까 수요일부터.

too ~ to (so ~ that cannot) 너무 ~해서 ~할 수 없다
He is too old to work. 그는 나이가 너무 많아서 일할 수 없다.

turn up (= show up) 모습을 나타내다
Only a few people turned up for the meeting. 오직 극소수만이 모임에 나타났다.

throw away 버리다, 없애다
Every year, we throw away lots of food. 매년 우리는 많은 음식을 버린다.

What …for? 무엇 때문에, 왜(Why?)
What did you go there for? 거기에는 뭣 때문에 갔니?

What to 부정사 ~하는 것(목적어로 쓰인다)
He doesn't just tell his patients what to do.
그는 단지 그의 환자들에게 무엇을 해야 하는지만을 말해 주는 것은 아니다.

※ 밑줄 친 부분과 의미가 같은 것을 고르시오. (1~9)

01

> Never put off till tomorrow what you can do today.

① admit　　　　② continue
③ suggest　　　④ postpone

02
고난도

> The student goes on to describe his own ideas.

① continues　　② finishes
③ prefers　　　④ starts

03

> My bag is full of money.

① is made of　　② is known for
③ is filled with　④ is covered with

04

> I will look after my father this weekend.

① put on　　　　② pick up
③ take care of　④ make use of

05

Salt is necessary to life. We <u>depend on</u> it.

① rely on   ② put off

③ keep on   ④ get off

06

Our team will <u>take part in</u> London Olympic this summer.

① participate   ② stimulate

③ certificate   ④ fascinate

07

I promise I will try to <u>keep in touch with</u> you.

① skip   ② miss

③ contact   ④ protect

08

In a movie, everything seems possible. Humans fly, dinosaurs come to life, and spaceships engage in fights. You <u>are able to</u> do or see anything you want in a movie.

① will   ② can

③ must   ④ should

05

소금은 생명에 필요하다. 우리는 그것에 <u>의존한다</u>.

① ~에 의존(의지)하다
② (옷 등을) 벗다
③ 계속 ~하다
④ ~에서 내리다

06

우리 팀은 이번 여름 런던 올림픽에 <u>참가</u>할 것이다.

① ~에 참가(참여)하다
② 자극하다
③ ~을 인증하다
④ 매혹하다

07

나는 당신과 <u>연락을 계속 취할</u> 것을 약속한다.

① ~을 뛰어넘다
② ~을 그리워하다, ~을 놓치다
③ 접촉, ~와 연락하다
④ 보호하다, 지키다

08

영화에서는 모든 것이 가능해 보인다. 사람들은 날고, 공룡들은 소생하고, 우주선들은 싸움을 시작한다. 당신은 영화에서 당신이 원하는 무엇이든 하거나 볼 수 있다.

① ~할 작정이다
② ~할 수 있다(= be able to)
③ ~해야 한다
④ ~할까요

come to life 소생하다
engage in ~에 참가하다, ~를 시작하다

ANSWER
05. ①   **06.** ①   **07.** ③   **08.** ②

09

> I have <u>no more than</u> two dollars.

① only ② at most

③ at least ④ no less than

09

나는 <u>겨우</u> 2달러 있다.

① 겨우
② 기껏 해야
③ 적어도, 최소한
④ 자그마치

※ 밑줄 친 부분의 뜻으로 알맞은 것을 고르시오. (10~21)

10
기출

> You should cut the grass <u>at least</u> once a week in summer.

① 천천히 ② 적어도

③ 적절히 ④ 아마도

10

너는 여름에는 <u>적어도</u> 일주일에 한 번은 잔디를 깎아야 한다.

at least 적어도

11
기출

> You shouldn't <u>make fun of</u> your classmates.

① 웃기다 ② 놀리다

③ 격려하다 ④ 위로하다

11

너는 너의 반 친구를 <u>놀리면</u> 안 된다.

make fun of 놀리다, 조롱하다

12

> He <u>fell in love with</u> her.

① 헤어졌다 ② 증오하였다

③ 결혼을 하였다 ④ 사랑하게 되었다

12

그는 그 여자에게 <u>반했다.</u>

fall in love with ~와 사랑하게 되다

ANSWER

09. ① 10. ② 11. ② 12. ④

13

I don't want to go to the party. Can you go to the party <u>instead of</u> me?

① ~외에   ② ~대신에

③ ~때문에   ④ ~피하여

13

나는 파티에 가고 싶지 않다. 네가 나 <u>대신</u>에 가 줄 수 있니?

instead of ~대신에, 그보다도

14

He always <u>longs for</u> something new.

① 시도한다   ② 늘린다

③ 피한다   ④ 갈망한다

14

그는 항상 뭔가 새로운 것을 <u>원한다</u>.

long for(= want, seek, aspire)
간절히 원하다

15 기출

It has been three months since I last saw my friend, Jane. I really <u>look forward to</u> seeing her again.

① 포기하다   ② 기대하다

③ 추천하다   ④ 실망하다

15

나의 친구 제인을 본 지 3개월이 지났다. 나는 정말로 그녀를 다시 보기를 <u>기대한다</u>.

look forward to + ~ing(=expect)
~을 기대하다

16

Customs <u>differ from</u> country to country. In Korea, people take off their shoes in a living room. But it is fine with Americans to wear shoes in a living room.

① 똑같다   ② 다르다

③ 무시하다   ④ 비슷하다

16

관습은 나라마다 <u>다르다</u>. 한국에서 사람들은 거실에서 신발을 벗는다. 그러나 미국인들은 거실에서 신발을 신는 것이 괜찮다.

differ from(= be different from)
~와 다르다

ANSWER
13. ②   **14.** ④   **15.** ②   **16.** ②

17

Young people <u>are fond of</u> that B-boy.

① 칭찬하다
② 혐오하다
③ 좋아하다
④ 비교하다

18

Please <u>keep in mind</u> that tomorrow is your father's birthday.

① 명심하다
② 상상하다
③ 포기하다
④ 생략하다

19

My sister <u>is proud of</u> her smart daughter.

① 그리워하다
② 자랑스러워하다
③ 고통스러워하다
④ 지겨워하다

20 기출

We had to walk up the stairs because the elevator was <u>out of order</u>.

① 고장난
② 익숙한
③ 완성된
④ 최신의

17

젊은 사람들은 비보이를 좋아한다.

be fond of(= like) 좋아하다

※ B-boy(break boy)
힙합 문화에 심취한 사람을 가리키는 말로 특히 브레이크(break) 댄스를 전문적으로 추는 남자

18

내일이 아버지 생신임을 명심해라.

keep in mind
~을 명심하다, ~을 기억해 두다

19

나의 여동생은 그녀의 영리한 딸을 자랑스러워한다.

be proud of(= be proud that)
~을 자랑스러워하다

20

우리는 계단으로 올라가야 해요. 왜냐하면 엘리베이터가 고장이 났거든요.

out of order(≠ in order)
고장난, 알맞지 않은

A N S W E R
17. ③ 18. ① 19. ② 20. ①

21

I met her <u>by accident</u> on the street.

① 자주   ② 반드시

③ 우연히   ④ 결국에

21

나는 길에서 <u>우연히</u> 그녀를 만났다.

be accident
(= by chance, accidentally)
우연히

※ 밑줄 친 부분에 들어갈 가장 알맞은 것을 고르시오.
(22~23)

22

고난도

In general, right-brained subjects focus on artistic thinking, feeling, and creativity. _____ left-brained subjects focus on logical thinking and analysis.

① Besides   ② Because

③ Therefore   ④ On the other hand

22

일반적으로 우뇌의 기질을 가진 사람들은 예술적인 사고, 감각, 그리고 창의성에 집중한다. <u>반면에,</u> 좌뇌의 기질을 가진 사람은 논리적인 사고와 분석에 집중한다.

① ~외에
② 왜냐하면
③ 그런 까닭에
④ 다른 한편으로는, 반면에

in general 일반적으로
focus on ~에 집중하다

23

기출

One of the common advertising techniques is to repeat the product name. Repeating the product name may increase sales. For example, imagine that you go shopping for shampoo but you haven't decided which to buy. The first shampoo that comes to your mind is the one with the name you have recently heard a lot. _____ , repeating the name can lead to consumers buying the product.

① However   ② Therefore

③ In contrast   ④ On the other hand

23

흔한 광고 기술 중에 하나는 상품의 이름을 반복하는 것입니다. 상품의 이름을 반복하는 것은 판매가 증가할 수 있습니다. 예를 들어 당신이 샴푸를 사러 갔지만 아직 어느 것을 살 것인지 생각하지 않았다고 생각을 해보세요. 당신의 생각에 떠오르는 샴푸는 당신이 최근에 많이 들었던 이름의 것일 것입니다. <u>그러므로</u> 이름을 반복하는 것은 소비자들이 그 상품을 사도록 이끌 수 있습니다.

① 그러나   ② 그러므로
③ 반대로   ④ 다른 한편으로

ANSWER

21. ③ 22. ④ 23. ②

※ 빈칸에 공통으로 들어갈 말로 알맞은 것을 고르시오.
(24~25)

24

- You should _____ your hat in this room.
- _____ your socks.

① take off   ② give up
③ pick off   ④ turn off

25 기출

- Jenny will _____ on the TV.
- Please _____ down the volume.

① have   ② turn
③ make   ④ take

NOTE

술술 풀리는
고졸 검정고시 **영어**

2025년 1월 10일 개정6판 발행
2017년 1월 9일 초판 발행

편 저 자 검정고시 학원연합회
발 행 인 전 순 석
발 행 처 정 훈 사
주   소 서울특별시 중구 마른내로72 421호
등   록 제2014-000104호
전   화 737-1212
팩   스 737-4326